L'édito
d'ÉRIC FOTTORINO

EN OUVRANT le dossier du complotisme, *Zadig* a voulu enquêter sur un des maux les plus pernicieux et les plus dangereux de notre époque. Lorsque plus personne ne croit plus personne, lorsque la parole de n'importe qui racontant n'importe quoi se pare des atours de la vérité, c'est notre démocratie et notre lien social qui sont menacés. À travers de nombreux témoignages, reportages, portraits et entretiens, nous sommes allés au plus près de celles et ceux qui véhiculent ces thèses parfois délirantes auxquelles adhèrent des centaines de milliers de Français, à défaut d'accorder leur confiance aux politiques ou aux scientifiques. Si le complotisme fait florès, trouvant dans les réseaux sociaux une caisse de résonance inédite, c'est qu'il répond à un sentiment de colère et d'impuissance d'une partie de la population, comme l'exposent le sociologue Gérald Bronner et l'essayiste Tristan Mendès France. Il est possible aussi, explique l'écrivaine Danièle Sallenave, que les citoyens, se sentant dominés faute de maîtriser la langue, éprouvent une frustration si grande qu'elle alimente cette forme d'obscurantisme fatale à la raison.

À mesure que s'approche l'élection présidentielle de 2022, nous avons à cœur de cerner ce qui inquiète et même révolte les Français. C'est pourquoi nous avons proposé à Jean de Kervasdoué d'analyser l'état alarmant de notre système de soins. Alors que la pandémie tue et soumet les soignants à terrible épreuve, son diagnostic et ses propositions doivent retenir l'attention : comment accepter ce paradoxe d'avoir en France une des meilleures médecines et une des pires organisations de santé publique ?

Enfin, le président de la République Emmanuel Macron a répondu à nos questions et a exposé sa vision de notre pays après la crise des Gilets jaunes et l'« ébranlement » causé par le Covid-19. Dans cet entretien exclusif, le chef de l'État dessine sa géographie intime de la France, de la Picardie aux Pyrénées, en passant par Marseille ou la Seine-Saint-Denis. Il souligne les dangers qu'il y aurait à laisser se poursuivre la désindustrialisation en cours. Et salue la capacité de résistance des Français. Mais jusqu'à quand ?

L'ŒIL de CATHERINE MEURISSE

HORAIRES MARÉES

SOMMAIRE

AU CŒUR DU COMPLOTISME

Dessin en page précédente :
CATHERINE MEURISSE est illustratrice, dessinatrice de presse et autrice. Diplômée de lettres modernes, d'Estienne et des Arts décoratifs, elle entre en 2005 à *Charlie Hebdo*, puis collabore à *L'Obs*, *Libération*, *Marianne* ou *XXI*. Après l'attentat de 2015, elle publie chez Dargaud *La Légèreté*, et, en 2018, *Les Grands Espaces*. En 2020, elle est élue à l'Académie des beaux-arts. *Mes hommes de lettres* et *Le Pont des arts* ont été récemment réédités en coffret chez Sarbacane Éditions.

Dessins de couverture et d'ouverture du dossier :
JULIEN ROUX est dessinateur. Formé aux Beaux-Arts dans l'atelier d'Annette Messager, il a vécu en Chine, à Vienne, à Séoul et à New York avant de se fixer à Tel-Aviv. Également photographe, il a publié des livres illustrés pour la jeunesse, notamment *L'Argentine* avec Julien Baer (L'École des loisirs, 2019), et travaille pour la presse et la communication.

Illustration de Julien Roux

CHRONOLOGIE

TROIS MOIS EN FRANCE

Texte CLARA WRIGHT
Illustration SIMON BAILLY

14 JANV. Victoire pour un apprenti boulanger guinéen menacé d'expulsion, dont le patron avait fait une grève de la faim à Besançon : Laye Fodé Traoré obtient un titre de séjour.

26 JANV. Plus de 2 millions d'animaux d'élevage ont été abattus depuis décembre « pour limiter la propagation » de la grippe aviaire – essentiellement des canards du Sud-Ouest.

9 FÉV. L'étudiant à l'origine du #MeTooGay, qui avait suscité de multiples témoignages sur les violences sexuelles dans la communauté gay, est retrouvé pendu sur le campus de Nanterre. • Précarité étudiante : les restaurants universitaires rouvrent et proposent des repas à 1 euro.

12 FÉV. Pour la première fois en France, un bébé naît après une greffe d'utérus, à l'hôpital Foch de Suresnes.

15 FÉV. L'écrivaine Florence Porcel porte plainte pour viol contre Patrick Poivre d'Arvor, ex-présentateur du JT de TF1. *Le Monde* publie huit témoignages de femmes l'accusant à leur tour de violences sexuelles. PPDA portera plainte pour dénonciation calomnieuse. • La mairie de Lyon (EELV) instaure temporairement un menu unique sans viande dans les cantines des écoles.

16 FÉV. Des soignants sont envoyés en renfort à Mayotte, où se propagent les variants sud-africain et britannique. • La ministre de l'Enseignement supérieur, Frédérique Vidal, demande une enquête au CNRS sur l'« islamo-gauchisme » dans les universités.

17 FÉV. L'Assemblée nationale adopte à l'unanimité une résolution reconnaissant le Covid-19 comme maladie professionnelle si les symptômes persistent.

22 FÉV. Dans l'Essonne, deux adolescents décèdent lors de rixes. Le gouvernement annonce un plan dès mai pour lutter contre le phénomène des « bandes de jeunes » • Après vingt-huit ans de collaboration, le célèbre duo électro Daft Punk se sépare.

23 FÉV. Mise en examen de Gérard Depardieu pour viol et agression sexuelle sur une comédienne d'une vingtaine d'années. La star nie. • Précarité : gratuité des protections périodiques à partir de septembre pour les étudiantes.

1ER MARS. Affaire « des écoutes » : Nicolas Sarkozy est condamné à un an de prison ferme pour corruption et trafic d'influence. L'ancien président de la République fait appel.

2 MARS. Guerre d'Algérie : Emmanuel Macron reconnaît la torture et l'assassinat de l'avocat nationaliste Ali Boumendjel par l'armée française.

3 MARS. Dissolution du groupe d'extrême droite Génération identitaire.

12 MARS. Après les vaccins Pfizer/BioNTech, Moderna et AstraZeneca, la Haute Autorité de santé autorise l'américain Johnson & Johnson, qui nécessite une seule injection.

18 MARS. Covid-19 : le gouvernement prend des « mesures de freinage » dans dix-neuf départements, avec une restriction des déplacements à 10 km et un couvre-feu à 19 heures. Les commerces non essentiels ferment. • Sur Europe 1, le syndicat étudiant Unef reconnaît organiser des réunions « non mixtes ». Le ministre de l'Éducation Jean-Michel Blanquer dénonce des réunions « en réalité racistes ».

21 MARS. Intitulé *Je ne suis pas une salope, je suis journaliste*, un documentaire dénonce sur Canal+ le sexisme dans le journalisme sportif. La chaîne est toutefois accusée d'avoir censuré des passages incriminant son propre chroniqueur, Pierre Ménès. Elle le suspend alors et lance une enquête interne.

23 MARS. Dans l'affaire Rémi Fraisse, ce militant écologiste tué en 2014 par une grenade, la Cour de cassation prononce un non-lieu en faveur du gendarme.

24 MARS. : Xavier Bertrand, président LR des Hauts-de-France, candidat à la présidentielle 2022.

26 MARS. Emmanuel Macron reçoit le rapport Duclert, qui détaille les « responsabilités accablantes » de la France au Rwanda dans les années 1990, qui aurait « contribué au processus génocidaire [des Tutsis] sans le savoir ».

27 MARS. En Martinique, des milliers de personnes manifestent pour que la justice continue d'enquêter sur le chlordécone, un pesticide toxique utilisé pendant plus de vingt ans dans les bananeraies.

28 MARS. Plusieurs dizaines de milliers de manifestants défilent dans le pays pour réclamer une « vraie loi climat », à la veille du lancement de débats à l'Assemblée nationale.

29 MARS. Les laboratoires Servier sont condamnés à 2,7 millions d'euros d'amende pour avoir caché la dangerosité du Mediator, traitement contre le diabète accusé d'avoir provoqué la mort de centaines de personnes.

30 MARS. Procès Ikea : le parquet de Versailles requiert 2 millions d'euros d'amende contre la filiale française de l'ameublement, traduite en justice pour avoir mis en place un système de surveillance illégal de centaines de salariés.

31 MARS. La Cour de cassation valide la relaxe de l'agriculteur Cédric Herrou, poursuivi pour avoir aidé des migrants à entrer en France à la frontière italienne.

3 AVRIL. Covid-19 : nouvelles « mesures de freinage » dans toute la France métropolitaine, pour quatre semaines. Crèches, écoles, collèges et lycées ferment de nouveau provisoirement.

la chronique de LEÏLA SLIMANI
Illustrée par CAROLINE LAGUERRE

LES ENFANTS, LE DIMANCHE SOIR

EN GÉNÉRAL, les enfants détestent le dimanche soir. Dès que l'après-midi touche à sa fin, ils se montrent mélancoliques. Le week-end est déjà fini, et il faudra, dès le lendemain, prendre le chemin de l'école. Mais ce qui n'est pour certains que le banal « blues du dimanche soir » est pour d'autres un véritable moment de terreur. Pour ces enfants-là, l'idée du retour à l'école provoque des crises d'angoisse au point de les empêcher de manger, de dormir. Ils prétendent qu'ils sont malades, supplient d'appeler un médecin, tout pour ne pas retourner en classe le lendemain. Pourquoi faudrait-il quitter la maison ? Retourner dans cette classe, sous ce préau, où on se sent si vulnérable ? Pourquoi faut-il continuer à subir les insultes, les moqueries, le harcèlement, la violence ?

Et puis il y a les autres enfants. Ceux qui accueillent le dimanche soir avec soulagement. Enfin, le week-end est terminé ! Enfin, ils vont pouvoir retrouver les bancs de l'école, l'odeur rassurante de la craie, la voix douce de la maîtresse. Ils vont pouvoir rire, courir, sauter, prendre la parole sans avoir peur de déranger ou de susciter la colère. C'est dimanche soir et demain, ils pourront sortir de la maison, loin des hurlements de papa et des yeux rouges de maman.

J'ai toujours beaucoup écrit sur les enfants. De tous les personnages, ce sont ceux qui me plaisent et me touchent le plus. J'ai une vision assez mélancolique de l'enfance. Je ne crois pas du tout que ce soit l'âge de l'insouciance, de la légèreté. Au contraire, c'est si dur, si cruel d'être enfant, et on expérimente des angoisses d'une intensité folle. D'abord parce qu'on est toujours dépendant des autres. Regardez pendant quelques instants un nouveau-né et vous serez saisi. Cet être minuscule ne peut vivre sans compter sur la bienveillance de ses parents dont il a besoin pour manger, apprendre, grandir, se soigner.

Et puis, un enfant doit obéir. Il faut se taire. Il faut respecter des ordres auxquels on ne comprend parfois rien. Quand on parle, il faut accepter de ne pas être écouté ou d'être sans cesse ramené à sa condition d'enfant. « Tu es petit, tu ne comprends rien. » C'est drôle parce qu'on dit que « la vérité sort de la bouche des enfants ». Et on met des années à saisir que les adultes, eux, n'aiment pas la vérité. Il n'y a pas d'ordre social possible, pas de couple, pas de famille sans silence et sans mensonge. Et on pourrait même affirmer que la famille patriarcale a été en partie fondée sur une certaine omerta, sur un contrat tacite : ce qui se passe derrière les portes closes doit demeurer tu.

C'est en cela que les enfants me touchent. Pas parce qu'ils sont mignons ou innocents. Mais parce qu'ils sont d'une vulnérabilité qui me déchire. On parle parfois et à juste titre des invisibles, des sans voix, de ceux qui dans nos sociétés n'ont pas voix au chapitre. Parmi eux, je mettrais aussi les enfants, dont les chagrins, les douleurs, les épreuves sont si souvent cachés. Entend-on les enfants ? Quelle place ont-ils dans notre société ? Bien souvent, il faut tendre l'oreille pour percevoir ce qu'ils ont à nous dire.

Au XIXe siècle, la littérature s'est emparée avec une force extraordinaire des personnages

La famille reste soumise à un modèle très hiérarchisé, en haut duquel trône en maître le *pater familias*

d'enfants. Dickens avec *Oliver Twist*, Jules Renard avec *Poil de Carotte* ou Alphonse Daudet avec son *Petit Chose*. Et Victor Hugo, bien sûr, qui disait joliment que si certains hommes étaient faits pour la société des femmes, il était, lui, fait pour la société des enfants. Toute sa vie, le poète a dénoncé le peu de considération pour les enfants, la cruauté des adultes à leur égard, leur indifférence.

Nous vivons peut-être aujourd'hui un moment de bascule. La révolution féministe à laquelle nous assistons – et dans laquelle la littérature prend toute sa part – est en train de pousser les portes de ce qui n'est pas un refuge, mais plutôt une citadelle, aux murs assez épais pour étouffer les cris et préserver les secrets : la maison. Malgré les évolutions de la société, la famille reste soumise à un modèle très hiérarchisé, en haut duquel trône en maître le *pater familias*. Nous prenons progressivement conscience que le foyer, longtemps dépeint comme un lieu de douceur et de protection, est aussi et avant tout un espace de domination : entre adultes et enfants, entre hommes et femmes, entre employeurs et domestiques. En dénonçant les violences conjugales et l'inceste non comme de simples faits divers, mais comme des problèmes systémiques, la révolution féministe pourrait véritablement donner lieu à une rupture civilisationnelle. C'en serait fini de ce modèle rigide où les rôles sont définis à l'avance, dans lequel les femmes sont astreintes à des tâches épuisantes qui entrent en conflit avec leur vie professionnelle, où les enfants sont victimes de brimades ou contraints au silence. Adviendrait une nouvelle façon de « faire famille », où chacun verrait reconnu son statut d'individu, sa juste place.

LEÏLA SLIMANI quitte le Maroc pour la France à l'âge de 18 ans. Diplômée de Sciences Po, elle devient journaliste à *Jeune Afrique*. Son premier roman, *Dans le jardin de l'ogre*, a paru chez Gallimard en 2014. Le suivant, *Chanson douce* (id.), a obtenu le prix Goncourt en 2016. Elle a depuis publié plusieurs livres, dont *Le Pays des autres* (id., 2020), *À mains nues* (Les Arènes, 2020) et *Le Parfum des fleurs la nuit* (Flammarion, 2021).

PROPOS RECUEILLIS PAR
ÉRIC FOTTORINO & FRANÇOIS VEY

ILLUSTRATIONS
SERGE BLOCH

PHOTOGRAPHIES
ROBERTO FRANKENBERG

CONVERSATION
AVEC

EMMANUEL MACRON

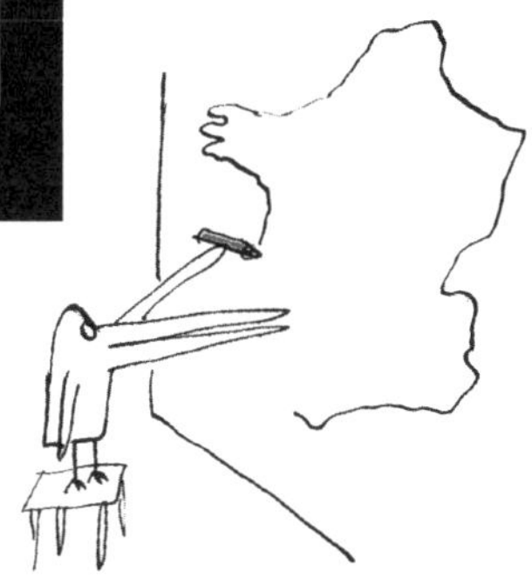

À un an de la présidentielle, Emmanuel Macron nous donne sa vision de la France, après la crise des Gilets jaunes et alors que la pandémie secoue notre pays comme jamais. De son berceau d'Amiens à Marseille, qu'il aime tant, en passant par la Seine-Saint-Denis, terre d'intégration, et les Hautes-Pyrénées de sa grand-mère, il livre ici une manière de géographie intime. Son rapport charnel à la France.

EMMANUEL MACRON est président de la République française depuis mai 2017. Ancien étudiant en philosophie, énarque, inspecteur général des finances de 2004 à 2016, il a été banquier d'affaires et associé chez Rothschild & Cie, avant de devenir secrétaire général adjoint de la présidence de la République sous François Hollande. Ministre de l'Économie et des Finances d'août 2014 à août 2016, il a créé le mouvement politique La République en marche !

« J'ai grandi dans les souvenirs de ma grand-mère. J'ai donc une vision de la France qui n'est pas du tout celle de ma génération »

ZADIG *Où commence la France, pour vous ?*

E.M. Ma France, c'est une carte sensible entre deux pôles que sont Amiens et les Pyrénées, puis un troisième pôle qui est Paris. Avec, à chaque fois, une interprétation personnelle des lieux, comme un espace vécu : mon enfance à Amiens n'a par exemple rien à voir avec la réalité d'Amiens. C'est une espèce de bulle plutôt heureuse, et même une bulle dans la bulle : j'ai vécu entre chez mes parents et chez mes grands-parents, et passé d'incalculables heures dans une bibliothèque pendant de nombreuses années de ma vie, dans le petit appartement de ma grand-mère. Malgré tout, par le hasard des amitiés, des voyages de classe, des cheminements qu'on fait en famille, j'ai eu des repères, des îlots dans la ville – des îlots culturels, notamment : une librairie que j'aimais, le théâtre. Et puis j'ai tôt fait l'expérience de cette région, la Picardie, qui subissait la désindustrialisation de plein fouet. J'ai vécu de manière très précise cette morsure de la désindustrialisation, alors que la ville était encore tenue par le maire communiste René Lamps. Enfant, je me souviens aussi d'une des premières manifestations à Amiens : c'était en 1986, contre le projet de loi Devaquet sur la réforme des universités[1].

ZADIG *Pourquoi ce berceau d'Amiens ?*

E.M. Ma famille paternelle est arrivée en Picardie par les cheminots. Mon grand-père a longtemps travaillé dans les gares parisiennes puis à la gare de Creil, à Compiègne, et il a fait partie de cette génération qui a ouvert la gare de Longueau, dans la Somme. À Longueau, je ressentais déjà la nostalgie d'une France d'avant. Amiens, pour moi, c'était à la fois le bonheur, par cette réclusion en quelque sorte choisie, et la conscience du monde, à travers la désindustrialisation et le sentiment que j'avais de cette déprise qui commençait. J'ai vu cette ville tout à la fois s'embellir beaucoup sous l'impulsion de Gilles de Robien[2] et s'éloigner de la prospérité. Amiens a en effet progressivement perdu beaucoup de services. Elle est passée du statut de capitale de région à celui de simple capitale de département. Elle vit donc aujourd'hui dans une forme

1. Présenté par le ministre délégué de l'Enseignement supérieur et de la Recherche du deuxième gouvernement Chirac, ce projet de loi prévoyait une sélection des étudiants et une mise en concurrence des établissements. Très contesté, il est retiré le 8 décembre 1986, notamment après la mort de Malik Oussekine, victime de violences policières.

2. Maire de 1989 à 2002, puis de 2007 à 2008.

d'insécurité, entre Paris et Lille, dans une forme d'inquiétude, alors même que le maire et tant de femmes et d'hommes de bonne volonté s'engagent pour les faire revenir. Quelques années plus tard, jeune adulte, j'ai découvert la Côte d'Opale, Le Touquet. Les attaches familiales de mon épouse, les grands espaces, la mer qui s'en va avec le ciel… la liberté.

ZADIG *L'autre point d'attache, ce sont les Pyrénées ?*

E.M. Oui, mon autre centre de gravité, c'étaient les Hautes-Pyrénées, Bagnères-de-Bigorre. Un vert paradis où je continue d'aller, le lieu d'origine de mes grands-parents, celui où je me réfugiais chaque été. J'y passais beaucoup de temps. J'étais l'enfant-roi dans ce lieu modeste, près de la nationale. Un lieu synonyme de bonheur absolu, avec des repères très stables, que je retrouve encore aujourd'hui – par exemple quand je vois la chaîne des Pyrénées sous un angle très particulier, celui qu'on aperçoit avant que les coureurs du Tour de France n'attaquent le Tourmalet. J'y suis retourné adolescent, puis adulte, avec des liens familiaux, des amitiés. À Campan, sur le col, vivent encore quelques-uns de mes meilleurs amis. Mais j'ai vu Bagnères-de-Bigorre s'arrêter.

ZADIG *De quelle manière ?*

E.M. J'ai grandi dans les souvenirs de ma grand-mère. J'ai donc une vision de la France qui n'est pas du tout celle de ma génération, je dois bien l'avouer. Je suis comme désynchronisé. Le frère de mon grand-père a très longtemps été adjoint au maire de Bagnères et président du comité des fêtes, ce qui m'a valu chaque été de vivre la fête des fleurs et de gagner de façon éhontée un nombre incalculable de concours, en étant systématiquement pistonné – ça allait de la pêche à la truite au plus beau chariot fleuri… Le textile favorisait le dynamisme de Bagnères. Partant de rien après la guerre, mon grand-oncle allait à vélo chercher de la laine chez tous les bergers de la vallée. Cette ville était donc tirée par le textile mais aussi par l'aéronautique, avec Latécoère[3]. Et là encore, j'ai vu la désindustrialisation. Tous les grands aménagements avaient été réalisés dans les années 1970-1980, le territoire allait de l'avant. Puis, d'un seul coup, la ville s'est comme figée. Les jeunes ont de moins en moins trouvé d'emplois, ils sont partis. Je revenais chaque été et je retrouvais la même ville. Elle s'était arrêtée dans sa prospérité, avant de se relancer avec le thermalisme qui draine une population plus âgée.

ZADIG *Peut-on dire que ces deux villes si différentes, Amiens et Bagnères-de-Bigorre, connaissaient un sort commun ?*

E.M. À Amiens comme à Bagnères-de-Bigorre, j'ai ressenti une certaine inquiétude, j'ai connu une France inquiète. L'histoire s'y était écrite d'une façon comparable. Ces endroits avaient vécu la guerre – mes grands-pères avaient été mobilisés dès 1940, puis emprisonnés pendant l'Occupation –, mais ensuite, la phase de reconquête ne s'était jamais arrêtée. Puis, dans les années 1980, avec la crise industrielle, quelque chose s'est passé qu'on n'a pas théorisé, qui n'a pas été compris, et on en lit encore aujourd'hui les traces sur les territoires : les friches industrielles, les difficultés liées au chômage… J'ai alors connu les premiers cousins qui galèrent dans leur recherche d'emploi, qui ne retrouvent rien – aussi parce que, vivant dans les Pyrénées, ils ne veulent pas bouger de la vallée. Il faut voir le drame que c'est, quand ferme une entreprise où des générations ont travaillé. Ceux qui ne le vivent pas ne peuvent pas comprendre le choc que cela représente, à la fois pour la vie familiale et pour l'imaginaire : on ne perd pas seulement son travail, c'est aussi l'univers des possibles qui est détruit. Une partie de ma famille pensait que tout continuerait comme avant. Quand l'activité s'est arrêtée, le choc a été total.

3. Né en 1883 à Bagnères-de-Bigorre, Pierre-Georges Latécoère a repris en 1917 l'entreprise familiale pour la transformer peu à peu en un équipementier aéronautique, devenu aujourd'hui un groupe emblématique.

ZADIG *Vous évoquez la Picardie, les Pyrénées… Et Paris ?*

E.M. Comme tout enfant de province, j'ai eu une relation fantasmée avec la capitale. Je ne m'y suis jamais rendu enfant. À l'adolescence, mes parents m'y emmenaient quelquefois. J'y ai également fait mon stage de troisième, auprès d'un éditeur qui dirigeait les éditions Larousse, M. Thomas. Paris était d'abord pour moi un lieu de promesses. Le Paris que je préfère, c'est celui que j'ai rêvé : la tension de désir de l'adolescent qui prépare pendant des semaines son voyage pour se rendre dans un musée, qui a l'impression de vivre dans l'histoire, dans les romans, et qui revient chez lui le soir, épuisé. Ce n'est donc pas un hasard si je suis arrivé à Paris quand j'ai eu 16 ans et que j'ai quitté Amiens. J'y ai habité seul dans une chambre de bonne où je suis resté des années, sans douche, derrière le lycée Henri-IV. C'était un autre Paris. Je me sentais comme une espèce de héros de province. J'avais le complexe du provincial face à des jeunes dont je me disais qu'ils avaient vécu bien plus de choses. J'étais seul, j'avais peu de copains. J'ai bâti mes repères dans le Quartier latin. Ce n'étaient pas des années d'insouciance. J'étais déjà amoureux de celle qui allait devenir ma femme. C'était une vie de lectures, de découvertes, souvent faites en me promenant. Je me suis énormément perdu dans Paris. Je me souviens tout particulièrement de l'hiver 1995, les grandes grèves[4], j'étais en hypokhâgne. J'ai passé des heures à marcher. J'ai arpenté Paris dans tous les sens, toujours avec un livre dans la poche. J'ai des souvenirs d'errance, de découverte de quartiers très différents. De rencontres. Je suis resté ensuite à Paris pour étudier la philosophie, j'ai découvert les Murs blancs à Châtenay-Malabry, où j'allais régulièrement voir Paul Ricœur[5] pour lequel j'ai eu l'honneur de travailler[6].

ZADIG *Quand on relit votre livre de campagne,* Révolution[7], *on note déjà l'évocation de zones désertifiées, de la France périphérique… Des thèmes qui ont aujourd'hui une résonance plus forte encore. Quel était alors votre état d'esprit ?*

E.M. Même si j'ai écrit dans ce livre qu'il existe plusieurs France, je croyais aussi, au moment de sa rédaction, que le pays est un tout, qu'il se pense et se vit comme un tout. C'est vrai ! Nous sommes une addition de pays qui ont chacun leurs rapports historiques, je dirais même telluriques : dans les Hautes-Pyrénées, d'une vallée à l'autre, les habitants, les représentations sont très différents… Mais on reste tendu vers une unité. Et donc, quand a lieu un retrait de l'État, la perte de services publics, il y a un sentiment d'abandon. On a beau recréer des services, il est difficile d'inverser ce sentiment. Ce sont des espaces entiers où il faut remettre de la présence, des entreprises aussi, et plus encore de la reconnaissance et de la dignité.

ZADIG *Que s'est-il passé dans ces territoires ?*

E.M. Des choses très simples. L'entreprise où l'on travaillait génération après génération a fermé. D'un seul coup, on a réalisé que l'avenir des gamins et des gamines n'était plus là. Le sous-préfet a quitté les lieux. Les services publics sont partis, mais aussi des cadres intermédiaires, des professeurs, des fonctionnaires, des cadres d'entreprises qui tous tiraient ces villes vers le haut – parce que c'est leur présence qui fait qu'un théâtre reste ouvert, qu'au lycée les enfants des employés côtoient les enfants du patron… C'est donc une France qui se mélangeait, une France dans laquelle un espoir de mobilité sociale était possible, qui s'est effilochée, et avec elle le goût du possible. Soudain, on s'est réveillé et on s'est aperçu que l'emploi, l'activité culturelle, parfois même le médecin, tout ce qu'on voit ailleurs, n'était plus accessible chez soi. Parce qu'en réalité, à l'échelle du pays, les activités n'ont pas diminué ; elles se sont reconcentrées. On a totalement sous-estimé ce choc, et le sentiment de relégation né de la désindustrialisation.

4. Les grèves contre le plan Juppé de réforme des retraites et de la Sécurité sociale.

5. Le philosophe Paul Ricœur (1913-2005) résida à partir de 1956 aux Murs blancs, la propriété achetée en 1939 par le philosophe Emmanuel Mounier et quelques amis réunis autour de la revue *Esprit*.

6. De 1999 à 2001, pour l'assister dans la préparation de son livre *La Mémoire, l'histoire, l'oubli* (Seuil, 2003).

7. XO Éditions, 2016.

ZADIG *Comment y remédier ?*

E.M. Dès *Révolution*, j'ai posé un diagnostique, pointé une erreur fondamentale : nous avons pensé pouvoir faire un pays sans usines. L'usine est un lieu de brassage des catégories sociales. J'ai souvent utilisé la métaphore de la cordée, qui a été mal prise, mais quand on aime la montagne, c'est évident : celui qui est devant n'avance que si celui qui assure derrière lui monte un peu lui aussi, et réciproquement. Nous avons donc agi dès le début du quinquennat pour réindustrialiser, avec de premiers résultats avant la pandémie.
Autre phénomène concomitant : progressivement, la numérisation et la rationalisation des services ont conduit à concentrer l'activité à Paris et dans les capitales régionales. Et les pouvoirs publics ont accompagné cela en créant les grandes

« Nous sommes une addition de pays qui ont chacun leurs rapports historiques, je dirais même telluriques »

régions[8]. Je le vois à Amiens : avec la création des Hauts-de-France[9], beaucoup de services sont partis vers Paris et Lille. Amiens a perdu des cadres de la direction régionale. Beaucoup de villes, de sous-préfectures, ont vécu cela. Quand on va vers la baie de Somme, vers ces superbes lieux que sont Saint-Valery ou Le Crotoy, on traverse la région de Gamaches, qui s'est totalement appauvrie avec l'effondrement de l'industrie textile. Pareil pour l'Avesnois et la Thiérache, aux confins de l'Aisne et du Nord. Ces régions ont énormément souffert. Et le rapport sensible au pays s'y est fragilisé, parfois désagrégé.

ZADIG *Ce décrochage a-t-il nourri le mouvement des Gilets jaunes de l'automne 2018 ?*

E.M. Oui, de tout cela est né le sentiment que l'organisation collective – politique, administrative – disait à ces Français : « Ce n'est plus pour vous. » Vous avez grandi avec ce schéma très français, selon lequel la propriété et l'éducation sont deux fondamentaux, où vous allez pouvoir progresser ? Ce n'est plus si vrai.
Le processus a été au fond le suivant :
1. *Il faut avoir un travail.* Oui, mais le travail se concentre désormais dans les grandes villes.
2. *Il faut être propriétaire, on n'aime pas être locataire.* Oui, mais la vie dans les grandes villes, où se trouve le travail, est chère, les prix montent – plus encore si vous voulez un pavillon avec un petit jardin, ce qui est notre modèle. Vous allez donc devoir loger à quelques dizaines de kilomètres du lieu où vous travaillez.
3. Ensuite, on vous a dit : *Pour être de bons parents, vous devez inscrire vos enfants dans les bonnes écoles.* D'où les allers-retours quotidiens, dès le collège, vers les établissements de la ville.
4. On vous a dit aussi : *Il faut que vos enfants fassent le conservatoire, aillent à la piscine, au cours de danse.* Vous devez donc aussi les emmener à leurs activités extrascolaires…
À la fin, quand vous avez tout bien fait, on vous dit soudainement : « Cette vie, ces trajets, on va les taxer fort ; si vous voulez échapper à cela, il faudra réduire les déplacements… » Les gens forcément deviennent fous ! Concernant l'augmentation des prix, le meilleur exemple est Bordeaux et son arrière-pays après l'arrivée du TGV. Bordeaux a été l'une des villes où le phénomène des Gilets jaunes a été le plus violent. Or, ces dernières années, le coût du logement y a flambé. Beaucoup d'habitants ont dû partir. Les Gilets jaunes venaient du

8. Lors de la réforme territoriale de 2014.

9. Nés de la fusion du Nord-Pas-de-Calais et de la Picardie.

Médoc, de Blaye… Certains manifestaient car ils avaient dû quitter la ville. On leur a donné l'impression que ce qu'ils faisaient n'était pas bien. Ils se sont sentis humiliés. Alors même que nos concitoyens sont conscients des changements nécessaires dans nos vies. Tout cela avec ce sentiment profond que le progrès n'était pas pour les classes moyennes dans notre pays.

« On retrouve un des fondamentaux de notre vieux pays, fait de jacqueries. Cette idée que, lorsque la colère et la peur se nouent, tout devient possible »

ZADIG *Le mouvement des Gilets jaunes a-t-il fait évoluer votre perception de la France ?*

E.M. J'avais vécu, pensé, décrit cette difficulté du pays, notamment dans *Révolution*. Même si je ne l'avais pas perçue à ce point, je n'ai pas été surpris de ce qui arrivait. Je l'ai d'autant moins été que j'aime ces terres. J'ai passé mon temps, durant la campagne, à les arpenter, avec chacune sa spécificité : on ne peut pas, par exemple, comparer l'arrière-pays de Montpellier avec la région de Metz, même si ces lieux rencontrent le même type de soucis.
Cette lecture géographique se double d'une lecture sociale : la crise des classes moyennes. Celles-ci forment le socle politique et social de nos démocraties depuis le XVIIIe siècle, et elles disent aujourd'hui : « Vous nous avez abandonnées. Il n'y a plus d'histoire et de perspective de progrès pour nous. »
Ce n'est pas un hasard si la crise des Gilets jaunes n'est pas une crise des quartiers populaires. Dans ces derniers, on trouve toujours des histoires individuelles de progrès, malgré les difficultés. À côté, les territoires qui avaient longtemps connu la prospérité ont vu celle-ci se rompre et on n'a pas réussi à la rétablir. C'est cela que j'ai découvert avec plus de force.

ZADIG *Qu'avez-vous appris ?*

E.M. On a redécouvert la violence.
La violence politique et militante existait depuis plusieurs années dans notre démocratie, avec le retour des black blocs dans les manifestations européennes puis en France en 2016. Avec les Gilets jaunes, il s'agit d'un retour de la violence dans la société.
On retrouve un des fondamentaux de notre vieux pays, fait de jacqueries. Cette idée que, lorsque la colère et la peur se nouent, tout devient possible. On a vu des gens mener des combats qui n'avaient parfois rien à voir les uns avec les autres. Au Puy-en-Velay, lorsque la préfecture a été incendiée, il y avait des parents d'élèves, des retraités, des gens en grande difficulté sociale, mais aussi des anarchistes bien connus, de vieux militants cégétistes, des « Front-nat' »…
Tous se mélangeaient dans une colère qui se nourrissait elle-même. Ce moment de tensions a débouché sur le grand débat, où je suis retourné au contact. Je me souviens en particulier du débat dans la Drôme, à Bourg-de-Péage, avec des Gilets jaunes, avec des maires, avec des citoyens. J'ai vu partout la même inquiétude, qui venait de loin, de la désindustrialisation, d'un sentiment d'injustice, d'une impression de trahison démocratique ; et en même temps, la même solidité de notre peuple. Tenir.

ZADIG *De la solidité ?*

E.M. Oui. Nous sommes un peuple très résistant. On s'embrase sur le coup de colères. Il y en aura sans doute d'autres. Mais nous sommes extraordinairement tenaces, attachés à nos équilibres.
Cette pandémie est la métaphore de notre époque. On revit des temps au fond très moyenâgeux : les grandes jacqueries,

« Je relierais la période que nous vivons à la fin du Moyen Âge et au début de la Renaissance »

les grandes épidémies, les grandes peurs… Si on a une énergie collective et une vision, on repartira de l'avant. Je pense que nous en avons la possibilité. On a retrouvé dans cette période récente toutes les grandes passions françaises : pour la liberté, pour l'égalité. J'ai eu ce sentiment, en décembre 2018, et c'est pourquoi j'ai décidé d'organiser le grand débat. Pour retrouver un contact physique, j'ai assumé cette forme de pèlerinage laïc à travers chaque géographie, en choisissant chaque fois des villes très différentes, comme Étang-sur-Arroux en Saône-et-Loire, Grand Bourgtheroulde dans l'Eure, Souillac dans le Lot, et tant d'autres.

ZADIG *Pouvez-vous préciser l'allusion que vous avez faite à la période médiévale ?*

E.M. Je relierais en effet la période que nous vivons à la fin du Moyen Âge et au début de la Renaissance. C'est l'époque des grandes peurs, de phénomènes qui forgent un peuple, je dirais même de la réinvention d'une civilisation. C'est aussi un moment de tensions qui travaillent le pays, entre un État central et des féodalités. C'est enfin un temps où la question européenne se pose, sans oublier le rapport entre les religions. La capacité à embrasser le futur, à se projeter, est alors déterminante pour le rebond que prend le pays. C'est ce qui me rend très confiant.

ZADIG *Sur quoi repose cette confiance ?*

E.M. J'ai la prescience que nous avons cette force et cette inspiration en nous. Je crois beaucoup dans l'inspiration du peuple français. Et je considère que mon rôle est, chaque fois, de tracer le bon chemin, d'y mettre le bon mot, même si je fais des erreurs, pour permettre que cela advienne. C'est ça, la véritable histoire.
Très souvent on fait le lien avec la fin de la Seconde Guerre mondiale. Je pense que cette période était très différente. Quand tout est abattu, quand tout est à reconstruire, il y a une énergie vitale. Mais aujourd'hui, on ressent à la fois le phénomène des grandes peurs et une fatigue de l'époque, que la pandémie accentue. Les intérêts en présence sont également là, qui ne veulent pas bouger : c'est une société pétrie de corporatismes semblables aux guildes d'autrefois. Pour avancer, il faut réussir à créer des voies d'eau. La Révolution française avait également cela en elle.
Un autre phénomène encore est très comparable, dans la psyché collective, à ce qui se passait à la fin du Moyen Âge : ce sont les grandes innovations technologiques, qui ont un effet anthropologique. Elles font que nous nous projetons très différemment. À leur suite, il y eut à l'époque les grandes découvertes ; à présent, ce sont les réseaux sociaux, les transformations du numérique, l'exploration de Mars, la découverte d'un nouvel usage du monde pour faire face aux dérèglements climatiques… Dans l'imaginaire, quelque chose se passe qui permet d'embrasser l'avenir et de sortir des grandes peurs. Du plus profond de son histoire, notre pays est pris dans une tension permanente entre la passion pour la liberté et la passion l'égalité, voire pour l'égalitarisme, avec les passions tristes que celles-ci emportent – on met ainsi souvent derrière l'égalité la jalousie, la volonté de détruire l'autre.
Nous avons aussi, en France, cette passion tellurique, cet ancrage, cet amour des lieux qui nous font, et, dans le même temps, cette aspiration à l'universel. Aucun autre pays n'est comme cela : même quand ils sont attachés à leur vallée, nos compatriotes s'intéressent au cours du monde et pensent que la France a un rôle à jouer. Ils considèrent qu'en nous intéressant à la francophonie ou à la diffusion des médicaments en Afrique, nous faisons ce que nous devons faire, et que de ne pas en parler serait une faute. La presse quotidienne régionale, que je lis chaque jour, en parle. Cette tension-là nous met dans un rapport particulier au monde. Plus que bien d'autres peuples et plus que bien d'autres pays, nous intégrons les inquiétudes de l'époque. Nous ne bâtissons notre unité que dans une fierté collective et dans un rapport à l'universel. La France n'est pas elle-même si elle ne se projette pas. Elle l'a fait de diverses manières, par les guerres continentales, par le commerce triangulaire, par les guerres de colonisation, puis par le multilatéralisme contemporain et par le rôle qu'elle joue de grande puissance diplomatique.

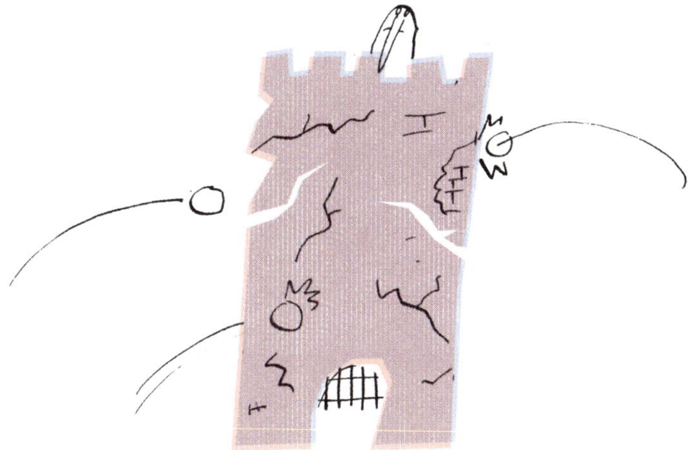

ZADIG *Quels lieux peuvent nous faire comprendre, plus que d'autres, ce que nous sommes ?*

E.M. Il est très dur de répondre. Choisir, ce serait dire que nous ne sommes qu'un fleuve, un unique cours d'eau, sans affluents ! Mais, en dehors de la carte familiale et intime que j'évoquais, j'ai une carte sensible, fruit de mon expérience, de mes responsabilités.

Oui, il y a des villes et des départements où l'on peut prendre le pouls des choses. J'aime particulièrement le Lot, Figeac, Cahors... Ce département a formidablement résisté, il a reconquis une activité industrielle, tout en gardant un grand rapport à l'histoire – avec des figures historiques incroyables, comme Maurice Faure[10] –, et on y trouve une forme de ruralité heureuse. Je pense à Saint-Cirq-Lapopie. Breton y a eu cette phrase admirable, qui dit tout de l'ancrage choisi : « J'ai cessé de me désirer ailleurs. » Ce sont des lieux qui permettent de comprendre ce qui est accepté en France et ce qui ne l'est pas. Ils synthétisent beaucoup d'histoire.

J'aime aussi infiniment Marseille, la deuxième ville de France, une des plus pauvres et des plus vibrantes. Marseille a sa banlieue dans la ville. Elle a connu des transformations considérables ces dix dernières années. C'est une ville où, comme dans tous ces grands ports, on arrivait, on s'installait, on était arménien, algérien, on devenait marseillais avant d'être français. C'est ainsi que Marseille a construit son identité. Avec le TGV, les Marseillais se sont réapproprié leur ville : Marseille a été voulue, embrassée, aimée. C'est une ville extraordinairement attachante. On y voit le tressage d'une grande bourgeoisie avec des quartiers très populaires. Ça ne circule pas à l'intérieur de ces catégories, néanmoins une identité unique se trame dans l'œil de la Bonne Mère[11].

Quand on dit de Marseille qu'elle est capitale de la Méditerranée, il faut faire une conversion mentale. Une ville, c'est comme un corps : elle garde dans ses tripes les réflexes qu'elle prend dans son histoire. Marseille ne s'est pas construite en regardant la mer. C'est une ville structurée par le souvenir traumatisant de Louis XIV, qui l'a punie pour son insolence et l'a verrouillée par la mer[12]. Après-guerre, Gaston Deferre[13] l'a profondément structurée en la construisant contre le glacis communiste alentour : des années durant, il a appris aux Marseillais à se méfier des villes voisines tenues par des communistes... On se méfiait aussi de la mer, sauf quand on allait au cabanon... Marseille a ainsi construit ses propres rites. Pagnol le dit génialement, quand il parle du « Ferry Bôate[14] ». La grande traversée, c'est celle du Vieux-Port, pas au-delà.

Mais la conversion est en train de se faire. La décennie qui vient transformera Marseille et fera d'elle une capitale de la Méditerranée. Indépendamment de la vie politique, je suis sûr que quelque chose va se passer à Marseille, car les conditions de possibilité d'une réinvention du lieu et d'une réappropriation sont là. J'y vois une créativité extraordinaire, une jeunesse saisissante, une espèce de puissance. Mais j'aime aussi énormément la Seine-Saint-Denis...

ZADIG *Pourquoi ?*

E.M. Je vais vous décrire, en vous demandant de fermer les yeux, le département le plus jeune de France, avec deux aéroports internationaux, le plus important stade sportif français et le plus grand nombre de créations de start-up par habitant. Il ne manque que la mer pour faire la Californie... C'est aussi le seul endroit où l'on a assumé d'être un pays d'immigration, qui intègre, qui élève les enfants nés ici comme ailleurs. Les trajectoires individuelles existent. Mais quand les gens progressent, ils partent, et c'est ce qui explique les difficultés. Chaque fois, la Seine-Saint-Denis accueille les nouveaux arrivants. C'est un espace unique de transformation économique et sociale. Le travail que fait ce département pour l'intégration dans le pays est colossal. C'est un poumon. Et dans le même temps, toutes les fragilités françaises y sont concentrées. Les espaces sont à reconstruire. Les difficultés économiques, sociales et sécuritaires s'y conjuguent.

Au-delà de tout ça, on sent et on apprend beaucoup de choses quand on se rend en Seine-Saint-Denis. Par exemple, lors du premier confinement, c'est en allant là-bas que j'ai acquis la conviction que les consignes étaient très bien respectées.

10. Ancien résistant, homme de gauche, Maurice Faure a été ministre, député et sénateur du Lot.

11. Surnom de la basilique Notre-Dame-de-la-Garde, qui domine la ville.

12. Rattachée au royaume de France avec la Provence en 1481, Marseille est longtemps restée une ville frondeuse. En 1660, Louis XIV la fait occuper militairement et refuse en y entrant de jurer à ses portes respect aux libertés municipales. Il ordonne notamment la construction de deux forts à l'entrée du port pour surveiller la ville.

13. Maire de la ville en 1944-1945 puis de 1953 à 1986.

14. Dans son film *Marius*, sorti en 1931.

Que ça marchait. Le 7 avril 2020, je vais à Pantin et je comprends qu'il faut rouvrir l'école. Les gens étaient tous chez eux. Ils me saluaient avec des drapeaux français, c'était très émouvant, bouleversant. Les gens ont très bien compris le confinement. Bien sûr, parfois, ils sortent, mais il faut voir la difficulté que cela représente quand les logements sont si exigus. C'est formidable d'engagement. Après, à La Courneuve, je discute avec le maire, Gilles Poux, un homme formidable, élu depuis très longtemps[15], qui me dit : « Je suis quand même inquiet pour les écoles. Je ne sais pas où sont les gamins mais, leurs parents, je sais qu'ils sont à 5 heures du matin dans le métro, parce qu'ils continuent de bosser à Paris. Et si les gamins ne sont pas à l'école, ils ne bouffent pas. Et je ne sais pas comment on va les retrouver… » C'est là que j'ai compris qu'il fallait absolument rouvrir les écoles. Grâce à lui et à quelques autres maires, on a pris cette décision et on a eu raison.

« Le travail que fait la Seine-Saint-Denis pour l'intégration dans le pays est colossal. C'est un poumon »

ZADIG *Vous avez donc pris cette décision de portée nationale en vous rendant compte de la situation en Seine-Saint-Denis ?*

E.M. Oui, car là-bas, tant de difficultés sont concentrées que, si on ne remet pas les moteurs, on n'y arrive pas. Ce département a un rôle de cœur, en quelque sorte. En plus, ce que je trouve fascinant, c'est que la Seine-Saint-Denis a une histoire sensible et française géniale : tous les rois de France se retrouvent là. Il y a là un entrelacs absolument extraordinaire de notre histoire.

ZADIG *Quels sont les autres territoires que vous affectionnez ?*

E.M. J'aime les marches du pays, les marches de l'Est, leurs grandes forêts comme leurs villages. Ce sont des terres où l'on ressent les difficultés des classes moyennes. Elles ont gardé dans leur ADN la difficulté des temps. Les gens ont un caractère très résilient. Je ne peux pas dire mieux : la géographie imprime et laisse quelque chose. L'histoire fait les gens. Dans les marches de l'Est, il y a cet attachement à l'histoire, cet attachement au pays. Sur ma carte du Tendre du quinquennat, il y a tout ce qu'on a fait avec l'itinérance mémorielle[16]. Revenir sur ces terres qui ont essuyé la Grande Guerre, la Seconde Guerre mondiale, puis la désindustrialisation dont je parlais a été très fort, avec des gens extraordinairement courageux, qui ont l'industrie dans le sang – pour beaucoup, les grands-pères descendaient à la mine ou travaillaient dans la sidérurgie.
Il y a d'autres lieux comme ça que j'aime. La Bretagne : je me rends souvent dans le Finistère, notamment chez mon ami Richard Ferrand[17]. Là, les gens me parlent, même comme président, et me disent ce qu'ils vivent et ce qu'ils comprennent. J'aime également le Puy-de-Dôme : près de Clermont-Ferrand, au lac Chauvet, il y a ces terres d'industrie, d'élevage, où mon ami Charasse[18] me disait ses vérités, et où j'ai quelques amis chers.

15. Gilles Poux est maire communiste de La Courneuve depuis 1996.

16. Du 5 au 11 novembre 2018, le président a parcouru les lieux marquants de la Grande Guerre à l'occasion du Centenaire du conflit.

17. Le président de l'Assemblée nationale est député du Finistère depuis 2012.

18. Michel Charasse (1941-2020), homme de gauche, ancien ministre du Budget et sénateur du Puy-de-Dôme.

« Je ne dis pas que la France se lit à livre ouvert. Mais il ne s'agit pas d'un pays de polders ! »

ZADIG *De nombreux observateurs trouvent que la France est devenue illisible. Mais si on se réfère à son histoire et à sa géographie, cela ne semble pas être le cas. À vous écouter, vous vous y retrouvez…*

E.M. Totalement. Après, il s'agit peut-être d'une géographie personnelle, d'une somme complexe. Il y a des plis, certains sont cachés. Je ne dis pas que la France se lit à livre ouvert. Mais il ne s'agit pas d'un pays de polders ! *(Rires.)* Lors de mes déplacements, je prends avec moi ces cartes de géographie en relief. *(On lui apporte un dossier posé sur son bureau.)* Quand on prend ces cartes, établies suivant un procédé ancien, on comprend un territoire immédiatement. *(Il montre la carte des Hautes-Pyrénées, autour d'Argelès-Gazost.)* Ici, on voit surgir une immense montagne, mais cet exemple est peut-être trop évident. Maintenant, si on parle de la Haute-Saône ou du Territoire de Belfort *(il en montre la carte*[19]*)*, en considérant le relief, on comprend Belfort, Vesoul… Après, il y a la Bourgogne, une terre de marchands, de commerce et d'échanges, qui a été structurée par les grandes foires. Les gens y raisonnent comme des Flamands. Ce sont des commerçants, ils sont dans les étoffes et le vin, mais ils sont très différents des Bordelais… Vers la Haute-Saône, les terres ont été balayées par les conquêtes et les reconquêtes, avec des lieux qui ont été pris, repris… entre les différents duchés, royaumes et autres. Et ce sont des terres d'industrie, avec des sédentaires qui ont résisté aux guerres et aux invasions. Rien à voir avec le commerce. Je suis attaché à tous ces

19. Voir la photo p. 20.

territoires, à leur histoire et à leur géographie. Vous leur parlez et vous les comprenez. Alors, non, notre pays n'est pas devenu illisible. La plus belle métaphore de cette histoire, c'est le Tour de France cycliste.

ZADIG *Vous continuez à y aller chaque année ?*

E.M. J'y vais à chaque fois : j'adore.

ZADIG *Que ressentez-vous justement devant ces foules ?*

E.M. Il me semble que les spectateurs trouvent là un prétexte pour redécouvrir la France. Les gens retrouvent des coins de route, ils se nichent partout. Je trouve cela génial. Beaucoup de Belges et de Néerlandais continuent à venir, des Espagnols aussi, des Slovènes maintenant. Il y a là encore une géographie sensible, celle des exploits insensés, des victoires dans les Alpes, des contre-la-montre endiablés, des drames du mont Ventoux. La mythologie de la nationale 7 et tant d'autres.

ZADIG *Quand vous vous rendez sur le Tour en tant que président, comment vivez-vous ces moments ?*

E.M. Je les vis comme spectateur, pas comme président, même si je remets le maillot jaune à un coureur. Il faut toujours être vigilant : ne pas voler les moments sportifs. Les gens sont là pour les cyclistes. Certains sont contents de me voir, d'autres n'en ont aucune envie ! *(Rires.)* Certains peuvent penser qu'il y a malice et que je viens prendre une partie de la gloire des cyclistes. Il faut se montrer plutôt discret. Par contre, je ne cache pas mon bonheur de voir une étape. Même si être dans la voiture du directeur de l'épreuve est la moins bonne manière de voir la course... On la voit mieux à la télé. Mais il y a l'adrénaline, la vitesse, le paysage qui défile et les amitiés nouées à travers le temps. C'est un formidable compagnonnage. Dans les Pyrénées, ce sont de belles étapes. J'ai encore le souvenir d'une descente vers Luchon, où Froome scellera sa victoire dans le Tour. Ce sont des souvenirs d'enfance, des souvenirs sensibles, des souvenirs littéraires aussi, avec Antoine Blondin[20] que j'ai lu après-coup. Je trouve que le directeur du Tour, Christian Prudhomme, exerce l'un des plus beaux métiers qui soient : tout le monde le drague ! Le Tour offre une vraie carte sensible du pays, avec des pères qui aiment le vélo, des Français qui adorent redécouvrir des paysages. Ce sont aussi de grands moments d'héroïsme sportif. Je pense à Poulidor, qui avait continué la course alors qu'il était blessé. À Sainte-Marie-de-Campan, il y a encore la fourche de vélo d'Eugène Christophe, qu'il avait reforgée lui-même[21]. Je trouve ça génial. C'est un de ces moments où vous pouvez embrasser le pays et ses paysages. Et l'un de mes projets, c'est de faire ainsi, avec des artistes contemporains, un grand Tour de France des paysages et des œuvres d'art, en leur demandant de se le réapproprier...

ZADIG *Vous avez entrepris tout un travail sur la mémoire, avec des recherches historiques sur nos actions en Algérie et, plus récemment, au Rwanda[22]. Quel regard souhaiteriez-vous que la France porte sur son passé ?*

E.M. Je pense d'abord que les Français ont besoin de porter sur lui un regard lucide et décomplexé. Je ne suis pas du tout dans la repentance. Mais je pense que nous avons la possibilité de revoir notre histoire dans la durée. Le général de Gaulle a été un grand spécialiste de cet exercice. Ce sont ses grands coups de génie : à la Libération, après avoir descendu les Champs-Élysées, il se rend à l'Hôtel de Ville et explique aux Parisiens qu'ils ont, seuls, libéré la France. Il fallait cela pour que le pays tienne. De Gaulle a eu cette prescience. Et nous avons tous fait semblant d'y croire. Mais cela conduit à avoir « un passé qui ne passe pas », comme le dit l'historien Henry Rousso[23]. Il nous a fallu des décennies pour reconnaître notre responsabilité dans la rafle des Juifs, parce que nous savons tous que les Français n'ont pas été que des maquisards.

20. Auteur, notamment, de *Sur le Tour de France* (Mazarine, 1979).

21. Lors de l'édition du Tour de 1913, le coureur avait dû procéder seul aux réparations pour respecter le règlement.

22. Travail qui s'est traduit par la remise en janvier du rapport Stora, pour l'Algérie, et en mars du rapport Duclert, pour le Rwanda.

23. Voir p. 134, l'article de Benjamin Stora sur *Le Syndrôme de Vichy* d'Henry Rousso.

24. Annoncé en 2003, le projet échoua en 2005 en raison du vote de la loi poussant à l'enseignement des aspects positifs de la colonisation (alinéa plus tard abrogé), et de l'exigence de repentance du gouvernement algérien.

25. Le rapport propose, entre autres, l'inauguration de monuments ou de lieux de mémoire ou encore la panthéonisation de Gisèle Halimi.

26. Figure de l'islam libéral français, chercheur associé au fonds Paul Ricœur.

Pour moi, le plus grand acte de courage politique du général de Gaulle fut l'arrêt de la guerre d'Algérie : il le fait contre beaucoup de ses proches, contre son camp, contre l'armée. Je me figure très souvent la force de caractère qu'il lui a fallu pour décider cela. Après, il n'a pas d'autre choix que de refermer tout de suite la chape. Nous avons ainsi des mémoires brisées, humiliées, irréconciliables : les pieds-noirs, les harkis, les militaires, les appelés, les Algériens issus de l'immigration… Notre pays a besoin, pour vivre sereinement, de bâtir un récit commun et de poser des actes reconnaissant toutes ces vies, toutes ces mémoires. Jacques Chirac a essayé par d'autres voies, avec un traité d'amitié, mais une bronca l'a empêché d'avancer[24]. Moi, je n'appartiens pas à cette génération. Et il faut agir, parce que plus de 10 millions de nos concitoyens vivent parfois douloureusement dans la mémoire de cette histoire partagée.

ZADIG *D'où le rapport de l'historien Benjamin Stora sur la mémoire de la colonisation et de la guerre d'Algérie ?*

E.M. Il faut reconnaître toutes ces parts de mémoire et les replacer dans une histoire commune. C'est pourquoi j'ai fait appel à Benjamin Stora. Il propose un chemin de travail, d'actions, d'actes[25]. Ce sont des gestes de reconnaissance. Ce n'est ni une politique de repentance ni une politique de déni, c'est une politique de reconnaissance. J'y crois beaucoup. C'est très ricœurien, d'ailleurs. L'islamologue Rachid Benzine en parle beaucoup[26]. Il s'agit d'accepter que nous sommes vus comme humiliants – moi-même, j'ai été perçu comme tel – parce que nous ne reconnaissons pas les mémoires singulières, les voix individuelles, les parts de destins singuliers présentes dans la société. Cela ne veut pas dire qu'on nie l'unité de celle-ci, au contraire. J'en suis dépositaire et j'y suis attaché. Mais nous n'aurons pas un rapport pacifié à nous-mêmes si nous ne parvenons pas à remettre sur la table la question de la guerre d'Algérie.

« Notre pays a besoin, pour vivre sereinement, de bâtir un récit commun et de poser des actes reconnaissant toutes ces vies, toutes ces mémoires »

« Notre histoire avec l'Afrique, avec nos enfants issus de ce continent, n'est pas celle du monde anglo-saxon. Nous ne pouvons pas la penser dans les mêmes termes »

L'un des moments importants de ce travail fut la reconnaissance de la torture et de l'assassinat d'Ali Boumendjel[27]. Il y a eu un crime puis un déni terrible. Quand j'ai annoncé ce geste, ses enfants et surtout ses petits-enfants m'ont donné une leçon de France. C'est une génération qui s'est réfugiée chez nous au moment du FIS[28]. La France a tué leurs grands-pères, puis a été un pays d'asile pour certains de leurs parents. Eux qui ont grandi ici, une fois qu'ils ont compris cette histoire familiale, ils ne savaient plus quelle était leur patrie. Ils avaient toutes les raisons de haïr la France et ils ont décidé de l'aimer. La reconnaissance, c'est cela. J'ai reconnu que nous avions torturé et assassiné leur grand-père – et vraisemblablement les beaux-frères et beaux-pères de celui-ci. C'est tout ce travail qu'il faut continuer. Et reconnaître également tout ce que les pieds-noirs et les harkis ont subi.

27. Une recommandation du rapport Stora suivie le 2 mars dernier par le président.

28. Le Front islamique du salut, dont la dissolution en 1992, après l'annulation en 1991 des élections qu'il était en passe d'emporter, marque le début de la guerre civile algérienne, qui prit fin en 2002.

ZADIG *Quelle est votre motivation profonde ?*

E.M. Pour moi, c'est la définition même du rôle du président de la République : retrouver à chaque instant les raisons fondamentales, existentielles, pour lesquelles nous avons décidé de vivre ensemble. Et donc, dans un premier temps, nous faisons ce travail pour ceux qui ont vécu la guerre d'Algérie, qui est devenue la matrice de ces traumatismes. Ensuite, je pense que ce mouvement doit s'opérer à l'égard de toutes les diasporas africaines. C'est ainsi que les millions de Français et de Françaises seront reconnus comme riches de leurs origines, de leurs histoires familiales, comme rendant la France plus grande encore. Voilà ce que peut être cette voie médiane de la reconnaissance, qui n'est ni le déni ni la repentance.

ZADIG *Que suppose cette voie médiane ?*

E.M. De reconnaître notre histoire en Afrique, qui fut celle de l'esclavage, du commerce triangulaire – comme c'est le cas pour nombre d'autres puissances à la même époque –, puis du colonialisme. Et de replacer ce colonialisme dans la manière dont il a été pensé et voulu. À la fin du XIXe siècle, c'était un colonialisme qui s'est voulu universaliste. Notre histoire avec l'Afrique, avec nos enfants issus de ce continent et de ces terribles histoires familiales, de ces blessures, ce n'est pas celle du monde anglo-saxon. C'est pourquoi nous ne pouvons pas la penser dans les mêmes termes que les Anglo-Saxons. Nous devons regarder en face notre passé, en construire le récit commun et œuvrer chaque jour concrètement pour l'égalité des chances. Je ne crois pas une seconde à la dislocation de notre histoire en faisant de la France une addition de minorités ou de ressentiments. Je ne crois pas à l'effacement de notre histoire. Je crois à son apprentissage, à sa recontextualisation, à notre capacité à l'assumer, à la comprendre et à la porter ensemble. En d'autres termes, je souhaite qu'on puisse remettre à la fois la statue de Voltaire et celle du général Dumas, premier général mulâtre, à leur place à Paris[29]. C'est la condition pour dépassionner le sujet pour toutes les immigrations africaines. Pour repenser aussi les diasporas comme une chance qui s'offre à nous de comprendre le continent africain. Je crois beaucoup à cette conversion du regard. Je ne demande pas de renoncer à une identité, jamais. La France, c'est une volonté de chaque jour, ce n'est pas une identité figée. Il faut dire à ces hommes et à ces femmes : vous qui êtes là par les cruautés de l'histoire, par la volonté de vos grands-parents, de vos parents ou par la vôtre propre, vous êtes une chance pour notre pays.

ZADIG *Est-ce que la réforme de l'ENA vise également à ce que la haute fonction publique appréhende mieux les problèmes de la France et serve mieux notre pays*[30] *?*

E.M. Il fallait mener cette réforme. Mais je n'ai jamais voulu faire de l'ENA un bouc émissaire responsable de tous les maux. Cette école a été conçue après-guerre parce que la nation avait besoin de cadres. Elle a rempli sa mission et permis de former une haute administration de grande qualité, avec des personnes de tous les milieux qui ont véritablement permis de rebâtir le pays. Mais, là aussi, ce qui l'a anesthésiée, ce sont les corporatismes. La maladie de la France n'est pas la bureaucratie ni le centralisme, ce sont les corporatismes. C'est-à-dire des intérêts qui protègent l'entre-soi. L'ENA a permis aux corporatismes de se reconstituer. Chaque ministère a reconstruit ses carrières, ses prés carrés, ses herses et les gens n'ont plus circulé. L'accession à un grand corps, le passage en cabinet ministériel étaient les seules façons d'accélérer les carrières. Tout s'est progressivement ossifié. Au concours, la maîtrise de la langue anglaise et la culture générale – une matière que j'ai enseignée à l'ENA pendant six ans – ont été des instruments de sélection sociale.

ZADIG *Avec quelles conséquences ? Une coupure entre les élites et les citoyens ?*

E.M. Aujourd'hui, à l'ENA, vous avez beaucoup moins d'élèves fils d'ouvriers, d'agriculteurs, ou appartenant aux classes populaires qu'il y a cinquante ans. Dans notre pays, quand on vient d'un milieu populaire, et plus encore quand on est issu de l'immigration, il faut cinq à six générations pour accéder ne serait-ce qu'au milieu de l'échelle sociale. C'est énorme et, pour tout dire, décourageant. On doit sélectionner différemment, s'ouvrir à des publics plus divers, rassembler dans un tronc commun treize écoles du service public[31].
On fera une école bien plus ouverte à la recherche. Il est nécessaire de forger les honnêtes hommes du XXIe siècle – au sens générique du terme. Nous devons donc enseigner différemment, proposer des cours d'histoire de l'art, avoir des gens qui sachent parler avec des savoirs académiques. Car c'est de cela que nous avons besoin. Face à une crise, il vous faut des gens qui ont certes des réflexes managériaux, mais qui savent aussi pénétrer la complexité d'une discipline : on leur demande d'interagir avec des chercheurs venant d'horizons très variés, de faire la synthèse de leurs connaissances et de prendre des décisions sur la base d'une information complète. Pour cela, il faut s'ouvrir davantage au monde académique et à la recherche. Je veux que ce nouvel Institut travaille en partenariat avec les universités, qu'il soit bien plus européen dès le début. Je veux que nous en fassions une école d'excellence, qui révèle les capacités pour conduire à celle-ci par la formation.
À la sortie, il y aura bien un classement – je suis toujours favorable à la méritocratie –, mais il ne devra pas déterminer tout le reste de la carrière. Il n'y aura plus d'accès aux grands corps directement. Au bout de cinq ou six années, il y aura d'autres processus de

29. La statue de Voltaire rue de Seine, à Paris, a été retirée en août 2020 à la suite d'un tag. Quant à la statue du général Thomas Alexandre Dumas, fondue par les nazis sous l'Occupation, sa réplique devrait être réinstallée place du Général-Catroux, aux côtés de celles de ses descendants, les écrivains Dumas et Dumas fils.

30. Le 8 avril, Emmanuel Macron a annoncé la suppression de l'ENA, qui sera remplacée par un Institut du service public.

31. Sont concernées : l'ENA, l'INET, l'ENM, l'EHESP, l'EN3S, l'ENSP, l'ENAP, quatre écoles d'application de polytechnique, l'EOGN et l'ENS.

sélection qui permettront d'accéder qui à des inspections, qui à des juridictions. Mais on ne sera plus nommé préfet ou ambassadeur à vie, on le sera le temps de l'exercice de la mission. C'est la fin d'un corporatisme. Derrière, on devra mettre en place une vraie gestion des ressources humaines, pour que chacun fasse une carrière selon ses mérites.

ZADIG *Quel rapport entretenez-vous avec la langue française et pourquoi le dictionnaire de votre grand-mère représente-t-il tant pour vous ?*

E.M. Ce petit dictionnaire est toujours avec moi. Il a accompagné mon enfance, mon adolescence. J'y ai appris notre langue et ses subtilités, mais aussi à me perdre. J'ai toujours perdu énormément de temps dans les dictionnaires. Plus tard, j'ai utilisé celui d'Alain Rey, disparu il y a peu[32], un dictionnaire historique et étymologique de la langue en deux tomes. C'est un voyage formidable. J'adore la sonorité des mots. L'imaginaire s'y perd. J'aime la science exacte des mots, les petites différences, choisir les bons termes. Et puis, il y avait également chez ma grand-mère le Littré, en plusieurs tomes, que j'ai d'ailleurs toujours avec moi.
La langue, c'est la liberté. La langue et l'État ont fait la nation française. Nous sommes le seul pays au monde où cela s'est passé ainsi. C'est pourquoi j'ai choisi Villers-Cotterêts pour établir la nouvelle Cité internationale de la langue française[33]. Il y a eu cette intuition géniale pour l'administration, d'abord. Et puis, toujours, des soubresauts où le français s'impose face au patois. Je suis assez détendu sur ce sujet. La langue est une espèce de grand fleuve avec des affluents qu'il faut respecter. J'adore les créoles qui trouvent dans la langue française des expressions que nous n'avons pas. Je lisais dernièrement le dictionnaire des francophones, dont j'ai voulu la réalisation il y a deux ans. Les Rwandais emploient le mot « techniquer ». C'est combiner, essayer de se débrouiller, en référence à l'anglais *technicality*. Les Rwandais voyagent entre le français et l'anglais en permanence. Ils enrichissent la langue.
Pour moi, est français celui qui habite notre langue. Nous sommes, par elle, un pays d'hospitalité. C'est ce qui fait que nous sommes un pays monde. L'épicentre de notre langue est du côté du fleuve Congo. Ensuite, la langue est toujours réinventée. Quand vous la maîtrisez, il n'y a plus de solitude. On a la possibilité de la dire, donc de nommer, de mettre le juste mot sur un sentiment. Beaucoup du malheur du monde et du malheur des gens – la phrase de Brice Parain si souvent prêtée à Camus – est de ne pouvoir nommer les choses, de ne pas avoir été aidé pour avoir la capacité de le faire. ♦

32. Lexicographe rédacteur en chef des publications des Dictionnaires Le Robert, Alain Rey est décédé le 28 octobre dernier.

33. Cet espace pluridisciplinaire, destiné à « stimuler la recherche et le débat d'idées sur la langue française », devrait s'installer en mars 2022 dans le château rénové de la ville où fut édicté en août 1539 le plus ancien texte législatif encore en vigueur en France : l'ordonnance faisant du français la langue officielle de l'administration et du droit.

ROBERTO FRANKENBERG est un photographe brésilien. Après avoir débuté dans la publicité et la photographie de mode, il s'installe à Paris et se lance à son compte. Il s'essaye bientôt au portrait et au paysage, et collabore régulièrement avec la presse internationale, du *Monde* au *New York Times* en passant par *Libération*, *Télérama*, *The Guardian* ou encore le *Financial Times*.

SERGE BLOCH est auteur-illustrateur. Formé à l'École supérieure des arts décoratifs de Strasbourg, il rejoint la presse enfantine et publie son premier album, *Sam et son papa*, en 1998, chez Bayard (rééd. en 2009). Il partage son temps entre la presse (*The New York Times*, *Le Monde*, *Télérama*, *Libération*), la publicité et ses expositions personnelles. *Jésus : l'histoire d'une Parole*, écrit avec Frédéric Boyer, a paru en 2020 chez Bayard Culture.

POURQUOI LE 1 ?

ÉRIC FOTTORINO
Journaliste, romancier, pédaleur du dimanche et des autres jours, Éric Fottorino a cofondé *le 1*, *America*, *Zadig* et *Légende*. Il a passé vingt-cinq années au journal *Le Monde*, qu'il a dirigé pendant cinq ans.

RENDRE LE SAVOIR ACCESSIBLE

Depuis sa création en 2014, *le 1* approfondit chaque semaine un thème unique lié à l'actualité. Sa démarche est ouverte : *le 1* puise son inspiration dans toutes les disciplines, de la littérature aux sciences humaines, en passant par la philosophie, l'histoire, la géopolitique, l'économie, l'art ou la sociologie. Son ambition : aider ses lecteurs à comprendre les enjeux de notre époque et à construire leur propre réflexion.

LIRE COURT, PENSER LONGTEMPS

L'information manque souvent de perspective : nos vies vont toujours plus vite alors qu'il faut ralentir pour réfléchir. Dès lors, au-delà de la nécessité de s'informer, comment penser un monde complexe ? Être instructif plutôt qu'exhaustif. Inspirer autant qu'informer. Telle est la vocation du *1* : une lecture dense et surprenante pour un journal qui se dévore du début jusqu'à la fin, selon l'adage *less is more* (« moins, c'est mieux ») cher aux Anglo-Saxons.

UN JOURNAL INDÉPENDANT SANS PUBLICITÉ

Le 1 est une offre de rupture. En bousculant les codes de la presse, il manifeste la liberté de sa démarche et de ses contenus. Pour garantir son indépendance, il est vierge de toute publicité. Sa richesse : la curiosité et la soif d'apprendre de ses lecteurs. Un contrat de lecture dans lequel il puise sa force.

CHAQU… DA…

DES REPÈRES

• Dans l'esprit des planches illustrées des encyclopédies, *le 1* consacre régulièrement son poster à une infographie de grande envergure, qui fait dialoguer image et texte avec pédagogie.

• Parce que la littérature donne une connaissance sensible du monde, chaque numéro propose un poème commenté et un texte littéraire inédit.

s
ré
et (
port

Ses œuvres cultes

Le Rouge et le Noir, de Stendhal

« Ce roman dit beaucoup de notre pays et de ses tensions, de l'Europe… Stendhal est sans doute mon romancier préféré. C'est la liberté, la vie mélangée au roman, cette France du Doubs. J'aime cette tension qu'il y a entre le classicisme et le romantisme. L'épopée napoléonienne mariée à l'individualisme extrême. »

René Char

« J'aime tout Char. C'est le poète qui m'a le plus accompagné. J'ai toujours eu un livre de lui avec moi. Ses poèmes d'amour. Le recueil *Fureur et mystère*, les fragments des *Feuillets d'Hypnos*. »

Des Picasso

« J'ai toujours des cartes postales d'œuvres d'art qui me sont chères : j'ai gardé deux ou trois Picasso que j'aime beaucoup. Picasso m'a toujours accompagné. J'aime plutôt les portraits de Jacqueline, j'aime bien cette période ; j'aime bien aussi la période Dora Maar. Il y a un portrait d'elle qui est sublime. J'aime aussi ses sculptures, et il y en a une d'ailleurs à l'Élysée. Elles sont de cette période où il quitte Dora et fait ces femmes éclatées… »

Anselm Kiefer

« Plus récemment, j'ai beaucoup cheminé avec Kiefer pour le Panthéon. Les œuvres qu'il a faites pour ce lieu sont géniales, extraordinaires. On a beaucoup travaillé sur cette opération. Et lui, pour le coup, m'a particulièrement obsédé. Toute la période où il habite chez Paul Celan est géniale. »

D'autres poètes : Apollinaire, Baudelaire, Rimbaud

« J'ai passé beaucoup de temps avec Rimbaud, Baudelaire aussi. Et, à l'école, j'aimais Apollinaire, cette âme triste. J'adore le personnage d'Apollinaire, la cruauté de sa vie. Et j'aime, dans sa poésie, cette espèce de syncope permanente. J'ai connu les paysages du Rhin par Apollinaire, cela ne m'a jamais quitté. J'ai toujours dans la tête *Loreley*, *Mai*… Il a fait pour moi une géographie sensible. Je trouve son rapport à l'amour et à la mort d'une vérité… »

Illustré par SHEINA

LE SILENCE DES DOMINÉS

Le peuple n'a que rarement la parole dans notre démocratie. Mais, pour s'en emparer, encore faut-il savoir maîtriser la langue. Cela se fait cruellement sentir dans les moments de violence terroriste et de crise sanitaire.

par **DANIÈLE SALLENAVE**

“NOUS NAISSONS pris dans les rets du langage, à une place qui nous est assignée dès avant notre naissance, et nous n'aurons pas assez de toute notre vie pour en élucider les conséquences et éventuellement les combattre. Ce que nous voyons et pouvons constater très tôt, c'est que la place de chacun (chacune) dans la société est parfaitement lisible dans le langage qu'il parle, qu'il s'autorise, et dans l'effet que ce langage produit sur les autres. C'est dans son langage qu'il révèle sa place dans une hiérarchie, une place qu'il s'efforcera d'acquérir, de conserver ou de nier. Mes souvenirs d'enfance en sont entièrement pétris. Dans ce village des bords de Loire qui sortait tout juste de la guerre, comment parlait-on autour de moi ? Voulait-on parler ? Refusait-on de parler ? Qui se taisait ? Qu'est-ce qu'on taisait ? Ce qui était lisible, visible, directement, dans la langue, c'étaient, sans aucun doute, et même à des yeux d'enfant, les formes et les ressorts de la domination. Telle qu'elle s'exerce sur ceux que Gramsci nomme les « subalternes ». Mais, en même temps que la question, la réponse m'était fournie : née dans une école, d'une famille d'instituteurs sur deux générations, j'avais été très tôt convaincue que l'instruction est la clef de l'émancipation, et que la maîtrise de la langue en est le cœur. Coup de force, saut hasardeux ? Sans doute. Car il était clair, dans le même temps, que les mêmes questions faisaient retour avec insistance, que les hiérarchies de la domination continuaient de s'exposer, et que les « subalternes » s'usaient dans une lutte sans fin pour ne pas tomber du mauvais côté du langage, du côté de celui qui « fait des fautes » et dont on repère aussitôt l'origine populaire et un lourd héritage de sujétion.

Alors, que faire ? Décréter, comme le fit Roland Barthes dans sa conférence inaugurale au Collège de France, que la « langue est fasciste » ? Avec Pierre Bourdieu, mettre radicalement en cause l'école, complice de la domination, puisqu'elle enseigne la langue des maîtres et délégitime la langue des dominés ? Ou se dresser avec Kateb Yacine et poser qu'un retournement est possible, qu'on peut faire de la langue une « prise de guerre » ?

LES RONDS-POINTS, MODERNES AGORAS, FORUMS D'AUJOURD'HUI, IDÉE GÉNIALE ARRACHÉE À L'ENFER DE LA CIRCULATION AUTOMOBILE

Ces questions ont fait récemment retour, lorsque j'ai entrepris de m'interroger sur les formes que prenait notre démocratie dans les situations extrêmes de la violence terroriste et de la crise sanitaire. Et même un peu plus tôt, dès l'instant où le mouvement des Gilets jaunes avait fait renaître une grande interrogation sur la place et l'exercice de la liberté d'expression, dans un pays, la France, et sous un régime, la République, qui l'honorent comme une conquête de la Révolution, expressément reconnue par la loi. Les choses sont claires : dans une démocratie représentative, on vote, et le reste du temps on se tait. Ou bien on parle, mais on n'est pas entendu – on n'est même pas écouté. Le simple citoyen, la citoyenne de base, quand il (elle) parle, on s'étonne. Ainsi des Gilets jaunes ! Quoi ! Ils demandent la parole, et déterminent des espaces pour l'exercer : des ronds-points, modernes agoras, forums d'aujourd'hui, idée géniale arrachée à l'enfer de la circulation automobile. Scandale.

Le silence des dominés (que nous sommes tous, face à la verticalité des pouvoirs), leur parole empêchée, embarrassée, ç'a été longtemps le point d'attaque par lequel on tentait de fissurer, fêler, les forteresses de la domination. Que dit le peuple ? Comment le dit-il ? Qui va parler pour lui, s'il se tait ? Louise Michel, en 1883, à son procès devant les assises de la Seine : « Le peuple meurt de faim, et il n'a pas même le droit de dire qu'il meurt de faim. Eh bien, moi, j'ai pris le drapeau noir et j'ai été dire que le peuple était sans travail et sans pain. Voilà mon crime ; vous le jugerez comme vous voudrez. » La parole du peuple se réfugie dans

« des révoltes muettes qui ont parlé tout bas, et que vous ne comprimerez pas toujours » (Jaurès contre Casimir-Perier, 1894).

Donner la parole au peuple, ce « grand absent », c'est faire entendre ce qu'il est, faire entendre ce qu'il veut, mais c'est aussi parler pour lui, parler *à sa place*. Michelet le constate, la mort dans l'âme : « Je suis né peuple, j'avais le peuple dans le cœur… J'ai pu, en 1846, poser le droit du peuple plus qu'on ne fit jamais… Mais sa langue, sa langue, elle m'était inaccessible. Je n'ai pas pu le faire parler » (*Nos fils*, 1869). George Sand : « C'est pour moi une cause de désespoir que d'être forcée d'écrire la langue de l'Académie, quand j'en sais beaucoup mieux une autre qui est si supérieure pour rendre tout un ordre d'émotions, de sentiments et de pensées » (Avant-propos de *François le Champi*, 1848). Ce qu'il faut, c'est que le peuple fasse entendre sa langue (ses mots), sa parole (son discours, ses énoncés). Mais de quelle langue dispose-t-il ? Quelle langue devra-t-il, pourra-t-il parler ?

LE DOMINÉ, CELUI QUI SE TAIT, CELUI QU'ON N'ENTEND PAS, QU'ON N'ÉCOUTE PAS, C'EST CELUI QUI N'OSE PAS PARLER, PARCE QU'ON LUI A DIT ET FAIT SAVOIR *QU'IL NE SAVAIT PAS PARLER*

Le dominé, celui qui se tait, celui qu'on n'entend pas, qu'on n'écoute pas, c'est celui qui n'ose pas parler, parce qu'on lui a dit et fait savoir *qu'il ne savait pas parler.* On est légitime quand on parle la langue légitime. Et la langue légitime, celle de la domination, c'est l'école qui la transmet.

D'où la sentence implacable qui frappe l'école à partir des années 1960 : l'école républicaine, en enseignant la « bonne langue », celle du pouvoir, celle des élites, instaure une hiérarchie impitoyable entre la langue d'en haut et la langue d'en bas. Le système d'enseignement contribue au déclassement des modes d'expression populaires (et des langues régionales) : la dépossession politique n'est que l'effet le plus visible de la dépossession linguistique. Constat parfaitement juste, mais qui mène à deux conclusions, donc à deux stratégies diamétralement opposées. La première pousse à une contestation radicale de l'école elle-même, accusée d'entretenir l'inégalité qu'elle prétend combattre, jusque dans la transmission des savoirs et de la langue dans laquelle ils se disent. Du coup, résister à la domination, ce serait au fond résister à l'école, puisqu'elle favorise les favorisés, et entretient entre eux et les enseignants une connivence culturelle qu'on ne peut détruire qu'en refusant les supports où la « culture » s'inscrit : la belle langue, les œuvres classiques…

Oui, la dépossession politique et sociale se dit dès l'enfance dans le rapport à la langue. Le capital langagier d'un enfant pèse sur lui dès son entrée à la maternelle et détermine la suite de son parcours. Le processus de marginalisation scolaire se met en place dès le cours préparatoire. À l'entrée en sixième, environ 80 % des enfants qui ne savent pas lire correctement sont d'origine populaire. D'où un ressentiment contre les « élites » qui prend souvent la forme d'un ressentiment contre l'école. Mais ne voir la langue et la culture que sous l'angle de la domination qu'elles reproduisent et légitiment, c'est nier l'effet d'émancipation que leur maîtrise procure aux dominés. Affirmer que l'école n'est qu'un instrument de domination, ce paralogisme dangereux a contribué à ébranler le système d'éducation en prétendant le réformer. Se défier de la « bonne langue », car elle est celle du pouvoir, n'affaiblit en rien la violence de celui-ci. Ne vaudrait-il pas mieux apprendre à la manier avec la plus extrême rigueur ? Car c'est dans cette même langue que se sont exprimées les premières et les plus vives contestations de ce même pouvoir.

C'est alors que, à l'appui de cette thèse, ressurgit dans notre mémoire la parole lumineuse d'un colonisé, l'écrivain algérien Kateb

Yacine : la langue est notre butin de guerre. En se l'appropriant, il ne renonce nullement à ce qu'il est. « J'écris en français, dit Kateb Yacine, pour montrer aux Français que je ne suis pas français. » Comparaison n'est pas raison : l'enfant « du peuple » n'est pas un colonisé. L'école peut cependant, et elle le doit, retourner la discrimination linguistique contre ceux qui l'exercent. Dès lors, s'approprier la langue dite « légitime », ce ne sera pas pour l'enfant « du peuple » trahir ce qu'il est, se faire le singe des puissants. Une langue peut être confisquée, elle ne devient pour autant la propriété de personne : elle est la propriété de ceux qui la maîtrisent. Et il en va de même pour ces objets de culture, œuvres de la littérature, grands textes, abusivement utilisés pour devenir des signes de reconnaissance entre dominants, et soustraits ainsi à l'appropriation critique qu'en pourraient faire les dominés. C'était une leçon du marxisme : le « peuple » mettra les œuvres devant leurs propres contradictions. Voir Brecht et ses *Questions que pose un ouvrier qui lit* : « Qui a construit Thèbes aux sept portes ? / Dans les livres, on donne les noms des rois. / Les rois ont-ils traîné les blocs de pierre ? »

Cela est d'infinie conséquence pour le système scolaire. Cela veut dire qu'il ne doit pas renoncer aux exigences les plus hautes en matière d'apprentissage de la langue s'il veut combattre la plus dangereuse des inégalités, l'inégalité linguistique. Car offrir à tous et toutes l'exercice d'une langue exacte, complexe, maîtrisée, c'est leur mettre entre les mains l'instrument du raisonnement, de la dialectique, de l'esprit critique, *de la pensée*. Or – les tests européens régulièrement le confirment –, les élèves français occupent une des dernières places en matière de connaissance et de pratique de leur langue. Parmi eux : 40 % sont issus de milieux dits « défavorisés ».

Et je reviens à mon propos de départ. Dans notre système oligarchique, le peuple n'arrive pas à affronter la parole d'en haut, la démocratie est à (ré)inventer. Une démocratie délibérative ou mieux, selon le vœu du populisme de gauche, une « démocratie agonistique », dont le but serait de faire émerger des identités dans le conflit, et non de contribuer au consensus, ou au « vivre-ensemble », cette niaiserie de patronage. Ce qui exige de sortir de l'incapacité ou de l'insécurité linguistiques, autres noms de la relégation sociale et du déficit de participation démocratique.

Je persiste donc à revendiquer mon héritage, et à dire ma dette envers ceux qui me l'ont légué. En suivant leur leçon, tout en sachant parfaitement que l'école ne suffit pas pour surmonter les inégalités politiques, économiques, sociales, nous devons susciter, face à un pouvoir orgueilleux qui se dit le « maître des horloges », un peuple *maître de la grammaire*, dans son sens générique le plus large. Car la grammaire est « la première partie de l'art de penser » (Condillac). Mais toujours en tenant compte de Michelet et de sa vibrante admonestation : que l'instruction soit conçue de manière à ce que l'homme du peuple, l'homme d'en bas, n'ait pas à perdre ce qui le faisait tel, et puisse apporter aux « hommes d'études » ce que l'homme d'études ne possède pas toujours. « Quand il s'agit de son passé, de morale, de cœur et d'honneur, ne craignez pas, hommes d'études, de vous laisser enseigner par lui », écrit-il au tome 2 de son *Histoire de la Révolution française*.

Et que la rigueur de la langue écrite accueille et soutienne toutes les puissances d'une oralité dévastée par les avilissements marchands d'une novlangue numérisée.

DANIÈLE SALLENAVE est écrivaine. Membre de l'Académie française depuis 2011, elle est l'autrice de nombreux essais et romans, dont *Les Portes de Gubbio* (1980) et *Castor de guerre* (2007), une biographie de Simone de Beauvoir. Elle tient également une chronique sur France Culture chaque vendredi matin. Elle a publié en 2019, dans la collection « Tract » de Gallimard, *Parole en haut silence en bas*, une réflexion sur la légitimité de la prise de parole.

LA SANTÉ PUBLIQUE EN *DÉROUTE*

À l'occasion de cette pandémie, la France prend conscience qu'elle ne dispose plus ni d'un bon système de santé ni une véritable industrie biomédicale, même si elle conserve une excellente médecine. Sans cesse repoussé, un vaste chantier de réformes est à engager sans délai.

par **JEAN DE KERVASDOUÉ**

« AU PRINTEMPS 1940, la déroute de l'armée française surprit les gouvernements du monde entier. Avec ses alliés, la France n'avait-elle pas, vingt-deux ans plus tôt, gagné la guerre ? N'avait-elle pas la plus puissante infanterie du monde ? De même, la déroute de l'État et de la santé publique française nous surprend aujourd'hui. Il y a vingt ans, le pays ne jouissait-il pas, au dire de l'Organisation mondiale de la santé (OMS), du « meilleur système de santé du monde » ? Ce discutable classement de l'OMS fut à l'époque abondamment débattu par les spécialistes, mais le grand public en retira une réelle fierté. Pourtant, au début de ce siècle déjà, j'en diagnostiquais[1] les profondes imperfections. Il me paraissait évident qu'une organisation conçue pour l'essentiel en 1930 était inadaptée à la médecine du XXIe siècle, et j'en tirais la conclusion que les partis politiques dits « de gouvernement » devaient l'adapter.

Ne voyant poindre aucune réforme autre que financière dans les engagements des partis, je demandais à chaque nomination d'un nouveau ministre de la Santé un rendez-vous et lui remettais à cette occasion des notes, des articles, voire des ouvrages de mes amis et collègues, français et étrangers, spécialistes des politiques de santé. Ces rendez-vous eurent tous une caractéristique commune : je ne les revis jamais en tête-à-tête. Si l'on entend les Cassandre, on ne les écoute pas une seconde fois. Ainsi, il me semble injuste de faire porter à Emmanuel Macron et à ses gouvernements les conséquences dramatiques des incuries de plus d'un quart de siècle, d'autant qu'ils les paient toutes, et au prix fort ! La question d'actualité va cependant être de savoir ce que l'on trouvera dans les programmes, assurément chargés, des candidats à l'élection présidentielle future. Il y a fort à parier qu'ils se limiteront aux bons sentiments et à une générosité financée à crédit.

Éclairés par la pandémie, nous devons tirer en urgence les leçons de cette défaite de la santé publique, qui sont nombreuses et dépassent le domaine de la santé *stricto sensu*.

ÉCLAIRÉS PAR LA PANDÉMIE, NOUS DEVONS TIRER EN URGENCE LES LEÇONS DE CETTE DÉFAITE DE LA SANTÉ PUBLIQUE

La France a choisi de protéger la santé des plus fragiles et pour cela a imposé de lourdes contraintes à ses habitants, particulièrement à ceux qu'elle souhaitait maintenir en vie « à tout prix ». Cela se fit au détriment des plus jeunes. À plus d'un titre, ces derniers en étaient déjà les victimes : chômage, impôts, charges sociales...

Je n'ai aucune légitimité pour remettre en cause cette politique, mais je souhaite en tirer des leçons, tant sa mise en œuvre a été longue, hésitante, coûteuse et tant elle a éclairé les insuffisances, voire l'incapacité de notre système de santé à affronter une pandémie.

Il y a cependant un élément positif, et de taille : le système médical a tenu et démontré ses qualités éthiques et son excellence clinique. Les soignants ont tous courageusement fait face. Les hospitaliers ont pu ouvrir des milliers de lits de réanimation et trouver des formes d'organisation innovantes en faisant voler en éclats les règles administratives et des centaines de contraintes bureaucratiques. Ils ont ainsi illustré la coûteuse inutilité de celles-ci. Toutefois, tandis que les soignants étaient à leur poste, le ministère de la Santé doutait de l'efficacité des masques, avant d'en déclarer le port obligatoire, pour découvrir alors l'inexistence de stocks qui étaient en train d'être détruits ! Le principe de précaution démontrait là encore son absurdité et sa totale inefficacité : tout constitutionnel qu'il fût, il ne permettait pas de déceler l'incertain.

Le public comme les médias découvraient à cette occasion, sans le formuler ainsi, que « médecine » et « santé » n'étaient pas des synonymes et que la santé publique ne se limitait pas à l'organisation des soins médicaux. Pour mener une politique de santé, il existe d'autres outils et, pour y parvenir, l'État informe

1. « Panser ou repenser le système de santé », in Roger Fauroux et Bernard Spitz, *Notre État*, Robert Laffont, 2001.

(éducation pour la santé), l'État prévient (vaccination) et surtout l'État interdit. Les exemples abondent, des limitations de vitesse sur la route aux milliers d'autres « il faut » ou « il ne faut pas », au nom de la santé et de la sécurité. Il s'agit des règlements de sécurité alimentaire, de sécurité au travail, de sécurité routière, de sécurité incendie, de sécurité nucléaire… qui remplissent des milliers de pages. La santé publique est donc, pour l'essentiel, liberticide : il faut porter un masque, respecter les gestes barrières, ne pas sortir après 18 heures, fermer théâtres et restaurants. Si ces obligations, ces contraintes, ces privations de liberté peuvent être justifiées, les Français ont aussi compris qu'il fallait à tout moment se demander si l'on pouvait toujours tout interdire au nom de la santé de certains, voire de tous ?

LA PANDÉMIE A ILLUSTRÉ DES TARES ANCIENNES ET TROP BIEN CONNUES DE NOTRE RÉPUBLIQUE : LA CENTRALISATION, LE CORPORATISME

Du fait de la nature même de la santé publique telle qu'elle est conçue en France, les services de l'État compétents en la matière recrutent des juristes, mais pas des informaticiens, pas des logisticiens, pas des ingénieurs, pas des technologues et peu de statisticiens. Cela explique les difficultés rencontrées pour des tâches élémentaires, comme le recueil des données de mortalité ou encore, après un an d'épidémie, la totale imprécision dans la mesure de sa prévalence dans la population. C'est aussi la raison pour laquelle l'État n'a pas été capable de commander rapidement des masques, des respirateurs, des tests, puis des vaccins, tâche heureusement confiée à l'Europe, moins imparfaite. Si donc la France a une bonne médecine, elle a, si j'ose dire, une mauvaise santé !

Outre cette faille spécifique, la pandémie a illustré des tares anciennes et trop bien connues de notre République : la centralisation, le corporatisme, la passion pour l'égalité, l'incapacité de concevoir des mécanismes de régulation économique, l'échec de la démocratie participative.

Ainsi, en mars 2020, l'État central a demandé à toutes les cliniques privées de France de déprogrammer leur planning opératoire. Cette décision était justifiée à Mulhouse, mais ne l'était pas à Toulouse, où il y avait très peu de patients atteints du Covid. La note payée par l'assurance maladie du fait de cette seule erreur dépassera les 2 milliards d'euros pour indemniser en pure perte des établissements vides !

Le corporatisme a conduit à négliger la profession qui avait la plus grande compétence en matière de coronavirus quand s'est déclenchée l'épidémie, à savoir : les vétérinaires. En effet, les animaux domestiques et d'élevage sont atteints d'une cinquantaine de zoonoses à coronavirus ; tous les services vétérinaires possèdent des machines PCR pour tester la présence éventuelle des virus et les techniciens compétents, mais il était impensable de leur permettre de réaliser des tests chez les humains. Il faudra encore attendre un an pour que le conseil scientifique du gouvernement s'adjoigne les compétences d'un vétérinaire spécialiste des épidémies. Mais les signes de corporatisme ne s'arrêtent pas là. Ainsi, il y eut de nombreuses escarmouches pour savoir si les pharmaciens et les infirmiers auraient ou non le droit de vacciner, alors qu'ils le font pour la grippe et bénéficient de la confiance de la population dont ils sont proches. De même, les agences régionales de santé (ARS) mirent beaucoup trop de temps à requérir les compétences des établissements hospitaliers privés pour prendre en charge les patients Covid.

Quant à la passion pour l'égalité, si les Français acceptent les contraintes, fussent-elles drastiques, quand elles s'appliquent à tous, en revanche, ils refusent qu'on impose des mesures spécifiques à certains d'entre eux, au nom de leur liberté individuelle. Ainsi, contrairement aux pays d'Asie et à certains pays d'Europe, la France n'a pas contraint ses citoyens à télécharger l'application anti-Covid ; les personnes malades n'ont pas été obligées de s'isoler et il n'a pas été envisagé d'aider ceux qui auraient eu en la matière des difficultés pour y parvenir. Le ministère de la Santé s'est contenté de recommander l'isolement et n'a pas vérifié – comme au Royaume-Uni ou en Chine – si tel était bien le cas. Au nom d'une « liberté » qui n'est que laxisme, l'État laisse s'étendre la propagation du virus. Enfin, l'État n'envisage pas de rendre obligatoire la vaccination contre le SARS-CoV-2, pas plus que – en ce début mars – le passeport vaccinal. En France, les mesures universelles ne paraissent pas légitimes quand elles pèsent sur une partie de la population, fussent-elles souhaitables au bénéfice de tous. L'équité entre les Français et l'équité entre les territoires constituent des freins à l'efficacité et sont, au contraire, un accélérateur des dépenses publiques.

Quant au financement de tout cela – les 260 milliards d'euros des dépenses de santé –, il ne passe pas directement de la poche des Français à celle des soignants et des industriels de la santé. L'essentiel transite par l'assurance maladie et les assurances complémentaires. Ces transferts se font hors des mécanismes de marché, mais avec des mécanismes de rationnement[2] : tout est en effet rationné soit physiquement (autorisation d'équipements, d'ouverture de lits, de pharmacies…), soit humainement (*numerus clausus*), soit financièrement (budgets et tarifs). Ces rationnements ont sauté pendant l'épidémie, du fait de notre incapacité à imaginer en amont des mécanismes adaptés. Le ministère de la Santé manque aussi cruellement d'économistes et ne fait pratiquement pas appel à eux. Comment va-t-on sortir de cette temporaire illusion de l'abondance financière ?

Quant à la démocratie participative, je n'aurai pas la cruauté de rappeler ici toutes les recommandations d'étape banales du Conseil citoyen pour la vaccination, et me limiterai, pour en donner une idée, à celle qui souligne la nécessité « de diffuser des informations claires accessibles à tous sur un site Internet unique[3] ».

Plus douloureux et plus grave fut le constat de nos limites en matière d'industrie et de recherche. Les Français découvrirent que, si leur pays avait toujours une excellente médecine, il n'avait plus, à quelques grandes et heureuses exceptions près, d'industrie biomédicale[4]. Ce n'est en rien une fatalité, mais la conséquence d'attitudes et d'habitudes anciennes. Depuis des décennies, nous montrons comment les instances de régulation et celles qui déterminent le tarif des actes innovants, prétendant éviter tout favoritisme, nuisent activement – c'est le terme – à l'industrie nationale. Ainsi, en faisant attendre des années pour inscrire un nouvel acte, une nouvelle prothèse, un nouveau pansement à la nomenclature des actes remboursés par l'assurance maladie, elles ferment le marché aux entreprises nationales. Aussi les innovations françaises sont fabriquées ailleurs et reviennent chez nous plus tard, quand les médecins français les exigent pour soigner leurs malades, à un coût plus élevé. Les exemples pullulent dans le domaine de la cardiologie, de l'imagerie, de la biologie…

Outre la grande dépendance de la France à l'égard de ses fournisseurs étrangers, la recherche académique a considérablement pâti de cette faiblesse, car dans la plupart des domaines elle ne se développe que si elle tisse un lien intime et permanent avec l'industrie, notamment dans les grands CHU. Mais la recherche elle-même a révélé ses faiblesses. Il fut en effet douloureux de constater que les entreprises françaises, à la fin de l'année 2020, n'étaient pas capables de sortir un vaccin. Pour les spécialistes de santé publique, la triste surprise fut de constater le peu de travaux publiés par des équipes françaises.

Toujours dans ce domaine, mais sur d'autres plans, le grand public découvrait, à propos du débat sur l'efficacité de l'hydroxychloroquine, la difficulté de conduire des études cliniques et la différence de nature entre la légitimité des scientifiques qui tentent d'éclairer les chemins

2. Jean de Kervasdoué, Didier Bazzocchi, *La Santé rationnée – Un mal qui se soigne*, Economica 2019.

3. Rapport du 23 février 2021. Ce groupe de travail sur la stratégie vaccinale du Conseil économique, social et environnemental (Cese) réunit des experts et trente-cinq citoyens tirés au sort.

4. Il en est de même dans le domaine de l'agriculture.

possibles et celle des politiques qui doivent en prendre un. Enfin, on a pu constater le peu de confiance que le gouvernement avait dans les institutions scientifiques préexistantes, notamment dans les académies. Il a préféré créer de nouvelles instances, de nouveaux comités et des « conventions citoyennes », comme si l'ignorance était un gage de sagesse.

Pour concevoir le système de santé de demain, il faut revenir à la mondialisation, certes celle de l'épidémie, mais plus encore celle de la recherche médicale. Cette dernière a toujours été mondialisée, mais un impératif stratégique n'a pas été saisi par la France depuis trois ou quatre décennies, et n'est toujours pas bien compris. La recherche n'est plus financée par les pays pour seulement contribuer au savoir et au bien-être du genre humain, mais d'abord et surtout pour gagner un avantage compétitif majeur en accumulant des brevets et en créant des entreprises.

En outre, en médecine notamment, le savoir progresse à grands pas : 700 000 nouveaux articles sont publiés chaque année dans les revues à comité de lecture ! Ce phénomène pousse, dans le monde entier, à une spécialisation toujours plus grande des professions médicales et paramédicales. Ainsi, il n'y a plus de chirurgiens généralistes, mais des chirurgiens cardiaques, des urologues, des orthopédistes… Ces derniers disparaissent eux-mêmes progressivement et, en orthopédie par exemple, se spécialisent dans la chirurgie de la main, du genou, du rachis… On assiste dans le monde entier, en médecine, à une évolution essentielle et irréversible, car la spécialisation pousse à une double division du travail. Ainsi, en France, on dénombre deux cents spécialités médicochirurgicales et environ deux cents professions « autres » (kinésithérapeutes, infirmiers, ergothérapeutes…) qui peuvent les unes et les autres accompagner le malade dans son « parcours de soins », en ville comme à l'hôpital. Mais qui coordonne ce parcours ? Qui en a la responsabilité ? Chez nous, on a le talent de pervertir les bonnes idées : on a prétendu que le médecin traitant, payé à l'acte, à un tarif très bas en secteur conventionné, pouvait, devait, accompagner son patient, prendre rendez-vous, téléphoner à ses confrères, choisir l'hôpital… Il n'en a rien été, tout simplement parce que, pour vivre, il doit « faire » des actes.

La situation est d'ailleurs encore pire pour les professions libérales : kinésithérapeutes, ou infirmières à domicile payées moins de 9 euros pour une prise de sang.

De même, on crée en France des « maisons médicales », excellente idée, mais on ne leur donne pas les moyens d'être financées, sauf quand les communes mettent la main à la poche. On promeut des ROSP (« rémunération sur objectifs de santé publique ») qui, de fait, sont des rentes de situation, car les médecins reçoivent une rémunération supplémentaire quand ils réalisent ce que de toute façon ils sont censés faire. Plus grave, alors que l'on en a les moyens informatiques, on ne contrôle pas, ou si peu, ou si mal, la qualité des soins, car la profession s'y refuse et les gouvernements successifs reculent. C'est cette même peur qui conduit à ne pas étudier sérieusement d'autres modes de paiement des généralistes, comme la capitation, c'est-à-dire un forfait annuel payé par l'assurance maladie au médecin choisi par le malade, voie importante de réforme potentielle existant en Europe du Nord depuis des décennies. Enfin, il faut le clamer haut et fort : la véritable inégalité des soins en France est peu liée à l'argent, mais beaucoup à l'endroit où le patient est soigné[5].

Quant aux leçons à tirer pour l'après-Covid, la première réforme devrait être celle de l'État obèse. Il faut redonner au pays et à ses fonctionnaires le goût du risque, et pour cela lever

5. Roland Cash, Jean de Kervasdoué, *La Véritable Inégalité des soins : Soigner mieux, soigner moins cher*, Economica, 2019.

les obstacles majeurs, à commencer par la responsabilité civile et pénale des fonctionnaires. Nous sommes le seul pays à nous être imposé un tel frein.

L'épidémie a également montré que le fonctionnement de l'État requérait des expertises nouvelles. La réforme de l'État ne peut pas se limiter à une timide réforme de l'ENA. Rappelons que la majorité des grands corps d'ingénieurs ont été créés au XVIIIe siècle (Eaux et forêts, Mines, Ponts...).

Toujours en matière d'expertise ainsi que de conseil scientifique et technique au gouvernement, notamment dans le domaine de la santé, il faut préciser le rôle des académies, auxquelles on fait trop peu appel, et réduire le nombre des institutions existantes, souvent doublées d'ailleurs par des institutions européennes aux compétences proches.

Pour assurer un dialogue sain, l'État doit renoncer à assurer des fonctions de gestion dans le domaine de la santé. Par manque de confiance dans ses agents, il s'efforce aujourd'hui de les contrôler par une tutelle omniprésente tout en élaborant des textes nombreux, coûteux et trop souvent contradictoires. La contrepartie est bien entendu que les hôpitaux publics, en prenant l'exemple des centres de lutte contre le cancer, deviennent des institutions de droit privé, dirigées par un vrai président de conseil d'administration responsable civilement et pénalement, et habilité à nommer le directeur et le médecin-chef. Rappelons que le système actuel est étatique – le ministre de la Santé nomme les directeurs d'hôpitaux – et aussi corporatiste – les médecins de chaque établissement élisent le président de la commission médicale d'établissement.

Cette réforme impose aussi que l'on mette progressivement un terme au statut des personnels hospitaliers (le titre IV de la fonction publique) et que les nominations des médecins se fassent localement. En effet, quand on explique à un étranger que le cardiologue de l'hôpital de Pontivy ou celui d'Avignon est nommé par un bureau à Paris, ils demandent toujours si ça marche. Et je réponds : « Parfois, mais c'est très onéreux. » Enfin, pour ce qui est de l'organisation interne des hôpitaux qui resteraient publics, depuis trente ans je propose d'opter pour cette ligne : « Chaque hôpital est maître de sa structure, celle-ci est définie par son règlement intérieur. »

La question financière est complexe et – qu'il s'agisse d'actes ou de dotations – passe par la gestion de nomenclatures et de tarifs qui devraient être revus en permanence et débattus par les acteurs intéressés (hôpitaux, professionnels de santé et industriels). Ce n'est pas le cas.

On ne saurait terminer sans rappeler qu'il faut intégrer l'hospitalisation privée (elle réalise plus de 50 % des actes chirurgicaux) dans les territoires de santé, que la santé mentale va très mal alors que les Français sortent fort perturbés du confinement, et que la triple tutelle des Ehpad (État, assurance maladie, département) doit être revue.

À cette liste déjà importante de réformes qu'il est urgent d'entreprendre, comment ne pas ajouter celle de la médecine de ville ? Et comment ne pas redire que dans le domaine de la santé, de même que dans beaucoup d'autres, nous payons le prix des incuries passées et le paierons tant que nous n'aurons pas réformé autrement que par l'ajout d'une nouvelle taxe ou le financement d'une nouvelle dette. ♦

JEAN DE KERVASDOUÉ est économiste, spécialiste des questions de santé. Professeur émérite au Conservatoire national des arts et métiers (CNAM), il a été directeur général des hôpitaux entre 1981 et 1986. Il est notamment l'auteur du « Que sais-je ? » *L'Hôpital* (Puf, rééd. 2015) et de *Très cher santé* (Perrin, 2009). Son dernier livre, coécrit avec Henri Voron, *Les Écolos nous mentent*, a paru aux éditions Albin Michel.

SHEINA est illustratrice. Formée à la Central Saint Martins de Londres, à la School of Visual Arts de New York, et à Penninghen, elle réalise des bandes dessinées et des dessins pour la presse. Elle a publié avec Yannick Resch *Audacieuses : 60 femmes pionnières* (Eyrolles, 2019).

TEXTE
ARTHUR FRAYER-LALEIX

ILLUSTRATIONS
ALEX GREEN

Dans la peau…

D'UN POMPIER

Notre reporter a eu droit de monter tout en haut de la grande échelle. Sujet au vertige, il s'en serait bien passé. Mais pour partager le quotidien des soldats du feu et partir en intervention avec eux, c'était le prix à payer. À Soissons, durant une semaine, il a souvent porté secours à des personnes âgées et, plus rarement, éteint des feux.

LE CAMION file à travers la campagne. Par la vitre arrière, j'aperçois furtivement des fragments de champs, des éoliennes, des lignes à haute tension. Le gyrophare projette du bleu sur les façades des maisons des villages que nous traversons. Je bringuebale sur la banquette, une légère nausée aux lèvres.

C'est mon tout premier jour comme pompier à la caserne de Soissons, dans l'Aisne. Alors que le coronavirus se répand en France, une caserne de pompiers m'a paru être un bon poste d'observation en ce début du mois de mars. L'Aisne, située dans les Hauts-de-France, fait partie des coins les plus touchés.

Pour l'heure, l'intervention sur laquelle nous nous rendons n'a rien à voir avec le Covid-19. Il était aux alentours de 17 h 30 et ma toute première journée touchait à sa fin, quand mes collègues ont été bipés pour « un homme tombé d'une échelle ». Les trois pompiers affectés au camion-ambulance se sont précipités vers le gros camion rouge stationné dans le garage, et nous sommes partis. Ils se prénomment Yohann, Maxime et Jérémy. Le premier est le chef ; le deuxième, le conducteur ; le troisième exécute ce que le chef demande. Les pompiers parlent de « chef d'agrès » pour désigner la personne qui commande. C'est donc Yohann, aujourd'hui, un grand type aux yeux bleus comme le ciel d'été.

Nous arrivons devant une petite maison, basse et tout en longueur. Le jardin ressemble à une cour de ferme. Le portillon est ouvert. Dans le camion, Jérémy attrape un énorme sac qui contient tout le matériel. Il file vers la maison. Je le suis, accroché à ses talons. Une dame courte et menue nous attend dans le jardin, les bras croisés, le visage soucieux :

– C'est mon père qui est tombé. Il installait une tringle à rideaux…

– Il a quel âge ?

– 80 ans.

Yohann, le chef, fait des yeux surpris. On entre dans une cuisine sombre qui donne sur une enfilade de pièces. Un vieil homme est allongé en travers du seuil d'une chambre, ses savates encore aux pieds. Je l'enjambe en faisant attention à ne pas le heurter. Les rideaux sont tirés. Tout, à l'intérieur, est enveloppé de pénombre. Il y a un lit au centre de la pièce et une multitude d'objets donnent au lieu un air de dépôt-vente : un micro-ondes, des haltères, un coffret DVD de Louis de Funès, des verres à bière de dégustation, un ours en peluche, un sweat des Golden State Warrior…

– Ça va, monsieur ? Vous m'entendez ? Vous avez mal où ?

C'est Yohann qui pose la question. Le vieil homme montre sa jambe :

– Peux pas la bouger…

Il explique que son échelle a glissé, et qu'il s'est retrouvé au sol sans pouvoir se redresser.

– C'est pas à vous d'installer une tringle à rideaux, à votre âge !

Max, qui conduisait le camion, découpe aux ciseaux le pantalon. La jambe apparaît, incolore et lisse. L'os du fémur fait une grosse bosse sous la peau. Max regarde ses deux collègues :

– Fracture du fémur gauche à mi-jambe… On appelle le Smur[1] ?

Les autres acquiescent. Les pompiers n'ont pas le droit de donner de médicaments, seulement, le vieil homme ne peut pas être déplacé sans avoir été drogué, la douleur serait intolérable. Il lui faut aussi une attelle, sans quoi l'os risque de lui transpercer l'artère fémorale. Dans la chambre obscure, l'homme remue les lèvres :

– Pas besoin de faire venir le médecin…

Yohann le fixe de ses yeux bleus :

– Vous êtes pas un animal et on n'est pas des bouchers… Sans médicaments, vous allez avoir une douleur de chien !

La dame qui nous a accueillis tout à l'heure observe la scène en se mordillant les ongles. « Oh la la… » dit-elle, très impressionnée. Soudain, son père hurle :

– Aaaah ! Faut pas me bouger la jambe !

– On ne vous bouge rien du tout, monsieur… C'est votre muscle qui tressaute tout seul.

– Oh la la… » répète sa fille.

À 18 heures, deux infirmières, un médecin et un brancardier se présentent. L'une des infirmières se penche :

– On va vous donner des médicaments pour soulager la douleur, monsieur.

On place une poche à oxygène sur le nez du vieillard et des capteurs sur sa peau blanche. Par instants, il grogne. Mais pas bien fort et peu souvent. « Les gens de la campagne, c'est incroyable ce qu'ils sont costauds. Il devrait beugler de douleur », glisse un des pompiers.

Tous ensemble, Smur et pompiers fixent l'attelle du vieillard et le glissent dans un brancard matelassé qui lui fait un sarcophage. Puis ils le sortent par la fenêtre.

Je monte à l'arrière du camion-ambulance avec l'une des infirmières. Le camion roule le plus doucement possible. L'homme a été sanglé

1. Service mobile d'urgence et de réanimation.

au brancard. Il geint comme un petit animal blessé dans les virages et les nids-de-poule. Il profite de l'accalmie d'une ligne droite pour murmurer à l'infirmière :

– Dites, qui va s'occuper de mes poules ?

– Quoi ?

Il répète. Elle se met à lui faire la conversation pour le distraire de sa douleur :

– Et vous faites du jardin ? Qu'est-ce que vous allez planter ce printemps ?

– Des pommes de terre. Je devais faire les petits pois demain…

À 19 heures, nous arrivons à l'hôpital de Soissons. Max gare le camion dans le hangar des urgences, un grand hall ouvert à tous les vents. Un drap a été tendu sur la façade. À la bombe, une main a tracé : « 5 mois et rien… Urgences en grève. » Nous confions le vieil homme à des infirmières et nous quittons les lieux. Ma première journée se termine. Je suis là pour une semaine.

Le lendemain, j'arrive à la caserne un peu avant 8 heures. Il fait très froid, le ciel étincelle de bleu. C'est à la sortie nord de Soissons. Aux alentours se trouvent des entrepôts, de petits pavillons, une station-service, des ateliers municipaux, quelques supermarchés et un sex-shop. L'Aisne coule à l'arrière de la caserne. Je gare ma voiture sur le parking réservé aux visiteurs et je prends avec moi la tenue incendie que l'on m'a donnée la veille : un casque, des rangers, une cagoule, des gants, un pantalon et une veste ignifugés. Je passe devant la stèle des hommes morts en service et pénètre dans le bâtiment.

Le bureau du chef de garde – le patron des pompiers pour 24 heures – est tout de suite sur la gauche. Il se prénomme Thierry. Les cheveux gris et taillés court. Je me présente. « Ah oui, j'ai été prévenu ! » me répond-il. On ne se serre pas la main à cause du Covid. Il m'indique une chaise dans un angle de la pièce : « Pose tes affaires là. » Je stocke mon barda sur le siège. Il est important de garder sa tenue à portée de main. En cas d'alerte, je dois pouvoir m'habiller et partir en moins de cinq minutes.

Thierry jette un œil à sa montre : 7 h 58. « Viens avec moi, c'est l'heure de la prise de service dans la remise. » La « remise » est le nom du vaste garage dans lequel sont stationnés les camions-ambulances, les fourgons incendie et le camion avec la grande échelle. Quand j'y entre, le froid me saisit. Le gigantesque hall sent l'huile de moteur, l'essence et la graisse d'automobile. Une dizaine d'hommes en uniforme bleu à liseré rouge sont déjà là, raides, les mains dans le dos. Il n'y a aucune femme. Thierry fait l'appel. À chaque nom, il précise à quel véhicule le gars est affecté. Chaque pompier sait ainsi quelle est sa fonction en cas d'alerte. Ensuite, il me présente.

IL EST IMPORTANT DE GARDER SA TENUE À PORTÉE DE MAIN. EN CAS D'ALERTE, JE DOIS POUVOIR M'HABILLER ET PARTIR EN MOINS DE CINQ MINUTES

– Il a le droit de partir en intervention ? interroge l'un des hommes.

La caserne de Soissons compte cinquante -neuf pompiers professionnels et près de soixante-dix volontaires. À chaque garde, quatorze d'entre eux doivent être présents. Le gros des effectifs est composé de « pros ». Quand il manque du monde, on fait appel aux volontaires. Il est presque impossible de faire la différence entre eux. Beaucoup de volontaires sont « pros » dans d'autres casernes du département, voire à Paris. Les pompiers de cette caserne couvrent quarante-cinq communes, dont une majorité de très petits villages : Crécy-au-Mont, le plus au nord, avec 345 habitants ; plus au sud, les communes de Berzy-le-Sec, Saint-Pierre-Aigle et Rozières-sur-Crise en comptent entre 200 et 400 ; la plus grande des villes, Soissons, regroupe 28 500 habitants.

À 9 heures, tous les hommes se retrouvent en tenue d'incendie pour un exercice d'entraînement. Ce matin-là, il s'agit de monter en haut de la grande échelle et de redescendre le plus rapidement possible, comme si on intervenait sur un feu. Dans le bureau, j'enfile l'épais pantalon à bretelles par-dessus mon jean et la veste aux bandes réfléchissantes sur mon sweat. La tenue est lourde et malcommode. J'ai l'impression d'avoir revêtu une armure de chevalier. La cagoule et le casque réduisent mon champ de vision à pas grand-chose.

Quand je rejoins les autres dehors, la grande échelle est déployée. Elle pointe vers le bleu du ciel, son extrémité à ras d'une haute tour de béton. Le froid nous pique la peau.

– C'est votre tour d'entraînement ? je demande à l'un des pompiers.

– Oui… Elle sert aussi à faire sécher les tuyaux incendie.

– Comment ça ?

– Bah, comme un fil à linge… Si on ne fait pas sécher, l'eau moisit dans les tuyaux.

Je n'y avais pas pensé. Je me mets dans les rangs. Un type au crâne rasé à blanc est en train d'expliquer comment deux hommes peuvent simultanément monter sur l'échelle et en descendre sans se toucher. Il s'appelle Fred. Un premier pompier se harnache à un mousqueton et grimpe jusqu'en haut avant de redescendre. Puis un deuxième. Puis un troisième. À chaque fois, cela ne prend que quelques minutes. On sent que les bonshommes ont l'habitude.

– À toi ! crie la grosse voix de Fred.

Je me retourne. C'est à moi qu'il parle. Je ne l'ai pas prévenu que je suis sujet au vertige. Je me mets au pied de l'échelle et saisis le premier barreau. Je monte quelques échelons. Tout va bien. Je monte encore de quelques mètres. Derrière moi, le sol s'éloigne. Je ne le vois pas, mais je le sens. C'est comme si, soudain, il n'y avait que de l'air autour de moi. Ma respiration se fait plus pesante. Elle bourdonne dans mon crâne. J'ai le cœur qui palpite. Je grimpe encore quelques barreaux. À cause de ma cagoule et du stress, mon champ de vision se fait ridiculement petit. Je monte encore un peu plus. Les voix des hommes au sol me parviennent, faibles et lointaines. Je lève la tête. Je suis presque arrivé. Encore quelques barreaux. Une fois en haut, je jette un regard en bas. Les gars ne sont pas plus gros que des insectes. Je pourrais les tenir entre mes doigts. Je suis à 32 mètres de haut. Le dessous des bras moites, je dois sentir comme un cochon.

La grosse voix de Fred monte du sol : « Desceeeeends ! »

Je m'exécute. Quelques instants plus tard, je suis de retour sur la terre ferme.

– Alors ? me demande Fred.

Je feins le gars à peine impressionné :

– Ouais, c'était bien, je dis juste.

Ce genre d'entraînement est appelé la « manœuvre ». Ce jour-là, il s'agit d'un exercice physique. Mais elle peut aussi prendre la forme de cours. La veille, c'était un exposé sur les dangers des panneaux photovoltaïques sur les toits. Même coupés du circuit électrique, ils peuvent continuer à produire de l'énergie. Il faut donc faire gaffe. C'était intéressant.

Il est presque midi. C'est l'heure du sport. Je passe un short et je vais courir quarante-cinq minutes avec Fred et un autre pompier. Il n'y a eu aucune intervention ce matin. Nous courons à faible allure sur le trottoir d'une grande avenue et dans les ruelles du quartier. Nous faisons de petits tours de pâtés de maisons que nous répétons à l'infini. La veille déjà, nous avons fait de même. On ne peut pas s'éloigner de la caserne : en cas d'intervention, on doit pouvoir y revenir en quelques minutes. Il y a une autre contrainte : il ne faut pas y aller trop fort. Rien ne sert de se cramer si c'est pour être à plat en cas d'« inter ». On revient à la caserne, le corps gouttant de sueur. Dans la remise, les camions ont été déplacés pour laisser la place à un filet de badminton. Deux pompiers font un match. Je m'étire en les regardant.

À l'heure du déjeuner, je grignote un sandwich devant la télévision du réfectoire. Jean-Luc Reichmann anime *Les 12 Coups de midi* sur TF1. Certains pompiers regardent aussi, quelques-uns sont sur leurs portables, d'autres sont partis faire la sieste dans leur chambre. Je m'inquiète un peu. Je ne suis allé sur aucune intervention ce matin et je n'ai vu aucun cas de Covid. J'imaginais des appels incessants et des départs précipités tous les quarts d'heure. Je me retrouve à regarder Jean-Luc Reichmann comme les retraités à l'heure du déjeuner. « Parfois, les journées sont très calmes, et puis ça démarre d'un coup », me réconforte Fred. Concernant les cas de coronavirus, il me dit que je n'ai rien à regretter : « On doit s'habiller comme des cosmonautes pour y aller, et après ça nous prend des heures pour désinfecter le matériel. Ce n'est pas ce qu'il y a de plus intéressant à voir. »

À 14 heures, la journée reprend. Les hommes se mettent à briquer à fond l'intérieur des véhicules avec des chiffons et des sprays désinfectants. L'un d'eux met un morceau d'Aerosmith à plein volume. La voix aiguë du chanteur résonne dans la remise quand, aux environs de 15 h 15, les bipers sonnent enfin !

« Ça décale pour un rife », me dit Thierry, le chef de garde.

– Quoi ?

– Un feu... Vas-y !

Il s'agit d'un feu de cheminée à Leuilly-sous-Coucy, une commune de 402 habitants à 13 kilomètres de Soissons. J'aperçois les six hommes préposés au fourgon incendie courir vers les armoires où sont rangées leurs tenues. Je me précipite pour chercher la mienne. Après l'exercice de l'échelle, je l'ai replacée dans le bureau du chef. J'enfile pantalon et veste et je cours. L'adrénaline pulse dans tout mon corps. Il y a une excitation quasi animale à partir en intervention pour un feu. Une sorte de sensation pure. On se sent terriblement vivant.

Dans le fourgon, les six gars sont déjà là. Je monte. On part, le gyrophare allumé au-dessus de nos têtes. Le fourgon file à travers la campagne picarde. Ce sont les mêmes paysages que la veille : des champs, des éoliennes, des champs, des éoliennes... parfois un village. On tangue dans les virages à en avoir envie de vomir. J'essaie d'enfiler

IL Y A UNE EXCITATION QUASI ANIMALE À PARTIR EN INTERVENTION POUR UN FEU. UNE SORTE DE SENSATION PURE. ON SE SENT TERRIBLEMENT VIVANT

ma cagoule, mais c'est une galère sans nom. Face à moi, les quatre pompiers de la banquette arrière ont des têtes de braqueurs de banque : leurs cagoules ne laissent deviner que leurs yeux. Chacun a une place bien définie dans le fourgon. Comme la veille, se trouvent à l'avant le chauffeur et le chef d'agrès. Ce dernier, ce jour-là, s'appelle Cyril. Sur un feu, plus que sur toute autre « inter », le rôle du chef d'agrès est fondamental. Il est comme l'entraîneur d'une équipe de sport : c'est lui qui choisit la stratégie pour attaquer les flammes et qui indique aux hommes où se positionner.

IL S'AGIT AUSSI DE PRÉVOIR LE BON MÉTRAGE DE TUYAU. PARFOIS, LES BORNES INCENDIE SONT HORS SERVICE. DANS CE CAS, C'EST LA MERDE...

Face à moi, les quatre hommes de la banquette arrière ont eux aussi des postes bien définis. Les deux gars calés près de la vitre de droite composent ce qu'on appelle le « binôme d'attaque », le « BAT » : ce sont eux qui seront au plus près du feu, tuyau en main, pour l'éteindre. Les deux autres, près de la fenêtre gauche, composent le « binôme d'alimentation », le « BAL » : ils ont la charge de fournir en eau le binôme d'attaque. Le fourgon peut cracher de l'eau à très forte pression durant cinq minutes. Passé ce délai, il faut le raccorder à une borne incendie, sinon on se retrouve à sec.

La conduite nous brasse méchamment. Malgré les secousses, Cyril se retourne vers le binôme d'alimentation. Il tend un plan de Leuilly-sous-Coucy à l'un des gars :

– Regarde si y'a pas un poteau incendie pas loin de la maison.

Le type jette un œil à la carte :

– Ça va, y en a un ici, on est large !

2. Pour, respectivement : véhicules de secours et d'assistance aux victimes ; fourgon pompe-tonne ; échelle pivotante automatique séquentielle.

Il s'agit non seulement de trouver où raccorder le camion, mais aussi de prévoir le bon métrage de tuyau. Parfois, les bornes incendie sont hors service. Dans ce cas, c'est la merde...

Nous arrivons. La maison se trouve dans le bourg, au bout d'un chemin gravillonné. Je descends, Cyril et les deux gars du binôme d'attaque aussi. J'imaginais un toit en flammes et de grosses fumées noires, mais on ne voit rien de l'extérieur. Une femme brune nous attend sur le pas de porte.

– Des flammes se sont mises à sortir de la cheminée, explique-t-elle à Cyril.

Ce dernier fait signe au binôme d'attaque de pénétrer dans la maison. La porte d'entrée donne tout de suite dans le salon. À l'intérieur : un canapé, un téléviseur, des livres sur des étagères et une grande table en bois. Face au canapé, un insert est encastré dans une cheminée. Le BAT attrape à pleines mains les bûches et les balance dans l'herbe du jardin. Avec leurs gants, ils ne sentent rien.

– Allez à l'étage me faire un relevé avec la caméra thermique, leur demande Cyril quand ils ont terminé.

Le BAL arrive juste derrière nous. Cyril :

– Allez me chercher le seau-pompe.

Il donne ses ordres d'une voix calme. On sent qu'il a l'habitude. Puis il tente d'appeler le centre qui trie les appels d'urgence pour les avertir qu'il n'y a rien de très grave. Les ondes de la radio ne passent pas parce que le village est trop isolé. Cyril s'agace :

– On est en zone morte... Ça fait chier.

Parfois, c'est le réseau téléphonique qui déconne et empêche les pompiers de passer leurs appels. Durant une dizaine de minutes, les gars vont et viennent entre la maison et le camion. De l'autre côté de la rue, trois voisins sont sortis dans leur jardin pour observer la scène, les mains dans les poches. Dans une autre maison, on devine la silhouette d'une voisine qui regarde derrière ses rideaux.

Cyril revient trouver la dame :

– Le feu a pris au-dessus de votre trappe. Ce sont des bouchons de bistre dans votre conduit d'insert qui l'ont déclenché, madame.

Il lui tend une matière noire et luisante comme du goudron. On dirait une belle pierre de collection. Le bistre est à l'origine de nombreux feux de cheminée.

– Ça fait longtemps que vous avez fait ramoner ?

– Il y a six mois.

Cyril reste quelques instants encore à expliquer à la dame qu'il ne faut pas rallumer l'insert, et qu'elle doit appeler son installateur. En regagnant le fourgon, il me glisse :

– Parfois, les gens rallument leur cheminée juste après qu'on est partis… Pour certains, c'est le seul moyen de chauffage… Je juge pas.

Nous roulons vers la caserne bien plus doucement qu'à l'aller. De vastes champs verts, semblables les uns aux autres, défilent par la fenêtre. L'adrénaline s'est dissipée. Nous sommes tous perdus dans nos pensées. J'observe un couple de corneilles voler face au vent. Leurs corps font deux marques noires dans le ciel de printemps. Je repense aux mots de Thierry, le chef de garde : « Ça décale pour un rife. »

Les pompiers ont leur propre langage. « Décaler », dans leur jargon, signifie « partir en intervention ». Avant les véhicules à moteur, ils intervenaient avec des charrettes tirées par des chevaux. Les roues étaient bloquées par des cales, il fallait donc « dé-caler ». Le mot est resté. « Rife » désigne un feu. C'est une déformation de l'anglais *fire*. Les pompiers de Paris parlent, eux, de « baroud ». Certains, mais c'est plus rare, parlent de « flambart ».

Il existe encore tout un tas de mots bizarres : quand la fumée d'un feu a une vilaine couleur, on parle de « fumée merdâtre ». Le « stace » est le nom donné à l'homme positionné pour 24 heures à l'accueil de la caserne. C'est le diminutif de « stationnaire », le nom administratif du poste. À la radio, le préfet est surnommé « Aramis » et son directeur de cabinet « Porthos ». Le camion-ambulance est appelé le VSAV ; le fourgon incendie, le FPT ; la grande échelle, l'EPAS[2].

Parfois, j'entends des conversations dont je ne comprends rien.

Nous voilà de retour à la caserne. Il s'écoule trente minutes et les bipers retentissent de nouveau : une personne est tombée chez elle. Nous ne savons rien de plus. Je grimpe dans le camion-ambulance, et nous partons. Dans une descente de garage, une dame aux cheveux gris portant de grandes lunettes est allongée sous un plaid. Son frère, qui habite dans le voisinage, a accouru quand les voisins ont appelé.

– Qu'est-ce qui vous est arrivé, madame ? demande un pompier.

Les trois hommes que j'accompagne ne sont pas ceux de tout à l'heure. Le chef d'agrès est un grand type au physique de triathlète. Plutôt beau gosse, cheveux courts sur le côté, du gel sur le dessus.

– Je revenais de mes courses… J'ai glissé en allant ouvrir la porte de mon garage pour rentrer la voiture…

– Vous avez quel âge ?

– 80 ans.

Le beau gosse se penche sur elle et lui tâte la hanche.

– Vous avez mal quand j'appuie là ?

– Non… Non… Aaïïïe !

La jambe gauche de la dame est plus courte que la droite et recroquevillée vers l'intérieur.

– C'est possiblement un col du fémur, madame…

Elle le fixe, les yeux brillants. On dirait une héroïne de film dans les bras de son amant. Elle susurre :

– La dernière fois que j'ai vu des pompiers, c'est quand je suis tombée en dansant avec mon beau-frère.

Elle se tait, se contentant d'observer le beau pompier. Pour la transporter jusqu'au camion, les trois hommes placent sous elle un brancard. Ils comptent jusqu'à trois et tentent de la soulever… Le brancard reste figé au sol. « Oh putain ! » siffle le beau pompier entre ses dents. La dame est trop lourde.

– Sans indiscrétion, madame… Vous pesez combien ? il lui demande.

Elle cesse de sourire et répond. Le chef d'agrès me demande de donner un coup de main. À quatre, nous parvenons à la décoller et, en marchant à pas précautionneux, nous la transportons dans le camion-ambulance. Face à l'augmentation du nombre d'obèses, les pompiers se sont adaptés. Quand une victime dépasse les 130 kilos, ils utilisent désormais des brancards bariatriques, plus larges et plus résistants. « On ne fait que suivre les évolutions de la société », me dit l'un d'eux. Alors qu'on referme les portes arrière du camion, le frère de la dame lui crie depuis le trottoir :

– Josyane, ne te fais pas de soucis… Je te rentre les surgelés et je te ferme la maison !

Vingt minutes plus tard, nous déposons la blessée aux urgences de Soissons.

Le métier de pompier a muté ces vingt dernières années. Le nombre d'accidents de la route et de feux de maison a chuté. Les détecteurs incendie, les radars automatiques et les nouvelles voitures ultrasécurisées ont changé la donne. Désormais, près de 75 % des interventions concernent des « aides à la personne », notamment des personnes tombées chez elles ou dans la rue. Certaines missions sont devenues payantes : ôter un nid de guêpes d'un arbre ou pomper de l'eau dans une cave lorsque l'intervention ne présente aucun danger immédiat.

L'idée est de n'affecter désormais les hommes qu'aux missions d'« extrême urgence ». Certains trouvent que cela fait d'eux des pompiers trop généralistes. Ils voudraient être comme les pompiers nord-américains, parmi lesquels on distingue les *firefighters* des *paramedics* – les premiers intervenant sur les feux, les seconds s'occupant des secours aux personnes. Le Covid est venu, en plus de tout cela, chambouler la donne : à cause du confinement du printemps 2020, le nombre d'interventions a chuté de 31 % en un an à la caserne de Soissons – 4 000 en 2020 contre près de 5 800 en 2019.

Quand j'arrive le matin suivant, Thierry, le chef de la veille, vient me trouver, le visage chiffonné par le manque de sommeil. Il a quitté son uniforme, ses 24 heures de garde viennent de se terminer il y a quelques minutes.

– C'est con que tu n'aies pas été là cette nuit… On a fait deux feux de caravanes chez des gitans et un « blasté » dans un mobile home après !

– Un quoi ?

– Un « blasté »… Un homme qui a été soufflé par un blast, un souffle de feu hyperpuissant.

– Comment va-t-il ?

– Il est mort.

Vers 9 heures, nous allons relever une vieille dame chez elle. Elle est étendue sur le sol depuis une heure quand on arrive. C'est son aide à domicile qui l'a trouvée. L'appartement ne sent pas bon, la télé est allumée sur une chaîne de téléachat. À l'heure du sport, je cours 10 kilomètres. Plus tard, on intervient pour un accident de voiture sur la nationale 2 : une Mazda qui s'est retournée après la sortie de route de son conducteur qui s'était endormi au volant. La police nous appelle ensuite parce qu'un corps humain a été découvert dans une retenue d'eau. Plusieurs pompiers se demandent si ce n'est pas le corps d'un jeune garçon dont la disparition, quatre ans plus tôt, a fait beaucoup de bruit dans la région. Toujours aucun cas de coronavirus.

À 18 heures, c'est la fin des tâches obligatoires. Les quatorze hommes de garde peuvent faire ce qu'ils veulent à condition qu'ils restent dans la caserne et gardent leur biper à portée de main. Je croise un pompier qui a passé des claquettes de plage. Un autre s'est remis en tenue de sport pour faire de la musculation. Moi, je dors à la caserne cette nuit. Plusieurs gars discutent entre le réfectoire et la machine à café. L'un d'eux fête un nouveau grade qu'il a obtenu le matin même. On sort des chips, des cacahuètes et des jus de fruits pour célébrer la promotion de « Nanard ». Un type croque dans une chips :

– Il paraît que le blasté avait du vomi qui lui sortait de partout quand ils l'ont massé.

Il dit ça avec une neutralité désarmante. Un autre :

– Il y en avait plein le brancard ce matin.

– Ce n'est pas facile de nettoyer de nuit.

L'un des hommes surprend ma mine décomposée :

– Faut pas que ça te choque, ce qu'on dit. On fait souvent de l'humour noir, ça nous aide à décompresser... Parfois, nos femmes, elles trouvent qu'on va trop loin... C'est dur à comprendre, ce qu'on vit, vu de l'extérieur.

Voilà une question que je me pose depuis que je suis arrivé : comment les pompiers font-ils pour rester solides après une intervention difficile ? Comment rentre-t-on chez soi après avoir « fait un blasté » durant la nuit ? Que dit-on à sa femme ? Lui dit-on seulement quelque chose ? Je pose la question à beaucoup de gars. Ils me font tous la même réponse : en revenant d'« inter », ils s'assoient dans le réfectoire et discutent autour d'un café. C'est le groupe qui soigne ce qu'ils ont vu. Ils ne croient pas aux « trucs » de psychologue. Lors des interventions épineuses, ils exécutent leurs gestes de façon automatique. Sans penser. C'est ce qu'ils appellent le « drill » : la répétition acharnée des mêmes gestes à l'entraînement. En situation de stress extrême, ils les exécutent sans plus avoir à réfléchir.

EN REVENANT D'« INTER », ILS S'ASSOIENT DANS LE RÉFECTOIRE ET DISCUTENT AUTOUR D'UN CAFÉ. C'EST LE GROUPE QUI SOIGNE CE QU'ILS ONT VU

L'un des pompiers de Soissons était en poste à Paris le soir du 13 novembre 2015. Il a massé et garrotté des dizaines de blessés au Bataclan. « Mon métier, d'ordinaire, est de maintenir en vie les gens jusqu'à l'arrivée d'un médecin. Ce soir-là, c'est moi qui ai choisi qui pouvait vivre ou non... C'est un choix insupportable à faire. » Il n'a jamais vraiment raconté à sa famille de ce qu'il a vécu dans la salle de spectacle.

À force de discuter, on a presque descendu les cacahuètes et les jus de fruits. J'ai les doigts gras et les lèvres piquantes à cause des chips.

– Je te montre ta piaule ? me propose Sébastien, le chef de garde. C'est dans le HLM juste à côté.

Les pompiers possèdent plusieurs appartements dans un immeuble terne à quelques pas de la caserne. Il n'y a qu'un grillage à franchir.

« LE STACE » PREND MON TÉLÉPHONE : « SI C'EST DES INTERS PAS TERRIBLES, JE TE RÉVEILLE PAS. SI Y'A UN RIFE, JE TE SONNE »

Les hommes dorment avec leur biper. Chaque pompier professionnel a un lit rien qu'à lui dans l'un des appartements. Les pompiers volontaires, eux, dorment sur le lit de leur choix dans l'une des piaules qui leur sont réservées. C'est là que je vais dormir. Sébastien ouvre la porte de mon logement. La tapisserie s'effiloche. Des dessins ont été tracés sur le mur des toilettes pour « bien viser ». « On a quelques artistes… » sourit-il.

Il y a une chambre comptant quatre lits, une salle de bains, un W.C., un bout de cuisine. Un autre gars doit dormir avec moi ce soir. « Prends le lit que tu veux », me dit Sébastien. Je choisis celui qui est le plus proche de la fenêtre et du téléviseur. La chambre a une vue intégrale sur la caserne. Les matelas sont nus. Je n'ai pas pensé à apporter des draps. Sébastien me donne un de ceux que l'on met sur les brancards, à usage unique, et une couverture de survie matelassée qui sert aux blessés. Le premier me servira de housse, la seconde de couette. Je n'ai pas de biper. Le « stace » prend mon téléphone : « Si c'est des inters pas terribles, je te réveille pas. Si y'a un rife, je te sonne. »

Aux alentours de 20 heures, nous nous mettons à table. Je dîne d'un taboulé de supermarché et de dés de fromage industriel. Un des gars se moque de moi parce que, déjà ce midi, j'ai mangé une pizza Sodebo. « Tu manges que de la grande cuisine, toi ! » Il est 20 h 20 quand les bipers se mettent à clignoter. « Aahhh... Je venais juste de faire chauffer mon plat... » soupire une jeune femme. Elle pose ses couverts dans son assiette et se dirige vers le camion-ambulance. C'est l'une des très rares femmes de la caserne. Elles ne sont que huit sur les cent vingt-sept pompiers de Soissons. Je la suis et monte à l'arrière du camion. Nous arrivons vingt minutes plus tard à la station-service Total de Crécy-au-Mont, la commune la plus au nord de notre zone d'intervention.

Un homme dans la cinquantaine est assis sur une chaise à côté du rayon des bonbons. Il a le visage très pâle et un sac plastique plein de médicaments posé sur ses genoux. « Je me sens pas bien... J'ai envie de vomir. »

– Vous avez mangé aujourd'hui ? l'interroge la jeune pompière.

– Un sandwich au thon, c'est tout.

– Vous suivez un traitement ?

– J'ai fait un infarctus et j'ai deux stents.

L'employée du magasin, une dame avec des lunettes, s'approche de nous :

– Je suis censée avoir fermé il y a une heure, mais j'allais pas laisser ce pauvre monsieur tout seul dans sa voiture. C'est la première fois que j'appelle les pompiers.

La pompière à ses collègues :

– Il commence à pâlir, c'est peut-être un infarctus...

On le transporte à l'hôpital. Le drap tendu « Urgences en grève » est toujours là. Je me demande ce que les pompiers feraient si les urgences cessaient de fonctionner pour de bon.

De retour à la caserne, la jeune femme réchauffe son plat et s'apprête à passer à table quand son biper sonne de nouveau.

– Je vais jamais manger, en fait, elle soupire.

Nous repartons. Il est 22 heures. Dehors, tout est noir. Une fine averse tombe sur la campagne. Les routes sont humides et grasses, le pare-brise moucheté de pluie. Nous roulons jusqu'à un tout petit village.

Au premier étage d'une maison, dans la salle de bains, une femme est étendue dans une grande flaque de sang. Ses cheveux sont d'un blond indécis et elle est vêtue d'une robe de nuit.

– Je vais mourir, murmure-t-elle quand les pompiers s'approchent.

– Mais non, maman ! lui rétorque sa fille.

Elle se tient dans l'encadrement de la porte. C'est elle qui nous a ouvert à notre arrivée. La mère s'est réveillée dans son lit, les draps sanglants, sans parvenir à trouver la blessure. Elle a marché de sa chambre à la salle d'eau. Son sang a tracé une ligne rouge sur la moquette du couloir. Dans la bibliothèque, il y a des romans de Marc Lévy et de Paul-Loup Sulitzer. Les murs sont décorés de puzzles représentant des animaux dans la forêt. La jeune pompière ausculte la dame sans trouver, elle non plus, l'origine du sang. Ce ne sont pas les parties intimes et il n'y a de plaie nulle part. Nous descendons avec délicatesse la femme dans un fauteuil prévu à cet effet et nous la glissons dans le ventre du camion.

C'est impressionnant. Je n'aime pas plus la vue du sang que la hauteur. Je ferais un piètre pompier. Le camion part une fois de plus en direction de l'hôpital. Nous roulons en silence, bercés seulement par les conversations de la radio dans la nuit. Dans le poste, une voix annonce, au sujet d'une autre intervention : « Annulation... La famille ne veut pas de réanimation... Juste un médecin pour constater le décès. » Personne ne cille dans l'habitacle. L'habitude, j'imagine.

Le lendemain, je me réveille avant 7 heures. Quand j'ouvre le volet de ma chambre, le ciel est gris, piqué de pluie. De l'autre côté du grillage, la caserne est éteinte. J'arpente l'appartement sans trouver le pompier qui a dormi dans la chambre avec moi. Le reste de la soirée a été calme après la femme ensanglantée dans sa salle de bains. Je me suis couché un peu après minuit. Le « stace » ne m'a pas appelé de la nuit. Malgré cela, j'ai mal dormi. Je rêvais que mon téléphone sonnait pour partir en intervention. À chaque fois que j'ouvrais les yeux, il n'y avait que le silence et les ronflements de mon coturne.

L'équipe qui prend son service ce matin-là est celle qui était en poste quand je suis arrivé plusieurs jours auparavant. Je connais la plupart des gars, et je suis content de les revoir.

C'est mon dernier jour. Mon corps commence à fatiguer. Je ne suis pas mécontent que mon expérience se termine bientôt.

La première intervention a lieu tôt : une histoire de violences conjugales. Quand on arrive à l'adresse indiquée, une policière est en train d'interroger une voisine au rez-de-chaussée d'une grande maison reconvertie en appartements. Dans un des logements de l'étage, une dame nous accueille. Elle a 42 ans, les cheveux tressés et plaqués sur le crâne, une bosse bleue et ronde au-dessus de l'œil.

– Il m'a cogné contre le meuble de la cuisine, elle nous dit en guise de bonjour.

Elle mime un geste pas joli à voir. Les pompiers posent les questions d'usage : des allergies ? un traitement en cours ? une opération récente ? Je connais leur routine maintenant.

– On vous emmène à l'hôpital pour vous faire examiner.

Elle répond :

– Et mon bébé ?

J'ai l'estomac qui se tord quand elle pose cette question. On ne devrait jamais avoir de gosses. Elle revient avec une enfant de 8 mois, pleine de sourires et de morve. « Les urgences vous donneront des couches et de quoi la changer », avertit un pompier.

Plus tard, nous allons « relever » un vieil homme qui a glissé de son canapé et qui perd la carte. Quand les pompiers lui demandent son âge et en quelle année nous sommes, il répond « 100 ans » et « 1990 ». Durant notre absence, une équipe part démonter une antenne télé qui menace de tomber. Une autre va pomper l'eau du bassin dans lequel a été retrouvé le cadavre de la veille. Il y a encore une dame qui fait un malaise et un accident de la route. C'est bientôt la fin de ma journée. Je traîne dans la caserne.

Au fond du hall se dresse une large vitrine. Je n'ai pas encore pris le temps de la regarder en détail. Derrière la glace ont été placées deux photographies. La première est en noir et blanc, la seconde en couleur. Ce sont Rolland Moinet et Olivier Pasquier, les deux hommes de la caserne de Soissons morts en service. C'était en 1976 et en 2008. Sous les photos sont exposés des objets qui leur ont appartenu. Les deux noms sont aussi gravés sur le mémorial à l'entrée de la caserne. En France, onze pompiers sont morts en service en 2020. Autant qu'en 2019.

Je commence à réunir mes affaires quand les bipers sonnent à nouveau. J'hésite un bref instant : finir mon sac ou partir en intervention ? Pour être honnête, je ne doute pas longtemps. Je cours en direction du camion-ambulance. Ce sera ma toute dernière « inter ». Quinze minutes de route, et nous pénétrons dans la cuisine d'une vieille dame qui est tombée. Encore une. L'une de ses jambes est plus courte que l'autre et le pied est tourné au-dedans. « Un col du fémur », je me dis.

Quand on la charge dans le camion, elle s'excuse d'une toute petite voix de nous avoir « fait déplacer ». Toutes les interventions des jours passés me remontent d'un coup à la tête : le très vieux monsieur au fémur cassé, la femme en sang dans sa salle de bains, celle de la descente de garage, celle frappée par son mari, le feu d'insert… jusqu'à cette très vieille dame qui s'excuse comme une gosse de nous avoir fait venir. Des morceaux d'existence qui n'ont en commun que la visite des pompiers. Nous refermons les portes arrière du camion sur la blessée et partons en direction de l'hôpital. Au-dessus de nous, le ciel est tout bleu. ♦

ARTHUR FRAYER-LALEIX est reporter. Dans *J'ai vu des hommes tomber* (Don Quichotte, 2012), il dresse un tableau des précaires. Il a publié deux vastes enquêtes en immersion. La première, *Dans la peau d'un migrant* (Fayard, 2015), retrace son périple de Peshawar à Calais : il a voyagé grimé en clandestin pour approcher les passeurs. La seconde, *Dans la peau d'un maton* (*id.*, 2011), évoque le quotidien des gardiens de prison à Fleury-Mérogis et à Orléans, qu'il a partagé.

ALEX GREEN est un illustrateur anglais. Mêlant dessin à la main – au stylo ou à l'encre –, techniques numériques et collage, il développe un univers traversé par la littérature, le voyage, les rencontres. Il collabore aussi bien avec le monde de l'entreprise (Audi, British Airways…) qu'avec l'édition ou la presse (*The Guardian*, *The Times*, *Le 1*…) et s'essaye depuis peu à l'animation d'image, donnant vie à de petits instants sous forme de gifs.

AU RAPPORT, LES SOLDATS DU FEU !

La France compte quelque 253 000 sapeurs-pompiers dont :

– 41 400 sapeurs-pompiers professionnels (16 %) ;
– 198 900 sapeurs-pompiers volontaires (79 %) ;
– 12 800 militaires – les pompiers de Marseille et de Paris (5 %).

On compte 43 891 femmes sapeurs-pompiers, ce qui représente un sixième des effectifs.

Le nombre de jeunes sapeurs-pompiers (JSP), filles et garçons, est de 29 500. Pour être JSP, il faut avoir entre 11 et 18 ans (l'âge peut varier selon les départements) et suivre une formation tout au long de l'année scolaire.

Il y a 6 227 casernes de pompiers dans l'ensemble de l'Hexagone.

Deux grandes voies de recrutement et de formation existent :

– Les pompiers professionnels sont recrutés sur concours externe. Les candidats doivent passer un examen écrit (dictée, mathématiques) ainsi que des épreuves sportives (natation, tests d'effort...). Ce concours externe pour devenir officier (grade lieutenant) est ouvert aux titulaires d'un bac +2.

– La formation des pompiers volontaires est, elle, assurée par les services départementaux d'incendie et de secours (SDIS). Elle est alignée sur celle des sapeurs-pompiers professionnels. Les salariés peuvent suivre ce cursus au titre de la formation continue.

Le salaire des pompiers professionnels est compris entre 1 522 euros et 3 800 euros brut par mois pour la rémunération de base, et varie selon le grade et l'échelon. S'y ajoutent des indemnités pour les heures supplémentaires et une prime de qualification.

Illustré par GIANPAOLO PAGNI

UN SI GRAND ORGUEIL

par DAVID DJAÏZ

Au XIXe siècle, l'orgueil, passion aristocratique, devient celle du peuple tout entier. L'école et les instituteurs se chargent de diffuser cet orgueil devenu national à toutes les strates de la société. La langue et la littérature jouent un grand rôle dans sa fabrication.

À PREMIÈRE VUE, il semble difficile de faire de l'orgueil, sentiment aristocratique par excellence, l'une des passions emblématiques de la France démocratique. Dans l'imaginaire commun, l'orgueil est une passion d'Ancien Régime, telle la gloire, dont Paul Morand disait qu'elle était restée coincée quelque part au XVIIe siècle. L'orgueil serait la passion typique du grand féodal, du suzerain, et, comme on le sait, suzeraineté et souveraineté populaire ne font pas bon ménage.

Les écrivains conservateurs du XIXe siècle – Balzac étant le plus grand d'entre tous – regrettaient d'ailleurs l'effacement de l'orgueil au profit des petits sentiments de la société démocratique, réputés vils et vénaux. Balzac a même donné à la disparition supposée de l'orgueil et de l'honneur dans la société matérialiste les traits magnifiques du colonel Chabert. Chabert est un véritable revenant d'entre les morts. Colonel de l'armée impériale, il a disparu lors d'une charge de cavalerie légendaire menée par Murat à la bataille d'Eylau ; enseveli sous une montagne de cadavres, il a survécu. Après des années de purgatoire et de séjours dans des hospices et sanatoriums en tout genre, le pauvre Chabert revient au pays, et la France qu'il retrouve a changé du tout au tout. Son épouse s'est remariée, et le voilà embarqué dans de sombres affaires d'héritage, autour desquelles se déchaînent de picrocholines passions pour de gros sous. La France postnapoléonienne est devenue vénale, avaricieuse, capitaliste. Une France de clercs de notaire. Napoléon aura été au fond, pour Chabert comme pour Balzac, une pierre de touche de l'histoire nationale. À la fois le démolisseur du monde d'avant et le bâtisseur d'une cathédrale d'orgueil et d'honneur qui fut la dernière manifestation de l'économie passionnelle de cet Ancien Régime qu'il s'était employé à détruire.

Les choses sont peut-être plus complexes. De même qu'il y a eu transfert de souveraineté

étaient écr
de ce nom , s
le tout peint en blanc.
ainsi pendant toute
use , s'élevait , en face
convient à l'une de ces
et qui ne sont
ORDONNANCE DE VILLERS COTTERETS
1539
1er jour
28 Octobre 1989
02 VILLERS COTTERETS
GIANPAOLO PAGNI

de la personne du souverain vers le peuple, il y a eu à l'âge démocratique transfert de l'orgueil du seigneur vers la nation. C'est particulièrement net au XIXe siècle, où l'orgueil n'est plus une passion individuelle, mais la passion d'un peuple tout entier qui se complaît dans un exceptionnalisme parfois largement fantasmé. La nation en armes n'a-t-elle pas tenu tête à toutes les monarchies d'Europe coalisées à la bataille de Valmy ? Tant pis si l'on a surtout tiré quelques anecdotiques boulets de canon ce 21 septembre 1792, la date reste comme un jour de gloire nationale sur les almanachs.

Il est besoin d'une grande quantité d'orgueil collectif pour faire France

C'est qu'en France, plus qu'ailleurs, l'orgueil national est indispensable pour deux raisons. D'abord, il est la passion unificatrice par excellence. Il est besoin d'une grande quantité d'orgueil collectif pour faire France à partir d'un tel *patchwork* de provinces, de coutumes, de traditions, de langages et même de fromages. La chute de Fouquet, véritable « soleil offusqué », selon la géniale expression de Paul Morand, n'est au fond que le premier acte de cet orgueil d'État qui ne peut se manifester que dans l'écrasement des orgueils féodaux. L'offuscation du petit soleil Fouquet en dit long sur cet effort d'unification nationale entrepris par l'État royal, bien avant l'âge démocratique. Pour qu'existât quelque chose comme une nation, il fallait que l'État s'arrogeât le monopole de l'orgueil, il fallait que le Soleil ne souffrît pas d'astres concurrents. Telle est la leçon de la chute de Fouquet.

D'où cet esprit de généralisation très fort en France, ce goût pour les grandes idées, qui virent les mauvais jours aux dents creuses et aux controverses stériles. Tout cela fait partie de l'imaginaire national. Les parfaites symétries de Le Nôtre, les équations de Pascal et de Descartes, le rationalisme des Lumières et le positivisme de Comte participent de cet esprit français de généralisation. Si l'esprit français est à ce point *more geometrico*, c'est qu'il a fallu réduire le bouillonnement des particularismes et des pouvoirs locaux, qui sommeillent encore ici et là comme le volcan endormi.

On s'affronte bien en France, mais autour de discours généraux, de prétentions concurrentes à l'unité, ce qui rend l'affrontement peut-être plus dangereux encore. Comme l'a écrit Pierre Birnbaum dans un beau livre, le XIXe siècle est un siècle de guerre civile larvée où deux passions unitaires se mesurent. D'un côté, la nostalgie de l'Ancien Régime d'un Balzac, qui disait faire son travail « à la lueur de deux Vérités éternelles : la Religion, la Monarchie, deux nécessités que les événements contemporains proclament » ; de l'autre, l'espoir d'une République fraternelle d'un Michelet ou d'un Quinet. Les deux discours partagent un même credo, celui de l'exceptionnalisme de la France, qu'elle soit fille aînée de l'Église ou fécondatrice des révolutions du monde. Comme l'écrit Quinet, non sans emphase : « Seule la France a l'instinct de civilisation, le besoin d'initiative d'une manière générale dans les progrès de la société moderne… Cette force de civilisation, ce besoin d'influence extérieure, c'est la meilleure partie d'elle-même, c'est son art, c'est son génie, c'est son bonheur. » Michelet de son côté s'exclamait : « La France n'est point une race comme l'Allemagne, c'est une nation. Son origine est le mélange. L'individu tire sa gloire de sa participation volontaire à l'ensemble. »

Ces deux dernières saillies montrent le lien étroit, la connexion intime qu'il y a entre la construction de l'unité interne et le désir d'universel. Chez un Michelet, chez un Quinet, très forte est la conviction que l'esprit démocratique français est la quintessence de la civilisation universelle, suggérant que la France est la seule véritable nation, laquelle est un mélange d'universel et de particulier : de même que la Trinité désigne en fait l'advenue de l'infini dans le fini, la nation manifesterait l'advenue de l'universel dans le particulier, selon ce que le philosophe Michael Walzer, très influencé par la Bible, appelle l'« universalisme de réitération ». L'universel n'existe jamais en surplomb, dans on ne sait quels limbes ; toujours, il vient à s'incarner dans un corps collectif particulier. La nation est le point de jonction entre l'universel et le particulier alors que la race allemande, selon Michelet, reste désespérément ancrée dans le particulier.

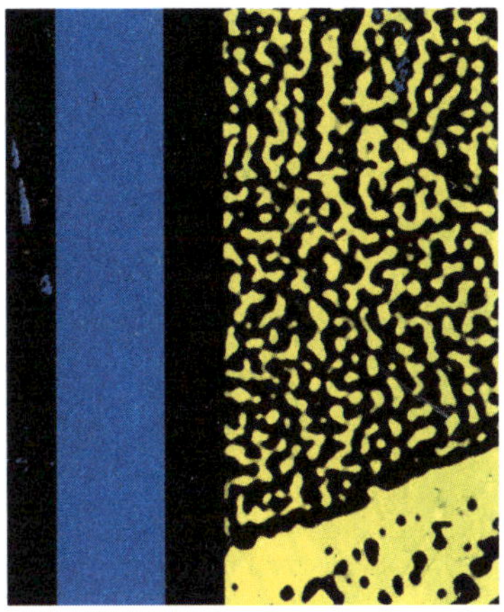

Rastignac, ne conclut-il pas le *Père Goriot* par un « À nous deux, Paris ! »

C'est donc avec de telles grandes idées – les esprits caustiques diraient des *généralités* – qu'on a fait des Français. Theodore Zeldin, dans son beau livre consacré à l'orgueil français, a raison de faire remarquer l'importance de l'école et des instituteurs, avec leur moralisme parfois pesant de curés laïques, dans cette diffusion de l'orgueil national à toutes les strates de la société. Comme un vêtement trop large, ces idées sont tellement vastes qu'elles donnent envie d'embrasser le monde entier et pas seulement les 550 000 kilomètres carrés de l'Hexagone.

La langue et la littérature jouent un rôle dans la fabrique de l'orgueil national, et ce dès l'ordonnance de Villers-Cotterêts de 1539, qui fait du français, d'un même mouvement, la langue administrative et la langue littéraire, contre tous les patois, tous les parlers locaux. Un siècle plus tard, Racine fut fait historiographe officiel du roi Louis XIV. On parle de *langue d'État* pour désigner ce registre qui mêle souvenirs personnels et affaires de l'État, et je ne crois pas qu'il existe une expression équivalente dans d'autres langues. Les exemples d'une telle langue d'État ne manquent pas, des sermons de Bossuet à de Gaulle mémorialiste, en passant par les Mémoires de Retz ou ceux de Saint-Simon. Et Paris, Ville Lumière, pompe aspirante de toute la force brute du pays qui la recrache ensuite à la face du monde, civilisée et ouvragée, est aussi capitale mondiale de l'orgueil. Rastignac, l'idole de tous les ambitieux de province, ne conclut-il pas le *Père Goriot* au Père-Lachaise par un « À nous deux, Paris ! » qui a dû claquer au vent ce jour-là comme les oriflammes couronnant le cimetière ? Balzac lui-même était honteux de son origine tarnaise modeste, au point qu'il avait modifié son nom – il devait trouver qu'*Honoré de Balzac* sonnait *meilleure société* que le simple patronyme occitan *Balssa*.

Cet orgueil-là est celui de la marée montante d'une nation en construction et sûre d'elle-même, tellement sûre qu'elle se projette dans l'avenir et s'exporte. Mais que devient l'orgueil national lorsque la communauté vacille ? Après le déluge de feu et d'acier de la Première Guerre mondiale, au cours de laquelle le quart d'une classe d'âge a été tué dans les tranchées – sans parler des séquelles physiques et mentales pour ceux qui restaient –, la France pouvait-elle encore se regarder fièrement dans une glace ? Au suicide des civilisations, elle avait pris son billet. Et pis après l'effondrement de 1940, la France qui croyait avoir la meilleure armée du monde se découvrait comme elle était : dirigée par des maréchaux cacochymes et pusillanimes, retranchée derrière toutes sortes de lignes Maginot, matérielles et mentales, et complètement dépassée par la technologie allemande – submergée par la vitesse de l'ennemi. Or, on le sait depuis Tamerlan, les conquérants gagnent toujours grâce à la vitesse.

L'orgueil est aussi la force des faibles, la force de celui qui dit « non »

Sur quoi pouvait-on compter alors pour se relever, sinon un sursaut d'orgueil ? Cette passion aristocratique fut aussi le carburant de la Résistance, au moment où la France touchait le point le plus bas de son histoire. « La flamme de la Résistance ne doit pas s'éteindre et ne s'éteindra pas », claironnait un général deux étoiles inconnu des Français au micro de la BBC le 18 juin 1940. Qu'est ici l'orgueil, sinon la conscience d'un écart inacceptable, insupportable entre l'idéal de la France et la réalité du pays après l'effondrement ? C'est peut-être ici que l'on touche le mieux à la grandeur française : à cause de cette passion de l'abstraction, il existe un idéal qui tire la France vers le haut, et quand la France réelle en est trop loin, des hommes et des femmes passent à l'action pour l'élever.

C'est que peut-être la grandeur française n'est pas indifférente à ses turpitudes. Comme un cœur qui bat alterne diastole et systole, c'est au milieu des malheurs et du reflux que nous trouvons l'orgueil national qui nous permet de redresser la tête et d'inspirer à nouveau le monde. En juin 1940, la France est anéantie au sens propre du terme. Le gouvernement et le Parlement sont en fuite, l'armée est en capilotade, le crédit moral de la France s'effondre, laissant l'Angleterre seule ou presque dans la lutte. Il faudra instruire le procès de l'état-major qui a enchaîné erreurs tactiques et défaillances, mais aussi celui de ces élites françaises, de leur esprit de défaite ou de revanche qui ont entraîné la catastrophe. Mais il existe une fraction d'irréductibles, ceux qui vont faire corps autour du général de Gaulle à Londres. L'incroyable épopée de la France libre peut alors commencer. La reconstruction morale, politique, matérielle, spirituelle de la France n'est possible que parce qu'on a touché le fond de la piscine – parce que le différentiel entre ce que la France est devenue et ce qu'elle était avait atteint son maximum.

Le grand Charles agaçait prodigieusement les Anglo-Saxons, même si l'admiration et l'exaspération voisinaient dans le cœur de Churchill. Le vieil aristocrate anglais savait détecter les passions nobles chez ses semblables. De Gaulle avait d'ailleurs le physique de son tempérament orgueilleux : des traits anguleux et durs et de grandes mains de bûcheron. Dans ses *Mémoires de guerre*, on sait qu'il réécrit souvent l'histoire à son avantage, mais il atteint à la vérité tragique quand il se montre à Churchill tel qu'il est : chargé d'une mission qui le dépasse, écrasante parfois ; orgueilleux et dur parce que faible et conscient de sa faiblesse. Avec cette phrase véritablement eschylienne qui fit l'admiration de Claude Roy, au milieu de quelques afféteries rhétoriques : « Je suis trop pauvre pour me courber ! »

L'orgueil national ne parvient-il pas à son niveau d'intensité maximale que lorsque la France est faible ? L'orgueil est aussi la force des faibles, la force de celui qui dit « non », de celui qui entre par la fenêtre quand on lui a fermé la porte. C'est sur ce constat que de Gaulle a tout entier fondé sa politique de la grandeur.

Dès 1945, il faut s'imposer parmi les Grands et les vainqueurs, aux Nations unies et dans toutes les conférences de la paix. Il est urgent de raconter une autre histoire que la sinistre farce de 1940 et la tragicomédie vichyssoise qui l'a suivie. Ce qui peut sembler mégalomanie ou arrogance aux étrangers qui regardent ce pays représentant 1 % de la population mondiale a été le moteur d'une certaine politique ; et ce n'était pas le moment où les Français furent les plus malheureux. Mais si l'orgueil est noble, parce qu'il élève et rassemble, la mégalomanie, l'arrogance et la prétention divisent et abaissent. Et en politique, je crains que nous ayons aujourd'hui davantage de mégalomanes, d'arrogants et de prétentieux que d'orgueilleux véritables.

Ne perdons pas de vue cette leçon. Nous traversons une crise très difficile. Mais qu'est-ce, en comparaison de 1940 où la France n'était plus rien et a fini par s'asseoir à la table des vainqueurs ? Confrontés aux mastodontes américain et chinois, ces empires d'un nouveau genre, mus par leurs seuls intérêts, nous sommes la nation agile, mais cette nation agile, à condition d'être unie, peut à nouveau inspirer le monde. Inspirer une relance du multilatéralisme pour faire avancer les grandes causes universelles de la lutte contre le changement climatique et l'érosion de la biodiversité, de la pleine santé, de la justice sociale et d'un travail libérateur, en proposant les fondements d'un nouvel ordre international. La première nation résiliente aussi, à tous les sens du terme, résiliente face à la maladie et à la mort, mais capable d'un redémarrage à nouveaux frais, autour d'un projet de société plus sain, plus sobre, plus durable que celui de produire toujours plus et toujours plus loin dans cette farandole triste de la marchandise. ♦

DAVID DJAÏZ est inspecteur des finances. Normalien, énarque, il enseigne à Sciences Po Paris. Il a publié en 2017 l'essai *La guerre civile n'aura pas lieu* (Le Cerf), et en 2019 *Slow Démocratie* (Allary éditions) un plaidoyer en faveur d'une revalorisation de l'idée de nation parmi les progressistes.

GIANPAOLO PAGNI est un artiste plasticien d'origine italienne. Né en 1969, il collabore depuis les années 1990 avec des journaux et des maisons d'édition. Il a présenté dans de nombreux livres d'artiste, édités ou autoédités, son travail profondément lié à l'impression et à l'empreinte sous toutes ses formes, notamment à travers le tampon utilisé comme outil de dessin.

MA RÉGION D'ENFANCE

La Champagne

Le menhir et le boulet

Récit de

DANIEL RONDEAU

de l'Académie française

Page de droite : © ERIC LARRAYADIEU / OPALE / LEEMAGE

Page d'ouverture :

Carte postale de la cour d'honneur du château de Congy.

© ARCHIVES DÉPARTEMENTALES DE LA MARNE

Ci-dessous, à gauche :

Mariage des parents de Daniel Rondeau, à Vauchamps.

© COLLECTION PARTICULIÈRE DANIEL RONDEAU

Ci-dessous, à droite :

Daniel Rondeau enfant avec son grand-père Georges Collin, vigneron de Congy, dans les vignes dites « de Berlin ».

© COLLECTION PARTICULIÈRE DANIEL RONDEAU

Page de droite :

Vue aérienne du château de Congy, en 1997.

© RÉGION GRAND EST – INVENTAIRE GÉNÉRAL / JACQUES PHILIPPOT

CONGY, le village de mes grands-parents maternels où je passais l'essentiel de mes vacances, était logé au creux de deux côtes, Berlin et Troncenord, à une trentaine de kilomètres au sud-ouest d'Épernay. Il ne présentait aucun signe de distinction notable, à part son château où avait séjourné Maria Leczinska et qui avait appartenu, au début du siècle, à Jules Patenôtre, né dans le village voisin (Baye), fils d'un modeste notaire de campagne. Normalien, condisciple de l'égyptologue Gaston Maspero, Patenôtre était vite passé, sous la houlette de Jules Ferry, de la rue d'Ulm au Quai d'Orsay. L'imagination d'un enfant est aussi sérieuse que frivole. J'étais épris de caractères singuliers et d'horizons lointains. Patenôtre m'aurait comblé. Diplomate en poste à Tanger, à Téhéran, à New York, à Madrid, il avait épousé la fille d'un magnat américain de la presse, James Elverson, qui possédait notamment le *New York Herald Tribune*, mais son nom semblait effacé de la mémoire villageoise. Je n'avais pas entendu parler de lui, le parc restait à l'abandon, les portes des communs avaient été forcées.

Il m'était arrivé de rejoindre des garçons de mon âge pour de brèves expéditions d'inventaire dans ce grand palais désert. Nous n'y trouvions que l'écho inquiétant de nos pas qui nous poursuivait dans des corridors et des pièces vides. Rien ne subsistait de l'opulence de cette propriété, devenue pour quelques années un petit Versailles, dont les murs étaient couverts de tapisseries de la Savonnerie, et meublé de sièges portant l'estampille de Georges Jacob, ébéniste talentueux et prolifique, fournisseur de la Couronne au XVIIIe siècle. Dissimulé derrière de hauts murs et un apaisant pigeonnier, ce château qui ne laissait voir sa façade, ses toits et ses clochetons ardoisés que d'oblique, par la grille d'entrée qui s'ouvrait sur la route de Baye, ou de très loin, des coteaux de Gion ou de Berlin, n'était à mes yeux qu'un accessoire au charme dont je parais ce modeste village, à l'écart du monde et de la route Paris-Metz, qui avait été celle de la fuite à Varennes.

Par son agencement général, avec une rue principale qui formait un carré, avec des montées et des descentes, propices aux courses à vélo, ses ruelles, ses rus d'eaux souterraines ou résurgentes, le tête-à-tête de l'école et de l'église, ses sources et ses fontaines (Biscane), ses jardins, ses deux cafés, ses vignes, ses caves, le pressoir et le clos de mon grand-père, Georges Collin, ses noms de lieux-dits, les Savarts, les Cornabeaux, les Grès, les Loups, les Garennes, les Coutiaudes, les Jouglottes, Bésanger, les Roises, les Entre-Deux, les Blanches, Congy me semblait une sorte de prototype idéal du village français.

J'étais fier de savoir que Congy tirait peut-être son nom d'un mot d'origine romaine, *congius*, la conge étant une poterie de quatre litres servant d'unité de mesure pour les céréales et les liquides, fabriquée sur place avec l'argile locale. La fondation gallo-romaine du village ne faisait pas de doute. Les Romains nous avaient apporté la vigne. Et il était avéré que César avait laissé derrière lui des détachements de légionnaires campés sur toutes les éminences des environs. À la fin des années 1950, j'étais d'ailleurs bien le seul à m'écorcher les mollets dans les ronces sur la lisière du bois de Berlin à la recherche de la muraille d'un hypothétique oppidum. Il me semblait que, malgré l'aimable simplicité de nos vies, d'une rusticité sans âge, nous demeurions les bénéficiaires, par compte d'hoirie universelle, d'un reliquat de la puissance de Rome.

Il n'y avait pas que Rome. Nous avions eu une vie avant César. Quinze minutes à vélo me suffisaient pour rejoindre le menhir de Pierre frite, qui dressait sa masse imposante à gauche de la route de Courjeonnet, au bas d'un vaste champ en pente douce, et à l'orée d'une langue des marais de Saint-Gond, un ensemble de mares, d'étangs, de prairies et de bois humides qui s'étend sur quatre mille hectares et abrite une variété étonnante de

LA SIMPLE APPARITION DE CET OBÉLISQUE NÉOLITHIQUE DANS MON CHAMP DE VISION SUFFISAIT. LES SIÈCLES GLISSAIENT À REBOURS ENTRE MES MAINS. À L'OMBRE DE PIERRE FRITE, J'ÉTAIS PRÈS DES HOMMES DES CAVERNES. JE LES RETROUVAIS PARTOUT

faucons, de busards, de milans, de bécassines et de pies, dont la célèbre pie-grièche écorcheur qui empale ses proies vivantes sur des épineux transformés en lardoires. Pierre frite, classée au titre des Monuments historiques en 1889, était l'une des plus remarquables pierres dressées de Champagne.

La simple apparition de cet obélisque néolithique dans mon champ de vision suffisait. Les siècles glissaient à rebours entre mes mains. À l'ombre de Pierre frite, j'étais près des hommes des cavernes. Je les retrouvais partout. Après les labours, dans la vaste parcelle déclive qui hébergeait le menhir, quand les sols dégorgeaient. Éclats de silex, grattoirs, percuteurs, couteaux, des haches parfois, des pointes de flèches. Je n'avais qu'à me baisser. Si je levais les yeux, j'apercevais les grottes où des crânes trépanés avaient été retrouvés. Entre les roseaux et les laîches, ces vivaces aux feuilles crantées, au milieu des marais, j'imaginais sans peine ces maisons sur pilotis dont l'instituteur de Villevenard, archéologue amateur, m'avait montré un fragment fossilisé qu'il gardait au fond de sa classe au milieu de ses autres trésors.

Le baron de Baye, archéologue inspiré, antiquaire selon l'expression de l'époque, contemporain de Patenôtre, avait révélé à la Champagne une version inconnue de son visage, avant de léguer ses collections aux musées de Saint-Germain (don salué par Salomon Reinach à l'Académie des inscriptions en 1909) et au musée d'Épernay. La Sorbonne n'avait pourtant guère apprécié sa réussite d'archéologue à la mode XVIIIe, autodidacte et titré. Blessé dans sa passion et dans son honneur, Berthelot de Baye part pour Moscou et fait de sa vie un roman, avec de nouveaux chapitres qui s'écrivent dans l'Orient russe, au Caucase ou en Kirghizie. Il reprend des fouilles avec le soutien du tsar. Arrêté après la révolution de 1917, il est libéré grâce à la seconde épouse de Trotski et rentre à Paris pour mourir.

Tout autour de Congy, à Coizard, à Joches, à Toulon-la-Montagne, à Vert-la-Gravelle, il avait mis au jour plus d'une centaine de grottes d'habitation et d'hypogées, des minières de silex, des ateliers de taille. Sur notre terre, il y a trois mille ans, des hommes avaient vécu, travaillé le silex et les blocs de grès erratiques, creusé la craie avec leurs pics en bois de cerf, commercé avec des tribus éloignées. Quelques archéologues ont poursuivi de façon sporadique les fouilles du baron. Au tournant des années 1960, Bernard Chertier avait inventorié des champs d'urnes funéraires à Bannes. Au Mesnil-sur-Oger, célèbre village de la côte des Blancs, le maire, René Launois, un ami de captivité de mon père, avait appelé à la rescousse le célèbre André Leroi-Gourhan après la découverte d'un hypogée sous une vigne, aux Mournouards. Leroi-Gourhan avait dirigé la fouille et dressé la liste du mobilier de la grotte : une lame de hache, une herminette dans sa gaine en bois de cerf, 95 flèches et 45 couteaux. La grotte avait été remblayée. Depuis une décennie, j'ai le plaisir de voir revenir avec le printemps une équipe d'archéologues emmenée par Rémi Martineau sur les sites découverts par Joseph de Baye, et qui forment l'un des bassins néolithiques les plus importants de l'Europe non méditerranéenne. Un siècle a passé. C'est long pour un passage de relais. Quelques braves avaient gardé la flamme. Deux instituteurs de Villevenard, Augustin Rolland et son gendre, Pierre Hu, ainsi que l'abbé Guillemain, curé de Congy, qui fut le scribe éclairé de notre histoire locale.

LE DOLMEN DE PIERRE FRITE AVAIT ÉTÉ UNE PIÈCE NOTABLE DANS UNE CONSTELLATION DE GROTTES ET DE MONUMENTS, DOLMENS, MENHIRS ALIGNÉS, CROMLECHS, COMME À STONEHENGE

Le dolmen de Pierre frite avait été une pièce notable dans une constellation de grottes et de monuments, dolmens, menhirs alignés, cromlechs, comme à Stonehenge, qui avaient presque tous disparu, enterrés pour permettre la culture du sol, ou utilisés pour empierrer les chemins au XVIIe. Pierre frite était un survivant, seul de son espèce sur un terrain qui était une emprise communale. Une cathédrale de l'âge de pierre. Un chapitre à lui seul de notre Ancien Testament païen.

Depuis plusieurs années, un agriculteur, soucieux de ne pas perdre une perche carrée de ce terrain contigu au sien (bornes arrachées, bien sûr), labourait au ras du dolmen. Avant le premier confinement de mars 2020, il l'a percuté avec les crosses de sa charrue et l'a gravement endommagé.

L'agriculteur a fait savoir qu'il était assuré. Un an plus tard, le fautif, qui n'a guère été gourmandé, continue d'exhiber sa morgue. Il ne se prive pas de labourer en frôlant la pierre amputée. Avec mes camarades de l'Unesco, depuis un certain temps, j'ai fait mon possible pour essayer de contrer, à Tombouctou, à Mossoul, à Bâmiyân ou ailleurs, les islamistes pressés d'éradiquer toutes traces de ce qui avait pu exister avant eux. Je n'aurais jamais imaginé que notre menhir de Pierre frite serait menacé par l'un des nôtres et que je serais obligé d'appeler à l'aide pour sauver cette pierre qui avait convoqué l'éternité sur le territoire de mon enfance.

Mgr Najeeb Michael, archevêque chaldéen de Mossoul, l'un des *monuments men* de notre temps (et aussi un familier de notre fête de la Saint-Vincent à Vert-Toulon), m'a raconté un jour que des snipers américains, après l'intervention en Irak de 2003, tuaient le temps en rafalant l'un des taureaux ailés de Ninive. La bêtise d'un paysan français ou d'un GI américain, les obsessions vengeresses d'un islamiste irakien relèvent de la même maladie de l'esprit : le mépris et la haine du passé. Ce venin avait coulé dans

Ci-dessus, à gauche :

Le baron de Baye en 1899. Cet archéologue a effectué des fouilles dans les environs de Baye.

À droite :

Le dolmen de Pierre frite, vraisemblablement percuté par le tracteur d'un exploitant agricole.

les veines des hommes de la Révolution et avait précipité les idéaux de 1789 vers des orgies de sang.

Cette cruelle facétie de l'histoire avait inscrit à son ordinaire la décapitation des vivants et des morts tirés de leurs tombeaux (comme Henri IV à Saint-Denis, en octobre 1793) mais aussi celle des statues. À Congy, les calvaires avaient été renversés, les croix bannies, les cloches descendues et fondues, les objets sacrés confisqués. Il faudra attendre le Consulat pour restaurer la liberté de culte. J'avais pu voir des visages martelés sous les porches des églises. Avec une plaque dans l'église de Congy à la mémoire de l'abbé Aubert, emprisonné puis déporté à Cayenne pour avoir refusé de prêter serment, c'étaient les seuls signes lisibles que la Révolution avait laissés derrière elle dans les villages. Personne n'en parlait.

Il n'y avait pas que Rome et Pierre frite. Sous l'Empereur aussi, nous avions vécu. Une des routes qui permettait de quitter Congy en direction d'Épernay conduisait au village voisin, premier posté à l'ouest sur le plateau, Champaubert. Quelques maisons seulement, à l'intersection de deux routes. J'exigeais toujours de mon grand-père qu'il passe par Champaubert quand je l'accompagnais livrer son vin à Épernay dans sa 203 commerciale. Un boulet fiché dans une façade témoignait que l'histoire avait frappé à la porte de cette maison.

Ci-dessous :
Monument commémoratif de la campagne de 1814, avec en arrière-plan la maison du boulet, en 1995.
© RÉGION GRAND EST – INVENTAIRE GÉNÉRAL / JACQUES PHILIPPOT

Napoléon avait remporté à Champaubert la première victoire de sa campagne de France, le 10 février 1814. Rentré de Russie depuis un an, il avait guerroyé pendant toute l'année en Europe. La chance semblait l'avoir abandonné, il avait connu la défaite. L'armée fondait, ravagée par le typhus et des désertions massives. Le 25 janvier, Napoléon avait quitté Paris pour rejoindre l'ancien hôtel des Intendants de Champagne, où l'attendait le préfet, Bourgeois de Jessaint, son condisciple de Brienne. Les Russes et les Prussiens s'imaginaient déjà sur les Champs-Élysées.

Avec une armée de conscrits à peine formés mais héroïques, les Marie-Louise, très inférieure en nombre, Napoléon inflige plusieurs revers successifs aux coalisés. Trois coups de hache seront décisifs. Ils portent la signature, inimitable mais reconnaissable par tous ses ennemis, d'une « main qui avait brisé le monde », comme l'écrit Chateaubriand. Je connaissais bien ces aigles venus se poser sur les trois colonnes mémoriales de la plaine, avec leur couronne de canons. À Champaubert, à Montmirail et à Vauchamps, où mes parents, jeunes instituteurs, avaient fêté leur mariage au café Grenier, en bordure de la route. J'aimais ces points d'exclamation du paysage, maintenant défiguré par des éoliennes. Aujourd'hui encore, allant à Paris en voiture chaque semaine, je ne passe pas devant la colonne de Montmirail, la plus haute des trois, 18 mètres, avec des cannelures à côtes saillantes, sans pouvoir m'empêcher de chercher dans les dévers de la plaine les ombres de la cavalerie impériale.

Enfant, je leur préférais pourtant la *maison du boulet*. Le problème est que j'avais toujours beaucoup de difficultés à voir ce fameux boulet. De petite taille, encastré dans la brique au niveau du premier étage, dans une façade de treize fenêtres, en plein centre de Champaubert, il n'était pas repérable facilement. (Aujourd'hui, c'est plus simple, une plaque commémorative a été fixée à côté du boulet.) J'obligeais mon grand-père à ralentir ou même à s'arrêter pour avoir le temps de le débusquer. C'était ma boule de cristal. J'y lisais notre passé avec l'Empereur.

Une histoire s'animait. Des personnages apparaissaient. Ils traversaient les villages qui bornaient mon enfance. Ils étaient chez moi, mes invités en quelque sorte. Ils se nommaient Berthier, Grouchy, et même Blücher, le vieux Prussien, qui s'attarde à Vertus. J'entendais l'Empereur exiger de Marmont qu'il envoie ses artilleurs et ses canons par les marais de Saint-Gond, malgré le dégel, les six pieds de tourbe et les hautes eaux de l'hiver. Les paysans des villages voisins accouraient pour sortir les pièces les plus lourdes des ornières. Une fois le Petit Morin franchi, plus rien n'arrêtait Marmont auprès de qui se tenait l'Empereur. Il culbutait les flancs-gardes ennemis à Baye et à Bannay et déboulait sur le plateau de Champaubert avec ses cuirassiers. Les six mille Russes débandés se mettent à couvert. Certains fuient vers un bois voisin, d'autres entrent dans les maisons. L'infanterie française charge à la baïonnette et poursuit les fuyards vers le bois des Déserts, surnommé le Bois enchanté après la victoire. Les Russes laissent mille cinq cents hommes à terre. Trois mille hommes prisonniers, dix-neuf canons saisis. Le général russe et ses lieutenants sont parmi les captifs. C'est un conscrit qui a fait prisonnier le général Olsoufiev. Il ne le libère que devant l'Empereur qui remet la Légion d'honneur au jeune chasseur.

Je peux suivre Napoléon, acclamé par ses troupes, au soir de ce 10 février. Je le vois s'installer après la bataille dans la *maison du boulet*, conviant à dîner le général russe et ses lieutenants, les accueillant avec le sourire, leur offrant son chambertin, mais pensant à la suite, pressé de repartir vers Montmirail où il a déjà envoyé son infanterie et sa cavalerie. Après le dîner, l'Empereur écrit à Marie-Louise : « Victoire, fais tirer le canon. » Il quittera la *maison du boulet* le lendemain matin vers 5 heures. Les nuits sont courtes. « Ça y est, tu l'as vu ton boulet ? » me demandait mon grand-père, toujours un peu bourru avec moi. Derrière nous, un automobiliste s'impatientait. Mon grand-père redémarrait. Il tournait à droite, nous prenions la route d'Épernay, la ville aux 110 kilomètres de caves où je travaillerai plus tard pendant mes vacances d'étudiant, mais c'est une autre histoire qui commence. ♦

JE PEUX SUIVRE NAPOLÉON, ACCLAMÉ PAR SES TROUPES, AU SOIR DE CE 10 FÉVRIER. JE LE VOIS S'INSTALLER APRÈS LA BATAILLE DANS LA *MAISON DU BOULET*, CONVIANT À DÎNER LE GÉNÉRAL RUSSE ET SES LIEUTENANTS

DANIEL RONDEAU est écrivain, journaliste, éditeur. Ce grand voyageur a été nommé ambassadeur de France à Malte en 2006, puis auprès de l'Unesco de 2011 à 2013. Il est l'auteur de plusieurs romans dont *Dans la marche du temps* (2004). Son journal des années 1991-2012 a paru chez Flammarion en janvier sous le titre *Vingt ans et plus*. Il a été élu à l'Académie française en juin 2019.

Illustré par LUCILLE CLERC

BON COMME BON

par CAROLINE BLUM BONGRAND

BONGRAND. Je porte un nom français. Chaque fois qu'on m'appelle au tableau, je me dis que ce n'est pas mon nom. Je me sens plus étrangère que française. Mais étrangère d'où ? Du reste, je suis irrésistiblement attirée par les noms qui viennent d'ailleurs. Surtout quand il y a des *z*, des *w*, des *y*. C'est avec ceux-là que j'ai envie de devenir amie.

Nous sommes en 1975. Je regarde autour de moi. Des familles. Des familles avec des rituels, des déjeuners, des rires, des moments ensemble. Je suis fascinée de voir comment ça se passe chez les autres. Chez nous, il n'y a pas de ça. Mes parents ne s'entendent plus, ça n'aide pas. À vrai dire, je ne les ai jamais connus heureux ensemble. Mais ils l'ont été, j'ai des preuves, des photos. J'en ai une sur laquelle ils éclatent de rire, tous les deux, sur le tarmac d'un aéroport. J'ai également une série de photomatons, le visage de l'un collé au visage de l'autre. Ils se sont aimés. C'est indéniable. Ma naissance aussi, après celle de mon frère, est une preuve. Le désastre a dû arriver à peu près à ce moment-là. Juste après moi.

Mes parents sont très occupés. On dirait aujourd'hui qu'ils « se noient chacun dans le travail ». La peine de ma mère est immense, elle l'oublie dans son magasin de porcelaine. Des gens viennent, surtout des mères et leur fille, pour dresser des listes de mariage. Avant de se marier, on va choisir son service en porcelaine, ses couverts, ses plats, ses verres. Elle découpe dans le journal les annonces de fiançailles des grandes familles, relève les adresses, et envoie la carte du magasin, avec un petit mot. Ce n'est pas facile, un magasin de listes de mariage, quand le sien chancelle.

Mon père, quant à lui, est tout à son métier. Il a « inventé », dit-on, le marketing politique. Mais surtout, il travaille pour la France. Sa voiture est française, et il aime la France plus que tout – il était prêt à mourir pour elle. Il rentre très tard, parfois avec un poulet rôti froid qu'il a acheté à L'An 2000, boulevard des Batignolles. Comme je l'ai entendu, je vais le voir, dans la cuisine : il mange le poulet à mains nues. À l'encontre de toute mon éducation, ses manières de table. Peu m'importe, il est fantaisiste, drôle, ne fait rien comme tout le monde, et m'appelle Carola. Quand il est là plus tôt – c'est rare –, il regarde des émissions politiques et ne veut pas être dérangé. Si l'on entre dans la pièce télé, il met plus fort, très fort. Le message passe. Se taire ou sortir. Quand peut-on parler alors ?

Souvent, il regarde *L'Armée des ombres*. Évidemment, ça lui rappelle quelque chose (j'apprendrai tout ça après sa mort). Responsable de la Résistance étudiante à Paris, il a été, à 18 ans, pourchassé par la Gestapo, avant d'être envoyé dans un camp de concentration, de s'en évader, entre autres choses. Il a fait partie des troupes d'élite de la Résistance, les SAARF (Secret Allied Army Forces), aux côtés des Américains et des Anglais. Tous ses amis, ou presque, sont morts. Ses amis d'enfance d'abord, le lycée Carnot. Ensuite, la plupart de ses camarades de Résistance. Il est parfois hanté par la vision de ce bébé crucifié vivant sur une porte. Il a juré de venger ses morts en vivant non seulement sa vie, mais la leur. Il vit, mange et aime dix fois plus que la normale. Il est

très gros, et ça le rend malheureux, il est au régime la moitié du temps et ne boit que de la Contrexéville. Quelquefois, il m'emmène, moi, pourquoi moi, il pourrait emmener mon frère, dans un restaurant russe. Rue Daru, ou rue du Colonel-Moll. Au son des violons tziganes, je le sens devenir très mélancolique. Mais dès que je pose une question, il répond à côté.

Ma mère est tellement française. Elle fait très attention à la manière dont elle s'habille. Elle est toujours parfaitement coiffée, porte du Guerlain. Il y a de la laque Elnett dans la salle de bains. Pourtant, je sais qu'elle est née dans un autre pays. La Tunisie. Elle n'en parle jamais non plus. Je ne sais pas pourquoi mes parents ne parlent de rien. Du reste, ils se croisent à peine. Une grande douleur habite l'appartement. Mais tout ce qui m'obsède, c'est d'où nous venons.

Je suis persuadée qu'il y a quelque chose, derrière cette famille dévastée. Des choses belles, amusantes, originales, des musiques, comme dans les restaurants russes. J'essaie d'en savoir plus, mais mon père n'a pas le temps d'en parler. Ma mère ne veut pas en parler. D'où sommes-nous ? J'ai besoin de ces racines, j'en ai besoin parce que je manque de branches. Chaque fois que mon père se présente à quelqu'un, il dit : « BONGRAND, bon comme bon, grand comme grand. » Je me fais des listes de noms que je préférerais porter. Ils ont tous une consonance qui tire vers l'Europe centrale. J'ai trop d'imagination. Quand les gens parlent beaucoup, on n'a pas le temps d'imaginer, il y a une réalité, des voix. Dans le silence, on se fait soi-même ses voix. J'imagine tout et n'importe quoi. Je n'ai pas de grands-parents, donc je deviens amie avec de vieilles dames. C'est charmant, elles sont très gentilles, me servent des gâteaux avec des jus de fruits. Mais ce n'est pas pareil.

J'aimerais tellement retrouver ma famille. C'est idiot, j'ai une famille. D'ailleurs, je ressemble comme deux gouttes d'eau à mon père. Et ma mère est bien ma mère. Que manque-t-il alors ? C'est comme si on m'avait privée de quelque chose, mais je ne sais pas quoi. Ma mère n'y est pour rien, sa mère est morte très jeune – morte d'amour, un mari affreusement volage. Elle a souffert, trop. Son père, il existe quelque part, mais elle ne le voit pas. Mon père ne parle pas de ses parents non plus. Sa mère est morte, son père est mort. Tout ce qui me reste de l'histoire familiale, c'est « bon comme bon, grand comme grand ».

Chaque fois que je prononce mon nom, j'ai l'impression de mentir.

Et puis un jour, je réponds au téléphone. Un homme, âgé, une voix élégante, qui me dit qu'il a un secret. Il va bientôt mourir, il a 95 ans, et, finalement, veut le confier à quelqu'un. Comme c'est moi qui ai décroché, il propose de me le raconter. Il me donne rendez-vous chez lui, à côté de la tour Eiffel. Je me précipite. C'est un événement hautement romanesque dans ma vie de lycéenne. Un inconnu, un rendez-vous, un secret. J'ai 17 ans et demi. Il me révèle qu'il est le vrai père de mon père. Il s'appelle Maurice Blum. Il me dit qu'il aime la France, plus que tout. Tiens, comme mon père. Il a été résistant, lui aussi, à Londres, auprès de De Gaulle, avant ça journaliste, après ça, avocat. Je découvrirai dix ans plus tard que c'était un ami de Romain Gary. Ils s'asseyaient toujours côte à côte aux dîners de la France libre.

Il me dit qu'il a follement aimé ma grand-mère, qui, je le découvre, était juive alsacienne, enfin, aussi d'origine tchèque. Louise Raudnitz. Tiens, un *z*.

Belle femme, grande, aux yeux pers, un mariage arrangé (en 1908), avec un homme, orphelin, méritant, grand spécialiste du caoutchouc, très volage, encore un. Ma grand-mère n'a pas le courage de divorcer de Bongrand pour Blum. En 1921, mon père naît Bongrand. Blum n'a pas le droit d'élever son fils, ni même de lui parler, encore moins de lui écrire. Alors de temps en temps, il se poste devant le lycée Carnot pour l'apercevoir. Qui, parmi tous ces petits mômes, est son fils ? Ma grand-mère Louise lui envoie chaque année, comme convenu, une photo du petit Michel. Je comprends que mon nom devrait être Blum.

Un jour, j'en parle à mon père, il me gifle. Son père, c'est celui qui l'a élevé, celui qu'il a aimé, point final. BONGRAND. D'accord. Je ne fais rien avec ce nom. Blum. Je ne le prends pas. J'ai l'impression que le prendre serait trahir mon père. Les années, les dizaines d'années passent. Un jour, je parle avec une thérapeute. Aviva me demande ce qui ne va pas, je lui réponds que je ne suis pas à ma place, j'ai ce sentiment d'être à côté de ma vie. Soudain, je dis que ce qui me manque, c'est la reconnaissance. Pourquoi est-ce que je prononce ce mot ? Elle m'explique que Maurice Blum n'a pas été « reconnu » comme le père de mon père, il est là mon problème de reconnaissance. Je porte un nom qui n'est pas le mien, il est urgent que je m'appelle Blum.

Je dois écrire une lettre symbolique à ce grand-père, pour le réintégrer dans l'histoire de la famille, et réparer la lignée. J'écris la lettre, je la poste à son ancienne adresse, au lieu de mettre Paris, j'écris « Ciel », c'est enfantin. Je demande à la thérapeute si je dois changer de nom (c'est compliqué, tous mes romans sont au nom de Bongrand). Non, l'acte symbolique suffit. Mais je dois écrire quelque part mon vrai nom : Caroline Blum. Et que ce soit lu. Même par une seule personne.

Du côté de ma mère, je décide aussi de réparer. J'investigue sur ma grand-mère malheureuse, Yvonne. J'ai trouvé un autre *z*. Zouari. J'écris une lettre symbolique, pour couper le lien du malheur, qui a tant pesé sur ma mère, si forte, si belle, si courageuse. Je la poste aussi.

Je me demande si à La Poste, ils reçoivent souvent ce genre de lettres. Ensuite, étrangement, je constate que ma vie se transforme. Comme si tout se remettait en place. Il faut soigner ses racines. *Blum*, en allemand, veut dire « fleur ». Je suis française.

CAROLINE BLUM BONGRAND est écrivaine et scénariste. Elle a publié sous le nom de Caroline Bongrand de nombreux livres, des romans comme *L'Enfant du Bosphore* (Robert Laffont, 2004) mais aussi des essais comme *Le Corset invisible : manifeste pour une nouvelle femme française* (Albin Michel, 2007), écrit avec Éliette Abécassis. Très autobiographique, *Ce que nous sommes* (Denoël, 2020) raconte l'enquête qu'elle a menée à la recherche de ses origines après une rupture difficile. Elle a récemment publié *Eiffel et moi* (Éditions Sixième(s)) qui retrace l'épopée de vingt-deux ans de son scénario *Eiffel*, qu'elle a adapté avec Martin Brossollet et Thomas Bidegain (sortie prévue en 2021).

LUCILLE CLERC est illustratrice. Formée à la Central Saint Martins, elle a notamment travaillé pour le V&A Museum, Sandro, Fortnum & Mason, et collaboré à la presse. Avec Jonathan Drori, elle a publié *Around the World in 80 trees* (Laurence King Publishing, 2018), et *Around the World in 80 plants* (id., 2021).

AU CŒUR DU COMPLOTISME

Des centaines de milliers de Français adhèrent aujourd'hui à toutes sortes de théories du complot. Dans cette situation sanitaire, où l'on a parfois le sentiment de perdre pied, le besoin de trouver des explications à tout, y compris des responsables à la pandémie, voire des coupables, se fait fortement ressentir. Alors nous avons voulu comprendre qui sont ces complotistes, comment ils se sont forgé leurs convictions sur la santé, le pouvoir, la marche du monde… Nous sommes allés sur le terrain pour savoir ce qu'ils pensaient et tenter de prendre la mesure d'un phénomène aussi inquiétant qu'insaisissable. Voyage dans la France du conspirationnisme.

LA VRAIE
VERITE !

OP
NSONGE

L'ÉCLAIRAGE DE

Gérald Bronner

« LA RADICALITÉ POUSSE AU CONSPIRATIONNISME »

Pour le sociologue, théories conspirationnistes et radicalités politiques sont liées. Et cela marche dans les deux sens. Car la croyance aux complots induit une colère et une indignation, lesquelles demandent une réparation que seuls les groupes les plus radicaux peuvent offrir.

Propos recueillis par **FRANÇOIS VEY**

© ERIC GARAULT

ZADIG *Le climat actuel – marqué, si on en juge par la dernière enquête du Cevipof[1], par une lassitude et une morosité très prononcées des Français – est-il de nature à favoriser le complotisme ?*

G.B. Il y a en effet dans l'opinion cette lassitude qui revient parce qu'on ne sait pas à quelle sauce on va être mangé. Les variants du virus rajoutent une dose d'incertitude dans cette histoire déjà pénible. C'est une situation désagréable pour tout cerveau humain, qui réclame des représentations : il nous faut trouver un moyen de réduire l'incertitude ou identifier à qui attribuer les torts. Arrive un moment où on essaye de chercher des responsables. C'est en cela que la situation peut favoriser les théories du complot, car celles-ci ont pour avantage – entre autres choses – d'en désigner toujours.
Le deuxième élément qui a déjà été identifié, dans les études portant sur les théories du complot, c'est le sentiment de ne pas maîtriser son environnement. Il est probable que la mondialisation ait pénalisé les classes les plus modestes à cause de la désindustrialisation et de la perte de repères professionnels, avec l'externalisation d'un certain nombre de tâches en Asie ou en Afrique. Tout cela a donné l'impression qu'on ne contrôle plus notre environnement direct. Plusieurs articles scientifiques montrent que le conspirationnisme est souvent lié à ce sentiment de perte de maîtrise, qui nous prédispose à entendre des explications alternatives. Car l'explication conventionnelle est un peu désespérante : « On n'y peut pas grand-chose, c'est un virus qui vient de la nature… » Tandis que la théorie du complot permet de reprendre le contrôle de la situation en désignant des coupables : « Et si on avait fabriqué ce virus volontairement, pour empoisonner une partie de la planète ? » On a tous entendu cela. Ça donne le sentiment qu'il y a des actions possibles, des dénonciations à faire.

ZADIG *Dans ce domaine, justement, on note que 36 % des Français jugent probable que « le ministre de la Santé est de mèche avec l'industrie pharmaceutique » et 42 % d'entre eux « que la crise sanitaire fournit l'occasion au gouvernement de surveiller et contrôler les citoyens[2] ». Que vous inspirent les scores enregistrés par ces assertions ? Ne conduisent-elles pas sur la voie du complotisme ?*

G.B. Il faut être prudent dans l'interprétation de ces résultats. Quand on croit cela, je ne dirais pas qu'on est déjà complotiste, mais que ces thèmes sont des portes d'entrée vers le complotisme. On peut se tenir au seuil et dire simplement : « Il doit y avoir des magouilles. » On peut aussi répondre oui à ces questions avec un sentiment de colère et avec la volonté d'envoyer un signal au pouvoir politique, en y acquiesçant au conditionnel. Ces thématiques préparent à une adhésion potentielle, mais rien n'est prédéterminé dans une vie humaine, tout est toujours un peu ouvert. Simplement, la probabilité de basculer dans le conspirationnisme augmente quand on commence à adhérer à ce type de code narratif.
Pour ce qui est de la compromission du monde politique avec l'industrie pharmaceutique et du soupçon d'un éventuel empoisonnement de la population, l'idée d'une alliance maléfique entre ces univers est un thème qu'on retrouve dans les enquêtes consécutives faites par la Fondation Jean-Jaurès et l'observatoire Conspiracy Watch, en 2018 et 2019. Ces scores ne sont pas étonnants du tout, car ce thème était déjà très fort. Il s'adosse à toute une série d'informations, y compris celles publiées dans la presse classique.
Cette méfiance vis-à-vis de l'industrie pharmaceutique n'est pas toujours sans motif. Il peut arriver que les normes de santé et de sécurité n'arrangent pas beaucoup les industriels : il y a des exemples dans l'histoire où elles n'ont pas été tellement respectées et où l'on a privilégié l'intérêt économique…

ZADIG *Dans votre dernier livre,* Apocalypse cognitive[3], *vous relevez qu'aucun pays n'a été épargné par le déferlement de crédulité qui s'est abattu sur le monde*

1. Selon le sondage OpinionWay pour *Le Monde* et le Cevipof de février 2021, la lassitude était en progression de 13 points (41 %) et la morosité de 12 points (34 %).

2. Des pourcentages un peu plus élevés que chez nos voisins (Allemagne : 32 % et 39 % ; Royaume-Uni : 31 % et 41 % ; Italie : 32 % et 40 %). « En qu(o)i les Français ont-ils confiance aujourd'hui ? » Baromètre de la confiance politique, février 2021.

3. Puf, 2021.

durant cette période de confinement, qui a agi comme un incubateur. Mais comment se situe la France en matière de complotisme ?

G.B. Cela dépend des thèmes, car en fonction de spécificités culturelles ou pour des raisons historiques, des pays sont plus sensibles à certains thèmes que d'autres. L'assassinat de Kennedy ou les attentats du 11 Septembre ont donné lieu à toutes sortes de théories conspirationnistes qui ont eu un grand succès dans les pays arabes, pour des motifs qu'on peut parfois comprendre : prétendre que ces attentats ont été commis par la CIA plutôt que par des musulmans radicalisés, c'est un discours désirable pour une partie de l'opinion, en Égypte notamment. En France, nous sommes particulièrement sensibles aux thématiques concernant les industriels en général, et en particulier ceux de la pharmacie. Ainsi, la France est première au monde pour ce qui est de la méfiance envers les vaccins. Plusieurs enquêtes internationales le montrent. Aux États-Unis, le groupe conspirationniste QAnon a pris une énorme importance, contaminant une partie des républicains. Nous n'avons pas l'équivalent ici : il y a certes un groupe QAnon, mais on ne peut pas dire qu'il ait exactement le même succès...

« CONTRAIREMENT À QANON OUTRE-ATLANTIQUE, AUCUN GROUPE N'A PÉNÉTRÉ À L'INTÉRIEUR D'UN DES PRINCIPAUX PARTIS »

Pour l'instant, ce qui me paraît sauver la France, c'est que même si les théories conspirationnistes s'y caractérisent par la radicalité politique – d'extrême droite d'abord et ensuite, dans une moindre mesure, d'extrême gauche –, il n'y a pas de force politique qui catalyse ces thématiques en un programme. On trouve plus de conspirationnistes dans certains partis que dans d'autres – au Rassemblement national, par exemple –, mais, contrairement à QAnon outre-Atlantique, aucun groupe n'a pénétré à l'intérieur d'un des principaux partis au point de lui dicter une partie de sa conduite politique.

ZADIG *N'est-il pas étonnant, voire mystérieux, de trouver en France des gens qui adhèrent aux thèses du mouvement QAnon ? Les idées de ce genre,*

Ci-dessus :
Manifestation contre le port du masque anti-Covid-19, à Paris, le 29 août 2020.
© AURÉLIEN MORISSARD / IP3

« LES COMPLOTISTES N'UTILISENT PAS DE MÉTHODES D'ADMINISTRATION DE LA PREUVE QUI SOIENT ADMISSIBLES »

concernent au départ exclusivement la situation américaine, peuvent paraître difficiles à exporter.

G.B. Il faut savoir qu'un groupe QAnon a déjà un certain succès au Canada – dans ce cas, la proximité géographique permet peut-être de mieux comprendre la contamination. En France, QAnon est à ma connaissance vraiment groupusculaire. Mais leurs thématiques peuvent parler à un esprit conspirationniste français, notamment l'idée d'« État profond » (*Deep State*) : en d'autres termes, des familles qui contrôlent le monde derrière une démocratie de façade, illusoire.
En France, la thèse selon laquelle on ne serait plus en démocratie est extrêmement répandue, et partagée par un certain nombre de groupes radicaux. En revanche, celle d'un réseau pédophile et sataniste est plutôt réduite à la portion congrue.

4. « Les Gilets jaunes au risque du complotisme », *The Conversation*, 14 février 2019.

ZADIG *Comment distingueriez-vous ce qui relève de la crédulité, de la croyance, de la superstition et du complotisme ? Quels rapports ces différents phénomènes entretiennent-ils entre eux ?*

G.B. Il est important de bien comprendre que notre premier réflexe, en pensant à ces questions, c'est de les séparer intuitivement selon le vrai et le faux : la connaissance relèverait du vrai et la croyance du faux. Je pense qu'il faut adopter une approche plus complexe, car ce qui caractérise ces formes de pensée – le conspirationnisme, les superstitions, la pensée magique, la crédulité –, c'est qu'elles suivent des modes d'administration de la preuve assez spécifiques. Ce ne sont pas ceux de la pensée méthodique.
Il se peut que, par hasard, un complotiste ait parfois raison. De la même façon, il se peut que la pensée scientifique se trompe. Je ne dis pas que le critère du vrai et du faux est illusoire, seulement qu'il ne permet pas d'établir la démarcation entre ces deux formes de pensée. Les conspirationnistes disent souvent, à juste titre : « Mais les complots, ça existe ! » Bien sûr, il y a eu des complots dans l'histoire. Mais ils ne recourent pas à des méthodes d'administration de la preuve qui soient admissibles. Ce qui les caractérise, c'est leur façon de chercher systématiquement des anomalies. Même quand il n'y en a pas, ils vont en trouver, parce que la profusion des informations et des images disponibles permet toujours de relever des choses difficilement compréhensibles. Une fois qu'ils y sont parvenus, ils rapportent ces anomalies à un modèle intellectuel capable de les absorber. Pour eux, il s'agit tout simplement des erreurs et des fautes commises par les puissants dans leurs manœuvres pour nous contrôler : ils n'y arrivent jamais tout à fait et laissent ainsi des traces, des indices que les conspirationnistes, en bons enquêteurs, arrivent toujours à débusquer.
C'est tout à fait différent avec la science, qui cherche d'abord à éprouver un modèle qui fonctionne bien, puis s'attache à observer d'éventuelles anomalies. Avant d'abandon-

ner son modèle pour un autre, elle cherche à le consolider en l'élargissant, pour voir si ces anomalies peuvent ou non être absorbées. La superstition fonctionne de manière assez similaire à la pensée conspirationniste : on va essayer de repérer des coïncidences. Par exemple, si on a pris trois fois le même chemin pour aller travailler et que tout s'est à chaque fois bien passé, on va par la suite souffrir de ne pouvoir emprunter ce même chemin. On se dit : « On ne sait jamais. » Pourtant, il n'y a aucune administration de la preuve. On croit sur la base d'une inférence fautive : on sait qu'on ne peut pas tirer de loi statistique sur la base d'une expérience personnelle, mais on le fait quand même. C'est d'autant plus dangereux que, quelquefois, une superstition peut subsister même une fois oubliés les indices qui ont mené à elle. Il nous reste simplement l'impression d'une certitude un peu tenace.

ZADIG *Si on se place sur le terrain politique, comment certaines personnes passent-elles de la défiance à l'égard des pouvoirs à l'adhésion à des thèses complotistes ? Franchissent-elles à un moment donné une ligne rouge ou y a-t-il une sorte de continuum ?*

G.B. Les travaux scientifiques – notamment ceux de collègues hollandais – montrent que, statistiquement, le conspirationnisme est lié à la radicalité. Quelle que soit la radicalité à laquelle vous adhérez, vous avez davantage de chances d'être complotiste, et inversement. On peut tout à fait devenir conspirationniste sur la base d'une colère et d'une méfiance politiques. Celles-ci ne sont jamais aussi bien justifiées que lorsqu'on fixe sa colère sur un objet et qu'on y voit la conséquence d'une malveillance. Quand c'est « la faute à pas de chance », comme cela semble être le cas avec le virus, cela ne va pas. Pour un conspirationniste, il est beaucoup plus facile d'attribuer l'origine de la pandémie à quelque groupe malintentionné : un industriel de la pharmacie, un pays ou des services secrets… À l'inverse, vous pouvez entrer dans la radicalité politique par le conspirationnisme, car si vous adhérez à une telle thèse, généralement, elle vous conduit à l'indignation morale, à juste titre. Par exemple, si les attentats de *Charlie Hebdo* ne sont pas le fait des frères Kouachi mais des services secrets français, alors il faut retourner la table : il y a de quoi demander la démission de tout le monde, c'est un scandale absolu. Et donc la thèse conspirationniste mène obligatoirement à une forme de colère et à une demande de réparation totale que ne peuvent offrir que les partis ou les groupes les plus radicaux.

ZADIG *Pour établir des profils sociaux des complotistes, sur quels éléments peut-on s'appuyer ?*

G.B. Le complotisme touche les différentes catégories sociales de manière bien répartie. Et on en trouve des adeptes sur tout le territoire. Mais après, il y en a davantage parmi les Gilets jaunes, comme nous l'avons montré avec deux collègues, Laurent Cordonier et Florian Cafiero[4]. Avec des facteurs explicatifs qui sont la frustration, les difficultés de déplacement, la perte de revenus. Et si on prend

Page de gauche :
Une supportrice de Donald Trump arborant en juillet 2020 un drapeau QAnon face au mont Rushmore, à Keystone, dans le Dakota du Sud.
© SCOTT OLSON / GETTY IMAGES

Ci-dessous :
Un militant anti-vaccin avec un masque des Anonymous, lors de la Journée de manifestation nationale contre le port du masque par les enfants en milieu scolaire, à Pau, le 13 mars 2021.
© PATRICK TOHIER / PHOTOMOBILE / SAIF IMAGES

le critère du niveau d'études, on constate une prédisposition statistique chez les gens qui en ont un peu élevé. Le diplôme constitue une variable qui protège relativement du complotisme. Enfin, sur un plan politique, le vote en faveur du Rassemblement national, mais aussi, dans une certaine mesure, celui en faveur de la France insoumise, prédispose davantage au complotisme.

ZADIG *D'un point de vue historique, quels liens voyez-vous entre le complotisme et l'extrême droite ?*

G.B. On trouve des exemples extrêmement probants, comme celui du Parti nazi. Une partie de l'idéologie du NSDAP était fondée sur la théorie d'un complot juif. Elle s'appuyait notamment sur un texte célèbre, *Les Protocoles des Sages de Sion*, dont tous les historiens savent bien aujourd'hui que c'est un faux. Il y a donc des racines historiques. Mais ce n'est pas très étonnant puisque l'extrême droite, la plupart du temps, et les populismes en général – je parle de « néopopulisme d'extrême gauche » dans mon dernier livre – sont fondés sur l'idée d'une trahison du peuple par les élites en démocratie. À partir du moment où l'on en est là, entre en jeu un deuxième thème fondamental : celui de la malveillance des élites. Et avec ces deux éléments, vous avez ce qu'il faut pour créer une théorie du complot.
Dès l'origine de la Révolution française, la trahison du peuple était un thème très fort, porté par des personnalités comme Anacharsis Cloots, l'ange blanc de la Révolution, « le Grand Orateur de l'humanité », comme il se désignait lui-même. Cloots était un Allemand très francophile, qui a alors joué un rôle important. Il était très inspiré par le thème de la trahison du peuple. C'est aussi ce thème qui a nourri la Terreur, auquel s'est ajoutée l'impression que les ennemis étaient partout. À chaque fois, cela passe par le motif de la trahison : les apparences seraient trompeuses. On s'insurge en disant : « On nous trahit » ; une fois qu'on a cet a priori, on cherche à comprendre pourquoi ; et tout à coup se dessine la figure hideuse de l'ennemi intérieur. C'est ce qu'il y a de pire. Comment peut-on faire face à un ennemi caché au sein de la nation ? Les conspirationnistes vont aller chercher des communistes, des Juifs, toutes sortes de responsables, jusqu'à des élus qui seraient des pédophiles corrompus.

ZADIG *Parmi les théories du complot les plus dangereuses, ne conviendrait-il pas de faire un sort particulier à celle du « grand remplacement », qui est soutenue par tout un courant politique d'extrême droite en France ?*

G.B. Cette thèse est effectivement très inquiétante. Elle pèse sur les choix politiques. Selon l'enquête de l'Ifop pour la Fondation Jean-Jaurès que nous avons déjà évoquée, 25 % de la population française pense que « l'immigration est délibérément organisée par nos élites pour aboutir au remplacement de la population européenne par une population immigrée ». Ensuite, le problème de cette thèse, c'est qu'il n'est pas nécessaire qu'elle fasse l'objet d'une adhésion totale pour avoir des effets, perceptibles notamment dans la mise en œuvre dans un certain nombre de politiques. Le professeur au Collège de France François Héran a réalisé de bons travaux sur ce sujet, en débusquant son origine : un malentendu occasionné par un rapport de l'ONU qui imaginait par hypothèse cette solution parmi différentes politiques migratoires[5]. Il y a donc eu une petite étincelle. Depuis, on sait très bien que cela n'a jamais été pris au sérieux... Il n'empêche : certains prétendent qu'existe une politique délibérée pour faire venir de la main-d'œuvre au prix d'un « grand remplacement » de la population. Cette théorie a fait des morts, notamment en Nouvelle-Zélande, où un individu s'en réclamant, Brenton Tarrant, a tué des dizaines de musulmans. Cette fois, la figure de l'ennemi intérieur, c'est le musulman. Mais cela peut être n'importe quel type de population. C'est certainement la théorie la plus préoccupante aujourd'hui.

5. En 2000, le département des affaires économiques et sociales de l'ONU publiait le rapport « Migration de remplacement : est-ce une solution pour les populations en déclin et vieillissantes ? » Celui-ci envisageait dans une perspective strictement théorique différents scénarios pour répondre à la baisse de la population active en France et ailleurs dans le monde.

6. « Taisez-vous, Juliette Binoche ! », *Le Point*, 26 mai 2020.

7. La comédienne évoquait en mai 2020 sur Instagram « des opérations organisées par des groupes financiers internationaux » : ils manipulent (sans être parano !) : les vaccins qu'ils préparent en font partie. Mettre une puce sous-cutanée pour tous : c'est NON. NON aux opérations de Bill Gates, NON à la 5G. »

ZADIG *On peut s'étonner qu'un écrivain comme Renaud Camus, qui militait au Parti socialiste dans les années 1980, en soit venu à être l'une des figures majeures de cette théorie…*

G.B. Vouloir devenir hétérodoxe à ce point-là, c'est effectivement assez rare, mais souvent synonyme de fin de carrière. Ainsi Dieudonné, ou encore Jean-Marie Bigard et Francis Lalanne, qui sont des figures plus loufoques. Dans le domaine de la médecine, il y a le professeur Christian Perronne ou, d'une certaine façon, le professeur Raoult, et bien d'autres qui ont basculé pour des raisons diverses. Il serait intéressant de faire une étude sur ces personnalités à forte visibilité sociale qui, tout à coup, ont pris ce risque, par sincérité ou par une forme de cynisme – car il y a toute une économie de niche. Ainsi, Alain Soral a fait fructifier le mythe qu'il était l'un des représentants de ce qu'il appelle la « dissidence ». Il vend, sous la marque Kontre Kulture, toutes sortes de produits, jusqu'à des mugs et des tee-shirts. Par sincérité, on commence à dire une connerie, ou quelque chose qui est vrai mais qui choque les gens, et tout à coup, on perd une partie de ses amis, mais on s'en fait de nouveaux qui viennent en vous disant que vous avez raison. Une fois mal entouré, on bascule… C'est pourquoi il est toujours important de ne pas être trop indépendant de ceux qui nous critiquent et pas trop dépendant de ceux qui nous applaudissent. Ce sont deux dangers équivalents.

ZADIG *Et puis, il y a eu une star de cinéma, Juliette Binoche*[6]*, qui a tenu des propos complotistes. Quelle est votre réaction face à cela ?*

G.B. J'ai publié un article dans *Le Point* demandant à Juliette Binoche de se taire, tout simplement[7]. Qu'elle raconte n'importe quoi paraît déplorable, c'est dommage de la part de cette artiste. Ce qui l'a conduite à cela, c'est sans doute son attrait pour les médecines naturelles, et de là son intérêt pour les médecines alternatives. Chez ces personnes,

Ci-contre, en haut : Édition française de 1938 du *Protocole des Sages de Sion,* œuvre de Mathieu Golovinski, faussaire antisémite russe, réalisée à la demande de la police secrète du tsar en 1903.
© FOTOTECA / LEEMAGE

En bas : Anacharsis Cloots, par Quenedey, 1763. Fait citoyen d'honneur de la France en juin 1792, ce Prussien défenseur de la Révolution française et tenant fervent de l'athéisme sera guillotiné en mars 1794.
© EDME QUENEDEY / BNF

« LES POPULISMES SONT FONDÉS SUR L'IDÉE D'UNE TRAHISON DU PEUPLE PAR LES ÉLITES EN DÉMOCRATIE »

Ci-dessus, en haut :
Sous l'Arc de Triomphe à Paris le 1er décembre 2018, lors de l'Acte 3 des Gilets jaunes au cours duquel le monument fut vandalisé.
© LAURE BOYER / HANS LUCAS

En bas :
À Paris, le 20 mars 2021, lors du rassemblement mondial « Stop à l'état d'urgence sanitaire ».
© VINCENT ISORE / IP3

cela peut ensuite conduire à une certaine sensibilité hostile aux vaccins : on trouve plus d'antivaccins chez les pro-homéopathie. Je pense que son itinéraire tourne autour de ça. Tout part d'un bon sentiment, lié à un souci écologique diffus, avec l'idée que l'homme est dénaturé par le monde industriel. Puis, de proche en proche, cela peut vous amener à évoquer de prétendus liens entre Bill Gates, les antennes 5G et l'histoire des vaccins…

Mais elle n'est pas la seule, il y a aussi l'acteur et réalisateur Mathieu Kassovitz, un ancien champion de foot, des rappeurs, des vedettes de téléréalité, un certain nombre de youtubeurs, des gens qui ont des centaines de milliers d'abonnés et disposent d'une puissance médiatique considérable. Aujourd'hui, chacun d'entre nous est un opérateur sur le marché de l'information. Il faut donc inventer une nouvelle forme de responsabilité numérique, liée au nombre de personnes qui vous suivent. Dans le cas de Juliette Binoche, ce qui est grave, c'est qu'elle a deux millions de *followers* sur Instagram. Je ne crois pas que les gens qui s'abonnent à son compte basculent mécaniquement, ça ne marche pas comme ça. Mais il n'est pas impossible qu'une partie de ceux qui la suivent et l'admirent finisse par la croire : il y a souvent une confusion entre l'admiration et la crédulité. Ce n'est pas pour rien que les publicitaires emploient des stars dans leurs pubs : la probabilité de vous séduire ainsi est assez bonne.

Les stars bénéficient d'une forte visibilité sociale, concept que l'on peut traduire par une équation simple : le nombre de personnes que vous connaissez par rapport au nombre de personnes qui vous connaissent. Pour une personne normale, ce rapport est à peu près de un. La notoriété, c'est le fait d'être connu par beaucoup plus de personnes que vous n'en connaissez. Cela vous donne un pouvoir social important. Mais tout pouvoir doit s'accompagner d'une responsabilité.

Après, il est normal qu'il y ait des conspirationnistes parmi les acteurs, comme il y en a dans n'importe quelle profession. Le problème, c'est leur visibilité. Avant, ils partageaient leurs idées au détour d'une interview, ou bien dans certaines émissions de télé où on les laissait jouer leur numéro de folklore, comme Kassovitz. Mais à présent, avec un compte sur un réseau social, vous pouvez parler à tout moment dans l'espace public : alors qu'on ne leur demande rien, ils diffusent ce genre de thèses sur les réseaux sociaux.

ZADIG *Peut-on considérer aujourd'hui que les différents mythes complotistes recueillent une audience inédite ?*

G.B. C'est difficile à dire, car il faudrait des études au long cours. On sait que les conspirationnistes existaient il y a vingt ou trente ans, bien avant même. C'étaient toujours des loufoques. Ils se réunissaient par groupe : il y a eu par exemple les ufologues. Mais tous étaient confinés dans des espaces bien localisés. La grande nouveauté, désormais, c'est que tout un chacun a entendu parler de ces théories. Il y a vingt ans, les Illuminati, cela ne disait rien à personne, ou presque. Maintenant, on a presque tous entendu parler de cette prétendue société secrète visant à dominer le monde. Les théories du complot ont essaimé partout et elles sont connues de tous. Mécaniquement, plus elles sont connues, plus il y a de chances que des gens y adhèrent. Le conspirationnisme s'insinue entre les amis, au sein des familles, qu'il sépare parfois. Les enquêtes de Conspiracy Watch montrent des taux d'adhésion assez inquiétants.

ZADIG *Depuis votre livre intitulé* La Démocratie des crédules[8], *avez-vous observé de nouveaux phénomènes en matière de complotisme ?*

G.B. De nombreuses études sur le conspirationnisme ont été réalisées depuis. Quand j'ai commencé à travailler sur ces questions, on n'avait peu de données statistiques et pas de tests normalisés pour savoir comment détecter un conspirationniste à partir d'un ensemble de questions. Aujourd'hui, on dispose de centaines, de milliers de publications scientifiques. L'évolution est considérable. Dans le livre de Pascal Wagner-Egger, *Psychologie des croyances aux théories du complot : le bruit de la conspiration*[9], que j'ai préfacé, il y a une bibliographie tout à fait abondante. Le premier résultat, très solide, de toutes ces études, c'est que, quand on adhère à une théorie du complot, on finit généralement par adhérer à toutes. Ensuite se sont développées ce qu'on pourrait appeler des mégathéories du complot, c'est-à-dire des idéologies complètes du type de QAnon. Avant, on avait le spécialiste de Roswell d'un côté, celui de JFK de l'autre. Aujourd'hui, tous ces récits s'intègrent dans un métarécit. Et le problème des métarécits, c'est qu'ils ont tendance à s'incarner politiquement. Quand vous avez votre récit complet, il faut prendre le pouvoir. La conséquence de cela, c'est que ces récits sont devenus de plus en plus meurtriers – même s'ils avaient déjà pu l'être par le passé –, en particulier sous la forme du djihadisme. Et de fait, il n'y a pas beaucoup de djihadistes qui ne soient en même temps complotistes. ♦

8. Puf, 2013.

9. Presses universitaires de Grenoble, 2021.

GÉRALD BRONNER est sociologue. Professeur de sociologie à l'Université de Paris, il est membre, notamment, de l'Académie nationale de médecine et de l'Institut universitaire de France. Auteur de plus d'une quinzaine d'ouvrages, il vient de publier *Apocalypse cognitive* aux Puf, et avait fait paraître en 2013 *La Démocratie des crédules* chez le même éditeur.

INFOGRAPHIE

Texte par ORIANE RAFFIN & illustrations par LE POISSON

LE COMPLOTISME DANS TOUS SES ÉTATS

LA SANTÉ, SUJET PRIVILÉGIÉ

LA PANDÉMIE, MACHINE À FANTASMES

En mars 2020, 26 % des Français pensaient que le coronavirus avait été **fabriqué en laboratoire**, et 17 % qu'il l'avait été intentionnellement. Un taux qui montait à respectivement 55 % à 40 % parmi les sympathisants du RN.

En février 2021, une étude OpinionWay pour *Le Monde* et le Cevipof estimait à 36 % le nombre de Français jugeant probable une entente entre le ministère de la Santé et l'industrie pharmaceutique pour cacher **la nocivité des vaccins**. Un chiffre en légère baisse par rapport à la mesure de l'Ifop de 2019, mais toujours très élevé.

42 % des Français considèrent à présent probable que la crise sanitaire « fournit l'occasion au gouvernement de **surveiller et de contrôler les citoyens** ».

LA DÉFIANCE, UN TERREAU FAVORABLE

73 % des Français estiment que **le gouvernement ne dit pas la vérité** face à l'épidémie.

Déjà en 2018, 33 % des Français pensaient que **les vaccins n'étaient, globalement, pas sûrs**, soit le taux le plus élevé au monde.

En décembre 2020, 58 % des Français n'avaient **pas l'intention de se faire vacciner**. Un chiffre retombé à 43 % en février 2021, mais qui reste relativement élevé.

À LA RENCONTRE DES COMPLOTISTES

Rares sont les études statistiques du profil des complotistes. En 2018 et 2019, l'Ifop s'est essayé à l'exercice pour la Fondation Jean-Jaurès et Conspiracy Watch, et a soumis une dizaine de théories du complot à un échantillon total de 1 760 personnes.

		Tout à fait d'accord	Plutôt d'accord	Total
	« Le ministère de la Santé est de mèche avec l'**industrie pharmaceutique** pour cacher au grand public la réalité sur la nocivité des vaccins. »	17 %	26 %	**43 %**
	« L'accident de voiture au cours duquel **Lady Diana** a perdu la vie est en fait un assassinat maquillé. »	10 %	24 %	**34 %**
	« Les **Illuminati** sont une organisation secrète qui cherche à manipuler la population. »	8 %	19 %	**27 %**
	« L'immigration est délibérément organisée par nos élites politiques, intellectuelles et médiatiques pour aboutir à terme au **remplacement de la population** européenne par une population immigrée. »	10 %	15 %	**25 %**
	« Seule **une poignée d'initiés** est capable de décrypter les signes du complot qui ont été inscrits sur les billets de banque, les logos de marques célèbres ou dans les clips musicaux. »	7 %	16 %	**23 %**
	« Il existe un **complot sioniste** à l'échelle mondiale. »	7 %	15 %	**22 %**
	« Le trafic de drogue international est en réalité contrôlé par **la CIA**. »	5 %	14 %	**19 %**
	« Le gouvernement américain a été impliqué dans la mise en œuvre des attentats du **11 septembre 2001**. »	6 %	11 %	**17 %**
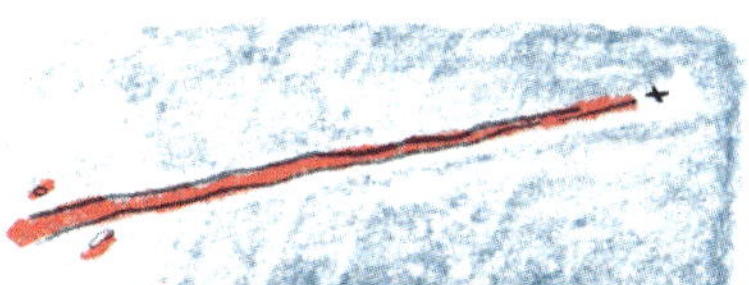	« Certaines traînées blanches créées par le **passage des avions** dans le ciel sont composées de produits chimiques délibérément répandus pour des raisons tenues secrètes. »	5 %	10 %	**15 %**
	« Les Américains ne sont **jamais allés sur la Lune** et la Nasa a fabriqué de fausses preuves et de fausses images de l'atterrissage de la mission Apollo sur la Lune. »	3 %	6 %	**9 %**

DES PROFILS INATTENDUS

En étudiant le profil des personnes ayant manifesté leur adhésion à cinq ou plus des dix thèses complotistes qui leur étaient présentées, l'Ifop est parvenu à dessiner quelques tendances. Si tous les milieux sont touchés, tous ne le sont pas de la même façon et au même degré.

UNE SENSIBILITÉ AU COMPLOTISME QUI DÉCLINE AVEC L'ÂGE

– 18-24 ans : 28 %
– 25-34 ans : 27 %
– 35-49 ans : 24 %
– plus de 65 ans : 9 %

UNE MEILLEURE RÉSISTANCE DES PLUS DIPLÔMÉS

– sans diplômes : 27 %
– bac + 2 : 8 %

UNE PLUS GRANDE POROSITÉ DANS LES MILIEUX MODESTES

– catégories pauvres : 38 %
– catégories modestes : 29 %
– classes moyennes supérieures : 13 %
– catégories aisées : 7 %

UN LIEN À LA RADICALITÉ POLITIQUE

Selon le vote à la dernière présidentielle :
– Jean-Luc Mélenchon : 20 %
– Benoît Hamon : 17 %
– Emmanuel Macron : 10 %
– François Fillon : 14 %
– Nicolas Dupont-Aignan : 23 %
– Marine Le Pen : 27 %

UN MOINDRE ATTACHEMENT À LA DÉMOCRATIE

Vivre en démocratie n'est « très important » que pour 43 % d'entre eux, contre 57 % dans l'ensemble de la population.

UNE SURREPRÉSENTATION DU SENTIMENT D'ÉCHEC

36 % estiment ne pas avoir réussi leur vie, contre 26 % dans l'ensemble de la population.

UNE CERTAINE FAÇON DE S'INFORMER

INTERNET, UNE SOURCE D'INFORMATION RELATIVE

Internet est un relais important des thèses complotistes, il n'est pourtant que le deuxième canal d'information des Français, après la télé. 53 % d'entre eux passent moins d'une heure par mois sur Internet à s'informer – soit 3 % en moyenne du temps passé en ligne.

LES SOURCES CONSULTÉES FONT TOUTE LA DIFFÉRENCE

Adhèrent à cinq thèses ou plus	Source	N'adhèrent à aucune
47 %	réseaux sociaux	24 %
22 %	grands médias	45 %

Mais les **sources jugées non fiables** ne représentent que 5 % du temps total d'information en ligne, soit 0,16 % du temps total de connexion.

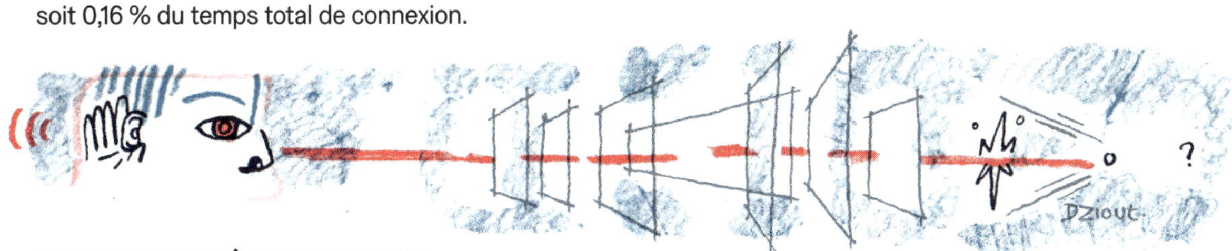

LA FORCE DES RÉSEAUX SOCIAUX

Une théorie gagne sur les réseaux sociaux une **audience 5 à 10 fois supérieure** à son poids dans l'opinion publique. Un émetteur issu d'une communauté sceptique touche en moyenne près de 4 personnes par mois, et jusqu'à 7 pour les anti-vaccins.

Ainsi, sur Twitter :

Partisans	Discours	Utilisateurs touchés
1,97 %	Anti-vaccin	14,1 %
2,6 %	Anti-5G	13,6 %
4,13 %	Anti-Big Pharma	18,2 %
6,29 %	Pro-chloroquine	23,9 %

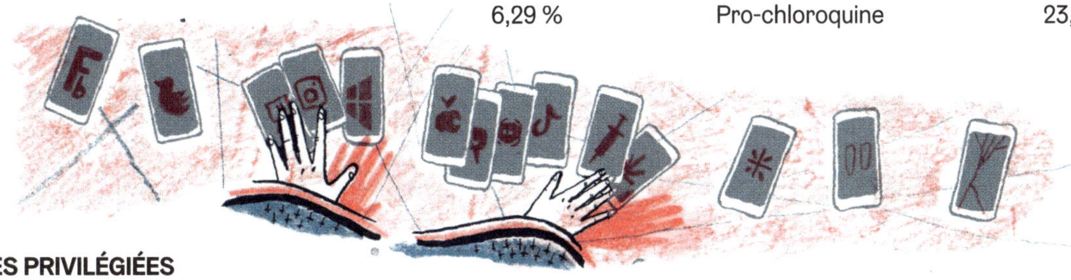

DES CIBLES PRIVILÉGIÉES

Les anti-5G sont très exposés aux discours anti-Big Pharma (quatre fois plus en moyenne que les autres utilisateurs). Les journalistes, véritables relais d'influence, sont également plus exposés : 70,6 % d'entre eux voient sur leur fil Twitter du contenu anti-vaccins à hauteur de 66,9 messages par jour.

Sources – Enquête Ifop pour la Fondation Jean-Jaurès et Conspiracy Watch – 2019 • Ifop, mars 2020 • Sondage OpinionWay pour Le Monde *et le Cevipof – février 2021 • Février 2021 – sondage Odoxa-Backbone Consulting pour* Le Figaro *et France Info • Wellcome Global Monitor 2019 –Gallup • Sondage Odoxa-Backbone Consulting pour* Le Figaro *et France Info • Enquête Ifop pour la Fondation Jean-Jaurès et Conspiracy Watch – 2019 • Enquête Ifop pour la Fondation Jean-Jaurès et Conspiracy Watch – 2019 •* Comment les Français s'informent-ils sur Internet *– Fondation Descartes – 2021 • La Grande Contagion – Lucy, Agence Majorelle, juillet 2020*

ENQUÊTE

À LA RECHERCHE DU PÉRIL *JEUNE*

Dans les Hauts-de-France, à Villeneuve-d'Ascq et Aniche, notre reporter a suivi la mise en place d'ateliers dans les lycées qui visent à prévenir un éventuel basculement dans les théories conspirationnistes. Mais leurs élèves y semblent moins perméables que certains adultes de la région…

TEXTE
ÈVE CHARRIN

ILLUSTRATIONS
GUILLAUME LONG

FACE À LA MONTÉE du complotisme, que faire ? En 2015, après les attentats contre *Charlie Hebdo* et l'Hyper Cacher, la ministre de l'Éducation nationale d'alors, Najat Vallaud-Belkacem, décide de multiplier les séances d'éducation aux médias et à l'information en milieu scolaire. Il s'agit de lutter à la fois contre les « radicalisations » et les « théories conspirationnistes », deux dangers qui n'en font qu'un dans l'esprit des décideurs publics et qui, d'après eux, toucheraient particulièrement les jeunes, influencés par les réseaux sociaux. Même orientation en 2018 quand Édouard Philippe, Premier ministre, présente son « plan national de prévention de la radicalisation » : l'éducation aux médias et à l'information (EMI) doit être systématisée, annonce-t-il, pour permettre aux élèves « de se prémunir, en particulier, contre les théories complotistes ».

Et sur le terrain, comment ça se passe ? Pour le savoir, direction le Nord, où la Ligue de l'enseignement anime des ateliers (qui vont durer plusieurs mois) avec La Friche, stimulant collectif de journalistes. L'idée a été pensée pour séduire les lycéens, indique Xavier Harter, chargé de mission de la Ligue de l'enseignement pour le Nord et le Pas-de-Calais : « Ils vont monter une fausse vidéo complotiste ! »

Pour cette première séance, nous embarquons dans une Peugeot 208 de location floquée du slogan de la Ligue de l'enseignement (« Un avenir par l'éducation populaire »). Au volant, Xavier Harter explique qu'il privilégie « une approche ludique et participative ». Essentiel : « Il ne faut pas dicter aux jeunes ce qu'ils doivent penser, insiste le trentenaire. Une démarche "descendante" les braquerait. À l'inverse, en fabriquant une fausse vidéo complotiste sur un sujet de leur choix, les élèves vont s'approprier les outils. En choisissant les arguments, les cadrages et les voix off, ils apprendront par eux-mêmes à déjouer les pièges des images tronquées et des commentaires biaisés. » Avec Sheerazad Chekaik-Chaila, journaliste correspondante à *Libération* pour les Hauts-de-France et membre de La Friche, nous roulons vers Villeneuve-d'Ascq, à destination du lycée général Raymond-Queneau. « On ne retourne pas un complotiste par la réfutation, abonde la jeune femme. Sans compter qu'en abordant de front les idées conspirationnistes, on risque de les faire connaître à des élèves qui n'en ont pas entendu parler, et de leur donner du crédit. Je préfère apprendre aux jeunes à vérifier leurs sources et à déceler les biais. Ça leur sera toujours utile, qu'il s'agisse d'une vidéo YouTube, d'un reportage sur BFM ou d'un discours institutionnel. » « Développer l'esprit critique » : c'est la mission émancipatrice que s'assignent Xavier et Sheerazad.

Sous un ciel gris, nous arrivons à Villeneuve-d'Ascq, ville nouvelle des années 1970, créée pour établir dans la métropole lilloise zones d'activités et pôles de recherche. Sur le campus universitaire Pont-de-Bois, le lycée Queneau accueille plus de mille élèves issus des classes moyennes et populaires, « avec une bonne ambiance », observe Xavier Harter, familier du lieu. Anne Devos-Jovet, professeure documentaliste, nous mène à la bibliothèque. Exceptionnellement riche, le présentoir réservé à la presse aligne des dizaines de titres, de *L'Obs* au *Betteravier* en passant par le magazine informatique *Hackable*, la revue *Beaux Arts*, *Le Monde*, *Le Monde diplomatique*, *Le Canard enchaîné*, l'hebdo *le 1*... Ici, pas de pénurie d'info de qualité. Quelques élèves révisent en silence dans ce vaste espace, lumineux malgré la grisaille grâce à ses hautes baies vitrées. Complotistes en herbe ? C'est ce que suggère un volumineux *La Théorie du complot pour les nuls* aperçu sur le bureau de la documentaliste. Anne a-t-elle eu vent d'idées conspirationnistes dans l'établissement ? « Non, dit-elle, je ne suis arrivée dans ce lycée qu'à la rentrée, je connais encore mal les élèves. » Tout de même, cette femme chaleureuse sent qu'« ils sont dans le doute ». Je creuse : auparavant, au cours des quelque vingt années passées à enseigner les sciences éco dans de nombreux établissements du Nord, elle a sûrement rencontré des platistes, révisionnistes ou autres égarés ? Anne

réfléchit : « En fait, non, de toute ma carrière, je ne suis jamais tombée sur un gamin qui m'ait tenu des propos complotistes. » Je suis intriguée, où sont donc les jeunes à la dérive ?

Voilà justement seize garçons et filles qui arrivent pour notre atelier, tous délégués des classes de seconde. Pour cette séance introductive, c'est Sheerazad qui dirige les opérations. Très pro, la journaliste retient vite les prénoms et brise la glace. Quelles infos récentes ont marqué ces jeunes ? Je note, à l'affût d'éventuelles *fake news*. Line-Sarah, longs cheveux bruns bouclés, a vu « sur l'Instagram d'Info Roubaix » qu'un séisme de magnitude 6 a eu lieu en Algérie (vérification faite, c'est exact). Jounayd, cheveux clairs en bataille, a lu que « Biden a traité Poutine de tueur ». Sa source ? Les sites du *Monde* et du *Point*. Quoi d'autre ? Lamia a vu sur BFMTV « des manifs contre un prof de Sciences Po Grenoble accusé de racisme ». Inès a repéré « sur un tweet sur TikTok » qu'« Elon Musk a gagné 25 milliards de dollars en 24 heures » (là encore, c'est exact). Quentin a tenté de comprendre le fonctionnement d'une nouvelle cryptomonnaie, il s'est renseigné sur TikTok et sur le site du *Monde* et n'a « toujours pas les idées claires » (moi non plus, c'est terriblement compliqué). Avec à-propos, Jounayd signale que le cours du bitcoin vient de dépasser 50 000 dollars, il a lu « une dépêche AFP sur lemonde.fr ». « L'AFP, c'est l'Agence France-Presse », précise-t-il aimablement. Je commence à douter de pouvoir débusquer la moindre théorie complotiste dans les têtes ébouriffées de ces jeunes, curieux de comprendre le monde étrange dans lequel ils grandissent, adeptes de podcasts, comme Wallid, ou de la BBC, comme Quentin.

JE COMMENCE À DOUTER DE POUVOIR DÉBUSQUER LA MOINDRE THÉORIE COMPLOTISTE DANS LES TÊTES ÉBOURIFFÉES DE CES JEUNES

Le lendemain, autre ambiance. Rendez-vous au lycée professionnel d'Aniche, 10 000 habitants, à une bonne cinquantaine de kilomètres de Lille, dans une zone semi-rurale marquée par le déclin du verre et du charbon. Cap sur le centre de documentation sans prétention où nous attend Stéphane André, en poste dans l'établissement depuis près de vingt ans. Ce prof de lettres et d'histoire-géo explique qu'un jour, pendant le cours de terminale sur la puissance américaine, il a entendu les jeunes

LA SPÉCIALISTE OBSERVE « UN DÉCALAGE ENTRE LA REPRÉSENTATION EN HAUT LIEU D'UN COMPLOTISME ANCRÉ CHEZ LES JEUNES ET LA RÉALITÉ »

affirmer qu'« on n'a pas marché sur la Lune ». « Plaisanterie, provoc ? Difficile à dire. » Et lors du cours de seconde sur les Lumières, le symbole de l'œil omniscient entouré d'un triangle leur a évoqué les Illuminati. Ces jeunes pensent-ils sérieusement qu'une secte bavaroise du XVIIIe siècle dirige le monde ? « Pas forcément, ils en ont juste entendu parler. » Quant au 11 Septembre, certains affirment parfois que « c'est un montage des États-Unis », indique Stéphane, soulagé malgré tout que personne parmi ses élèves n'ait « jamais nié la Shoah ».

Impliqué, le prof a voulu que ses élèves de seconde pro (spécialisés dans le BTP) apprennent à mieux s'informer, eux qui « ne lisent plus la presse » et « vont chercher les infos sur les réseaux sociaux, où ils mélangent les sources sérieuses et les autres ». À côté, Dominique Mercier, le proviseur adjoint, confie pour sa part n'avoir « pas rencontré dans l'établissement de problème particulier de complotisme », mais estime aussi que « l'éducation aux médias est importante face aux réseaux sociaux ». Entrent en désordre une douzaine de garçons. Interrogés, Dimitri, Mohammed, Sullivan, Clément, Kévin et les autres expliquent qu'ils regardent les réseaux sociaux, ou alors la télé « avec les darons ». Bouille ronde, silhouette costaude, Clément reste marqué par la défaite du Barça face au PSG la semaine précédente. La veille, quand le Premier ministre Jean Castex a annoncé le confinement des Hauts-de-France, Mattéo a vu sur TF1 que « les écoles restent ouvertes », il est déçu, il aurait bien pris des vacances. Dimitri croit que « tout le monde devra faire le vaccin, les éboueurs aussi » (*sic*). Complotisme ? À défaut d'autre chose, je note. Un élève lâche sans citer sa source que « certains sites pornos en *streaming* vont fermer ». Nous autres, adultes, dissimulons un sourire face à ce qui semble une élucubration potache. Le lendemain, je lis dans *Libération* que le Conseil supérieur de l'audiovisuel menace de fermer en France les sites pornographiques trop facilement accessibles aux mineurs. Le garçon goguenard était bien informé !

Nouveau péril jeune, le complotisme ? Fluctuant, pas flagrant. Xavier raconte qu'au cours des ateliers d'EMI animés dans la région, il a remarqué quelquefois une « porosité à certaines légendes urbaines ». Il se souvient d'une histoire farfelue de « clowns tueurs » qui avait marqué des collégiens. Mais l'animateur de la Ligue de l'enseignement n'a « jamais » entendu un jeune défendre l'idée que la Terre serait plate ni aucune autre théorie complotiste, « si on entend par là une vision globalisante de l'ordre mondial ». Sheerazad, elle, ne l'a perçu qu'une fois, en 2016, dans une classe de première à Valenciennes : « Un élève m'a dit : "On n'est pas sûr que l'homme ait marché sur la Lune." À sa décharge, nuance la journaliste, leur prof d'histoire-géo les avait fait travailler sur le "faux documentaire" de William Karel, *Opération Lune*, qui joue avec les images. » Même son de cloche avec Caroline Fromont, prof d'histoire-géo au lycée Fernand-Darchicourt, à Hénin-Beaumont et coordinatrice à Lille du Centre de liaison de l'enseignement et des médias d'information (CLEMI) : « Une fois, il y a six ans, dans une classe de seconde générale – avec options latin et classe européenne anglais –, j'ai senti une appétence pour les théories selon lesquelles le 11 Septembre serait une manipulation. » Affolant ? Pas tant que ça, à en croire les pros de l'éducation : « Peut-être que les élèves voulaient juste interrompre le cours, échanger, glisse Caroline Fromont. Et ça n'est arrivé qu'une seule fois », insiste-t-elle. « Les élèves ont entendu parler de théories bizarres, ils s'en amusent », relativise Jean-Christophe Planche, inspecteur chargé de l'éducation aux médias dans l'académie.

À l'heure où nous bouclons ces pages, il est trop tôt pour savoir quel thème les lycéens de Villeneuve-d'Asq et d'Aniche auront choisi pour leur fausse vidéo complotiste. Mais on peut s'amuser de la vraie-fausse vidéo complotiste montée avec astuce, grâce à l'aide de la Fabrique du regard, par une classe de seconde du lycée Madeleine-Vionnet à Bondy, en 2016, pour révéler « la véritable identité des chats ». Des chats extraterrestres ? « Faire circuler une théorie douteuse, ça ne signifie pas qu'on y adhère », confirme de son côté Amandine Kervella, maîtresse de conférences en sciences de l'information à l'École nationale de protection judiciaire de la jeunesse (ENPJJ), à Roubaix. Un jour, assistant à un atelier d'éducation aux médias à Denain, Amandine a certes rencontré « un cas », « un lycéen qui, avant d'attraper le Covid, croyait que ça n'existait pas ». Le plus souvent, comme Xavier et Sheerazad, la spécialiste observe « un décalage entre la représentation en haut lieu d'un complotisme ancré chez les jeunes, la demande institutionnelle de sensibilisation en milieu scolaire… et la réalité ». Pas si tordus, nos ados.

À rebours des clichés, Amandine Kervella a trouvé davantage de complotistes en puissance… parmi les éducateurs qu'elle forme ! « Dans un cadre professionnel, des adultes dotés de diplômes du supérieur se laissent aller à des remarques du type : "C'est très bizarre !" sur des sujets comme les attentats de 2015, le 11 Septembre, plus récemment le virus et les vaccins. » Sidérée, la jeune femme a aussi repéré « des propos clairement conspirationnistes dans [s]on entourage, chez des gens actifs et diplômés ou des retraités cultivés qui échangent dans un cadre privé ou semi-privé, sur Facebook ou WhatsApp ». Comment répondre aux dérives conspirationnistes d'un kiné, d'un graphiste ou d'un éducateur ? À ces adultes enfermés dans leur système interprétatif, pas moyen de proposer (encore moins d'imposer) un atelier d'éducation aux médias… Alors Amandine essaie de recadrer avec tact. « Pas évident », reconnaît-elle. Même problème pour Béatrice Quintin, journaliste à *La Voix du Nord* et référente pour les réseaux sociaux du quotidien régional : « Je vois de plus en plus de commentaires complotistes sur nos pages. » Ces derniers mois, les mesures sanitaires attisent la défiance jusqu'au délire : « Un groupe Facebook nommé "Dunkerque en colère" a prétendu que le couvre-feu ne s'appliquerait pas aux musulmans. » Comment réagir ? Proche de ses lecteurs, la journaliste tient à « éviter le côté "on vous explique la vie" », infantilisant et contre-productif. Supprimer les propos en question ? « Ils ne sont pas illégaux. Et ça peut alimenter la parano. » Traiter le sujet dans le journal ? Peut-être, mais sans faire de pub aux théories douteuses. Pour comprendre, Béatrice est allée à la rencontre de huit lecteurs et lectrices « devenus complotistes depuis l'an dernier », pour qui « le Covid a été inventé pour nous manipuler » : tous des adultes, et pas spécialement jeunes. Ouf, l'avenir reste ouvert. ♦

ÈVE CHARRIN est journaliste. Collaboratrice, entre autres, de *Marianne* et de *XXI*, elle a publié trois livres : *L'Inde à l'assaut du monde* (Grasset, 2007), *La Voiture du peuple et le Sac Vuitton* (Fayard, 2013) et *La Course ou la Ville* (Seuil, 2014), qui s'intéresse à la situation des chauffeurs-livreurs.

GUILLAUME LONG est dessinateur de bande dessinée et illustrateur de presse. Diplômé des Beaux-Arts de Saint-Étienne, il tient depuis 2009 un blog gastronomique pour lemonde.fr, « À boire et à manger », adapté en quatre volumes de BD chez Gallimard, entre 2012 et 2017. L'intégrale de sa série pour la jeunesse *Tétine Man* vient de paraître chez Didier Jeunesse.

VISION D'UNE SOCIOLOGUE

Illustrée par GUILLAUME LONG

« "COMPLOTISTE" TEND À DEVENIR *UNE CATÉGORIE FOURRE-TOUT* »

par CORALIE LE CAROFF

La jeune sociologue spécialiste des médias a travaillé avec des adultes qui fréquentent régulièrement des sites conspirationnistes. Certains ont basculé après des ruptures traumatisantes. Tous cherchent à comprendre le monde et revendiquent une posture critique.

« D'ABORD, il faut savoir de quoi on parle. Le discours complotiste se caractérise par l'explication de phénomènes divers et complexes par une cause unique. Des corrélations factices viennent servir le propos. Une théorie complotiste vise toujours à dénoncer l'action nuisible et intentionnelle d'un petit nombre sur la majorité des gens. Qu'il s'agisse des Juifs, des francs-maçons, des élites politico-financières, le discours conspirationniste prête à la minorité cachée une maîtrise démesurée.

Mais on va dans le mur quand on cherche à cerner les complotistes comme s'ils constituaient un public spécifique. Ce n'est pas le cas. L'approche par la notion de public-cible s'est imposée en 2015 après les attentats contre *Charlie Hebdo*, le Bataclan et l'Hyper Cacher. À partir de ce moment, les propos complotistes montent en puissance sur les réseaux sociaux. Ils existaient déjà, ils rencontrent de plus en plus d'échos. Apparaît alors dans l'espace médiatique et académique un discours *sur* le complotisme, assimilé à la radicalisation islamiste. Pour caractériser les complotistes, les chercheurs et commentateurs suivent deux pistes. D'après la piste psychologique, le public-cible serait en proie à des frustrations et à des tendances paranoïaques. Il existe aussi une lecture sociale du phénomène, selon laquelle le complotisme toucherait surtout les jeunes issus des classes populaires, vus comme peu armés culturellement et par conséquent dépourvus d'esprit critique. Ensuite, en partie sous l'effet des neurosciences qui révèlent nos biais cognitifs, le stéréotype a évolué. Une enquête quantitative menée en 2018 par l'Ifop pour la Fondation Jean-Jaurès et Conspiracy Watch, révèle que près de huit Français sur dix (78 %) seraient susceptibles d'adhérer à ces idées. Ça fait du monde et ça paraît très inquiétant. Mais il faut relativiser : cette enquête amalgamait onze théories du complot idéologiquement disparates, par exemple sur les vaccins, sur l'assassinat de Kennedy ou sur le « grand remplacement ». Aujourd'hui, « complotiste » tend à devenir une catégorie fourre-tout, stigmatisante et sans nuances. Prêter l'oreille à une théorie ne revient pas à y croire dur comme fer. Et tout le monde n'adhère pas à n'importe quel propos complotiste. Pour comprendre les logiques à l'œuvre et distinguer les différents degrés d'adhésion, il faut enquêter sur le terrain. C'est-à-dire rencontrer les intéressés en face-à-face. Avec l'essayiste Mathieu Foulot, qui avait déjà exploré la question[2], je me suis immergée dans les pages Facebook de trois

1. Coralie Le Caroff et Mathieu Foulot, « L'adhésion au "complotisme" saisie à partir du commentaire sur Facebook », *Questions de communication*, nº 35, Presses universitaires de Lorraine, 2019.

LE BASCULEMENT DANS LE COMPLOTISME S'EXPLIQUE PAR L'HISTOIRE PERSONNELLE DE CHACUN. LE TERREAU FAMILIAL EST PARFOIS PROPICE

médias susceptibles de favoriser les idées complotistes : Égalité et Réconciliation, le site créé par l'essayiste d'extrême droite Alain Soral ; Réseau international, un site d'apparence très respectable pour passionnés de géopolitique ; et RT France, le site français de Russia Today. À force de suivre de longs fils de commentaires, souvent antisémites, nous avons repéré 200 commentateurs réguliers de ces pages et demandé à les voir. Quinze ont accepté. C'est un petit échantillon, mais riche d'enseignements.

Ainsi, nous avons découvert que les jeunes n'adhèrent pas plus que la moyenne aux théories conspirationnistes. L'âge n'est pas un critère : nos enquêtés ont entre 18 et 57 ans. Le niveau d'études non plus : tous ont au moins le bac, la plupart sont diplômés de l'enseignement supérieur. Tous des hommes, sans doute parce que les sites géopolitiques que nous avons choisis attirent davantage ces derniers (les femmes entrent plutôt dans le complotisme en s'intéressant aux médecines alternatives, par exemple). Nous avons rencontré un technicien expatrié en Arabie saoudite, qui gagnait bien sa vie, et un professeur d'histoire-géographie de l'Éducation nationale, bac + 4. Autour de moi, j'entends aussi des gens des catégories socioprofessionnelles supérieures qui croient au « Great Reset », théorie selon laquelle la pandémie aurait été délibérément provoquée par une élite dirigeante pour instaurer une dictature sanitaire.

En réalité, le basculement dans le complotisme s'explique davantage par l'histoire personnelle de chacun. Le terreau familial est parfois propice. Par exemple, Pascal, la cinquantaine, agriculteur, bac + 4, nous raconte que sa mère s'est engagée il y a quarante ans dans un antispécisme radical. Elle juge les humains nuisibles et regrette d'avoir eu des enfants. Ce terrain a favorisé, nous dit Pascal, une « quête d'alternatives ». Adepte de Réseau international, il adhère à des théories complotistes très précises sur l'énergie et parle beaucoup du groupe de Bilderberg, ce rassemblement annuel de diplomates et de banquiers qu'il rend responsables de la guerre en Irak. Cet homme n'est ni instable psychologiquement ni même accro aux réseaux sociaux.

Par ailleurs, certains événements traumatisants peuvent favoriser un basculement. Parmi les hommes avec qui nous avons été en relation, Nicolas, bac + 3, 38 ans, évoque un « complot américano-sioniste ». Ancien sportif de haut niveau, il a dû se retirer après un accident. Jérémie, bachelier, 25 ans, nie les chambres à gaz. Il a subi une séparation qui l'a déstabilisé. Au moment de la rupture (sportive, amoureuse), les deux hommes sont déprimés, ils restent chez eux et passent du temps sur Internet. Ils découvrent Alain Soral, qui donne des entretiens sur son site Égalité et Réconciliation. Nicolas et Jérémie disent apprécier cette figure forte, virile. Surtout, ils trouvent le discours de Soral stimulant parce qu'il valorise l'intellect et donne envie d'approfondir, en se procurant par exemple les livres qu'il publie dans sa maison d'édition, Kontre Kulture.

On croit souvent que les complotistes s'enferment dans leur « bulle », qu'ils vont chercher sur les réseaux sociaux uniquement les informations qui confortent leur vision du monde. Mais non : les hommes à qui nous avons parlé regardent au moins les informations télévisées. L'un d'eux, serveur, lit régulièrement *Le Parisien* et les éditos de *Libération*. Un autre croit aux théories de Thierry Meyssan sur « l'effroyable imposture » du 11 Septembre, mais lit *Le Canard enchaîné* et écoute la matinale de France Inter. Ils veulent entendre « plusieurs

sons de cloche ». C'est pourquoi ils valorisent Internet comme espace de liberté et critiquent les médias traditionnels, surtout les chaînes d'information en continu, qu'ils jugent simplificatrices et souvent mensongères. Ils disent : « J'ai besoin de comprendre les choses en profondeur » et : « Ce sont toujours les mêmes qui parlent. » Pris entre les exigences de l'information et celles de l'audience, les médias de masse peinent en effet à rendre compte de la complexité du monde et n'aident pas à penser de véritables alternatives. La défiance qu'ils suscitent repose sur un dysfonctionnement réel.

De fait, les hommes interrogés revendiquent une posture critique, un doute méthodique, une capacité à s'informer par eux-mêmes en croisant les sources, y compris *Le Monde* et France Inter. Ils cherchent à comprendre le monde, se questionnent sur la fabrique de l'information et sur le pouvoir des élites – ce qui, en soi, est absolument légitime et nécessaire ! Bien sûr, ce serait rassurant de penser que les complotistes sont des gens tout à fait différents de nous, délirants, irrationnels, prêts à croire que les reptiliens dirigent la planète... En réalité, les gens basculent dans le complotisme justement parce qu'ils ont besoin d'une pensée critique, mais ils finissent par attribuer aux événements du monde une causalité unique – c'est-à-dire une élite fantasmée comme homogène, organisée, toute-puissante. Ainsi, les lobbies pharmaceutiques sont vus comme responsables de la pandémie de Covid. C'est vrai qu'ils existent et qu'ils ont du pouvoir, mais ils ne sont pas tout-puissants. Se croyant lucides, les adeptes du « Great Reset » se fourvoient. Ils passent à côté des causes structurelles de la pandémie, qui mériteraient vraiment d'être combattues : la mondialisation à outrance, la surexploitation des ressources naturelles, la surconsommation. Quel dommage ! ♦

Propos recueillis par Ève Charrin

CORALIE LE CAROFF est maîtresse de conférences en sciences de l'information et de la communication à l'Université de Paris. Elle a soutenu en 2015 une thèse intitulée *Les Usages sociopolitiques de l'actualité en ligne. S'informer, partager et commenter sur Facebook* à l'université Paris-II Panthéon-Assas.

LA FRANCE À LA CARTE
par HERVÉ LE BRAS
Illustrée par MATHILDE BÉDOUET

DES GRANDES PEURS

AUX THÉORIES DU COMPLOT

Quelques épisodes historiques permettent d'esquisser une géographie du complotisme. Des chasses aux sorcières du XVIe siècle aux refus récents de la vaccination, en passant par l'affaire Dreyfus, voici les premiers jalons d'un phénomène encore difficile à cartographier.

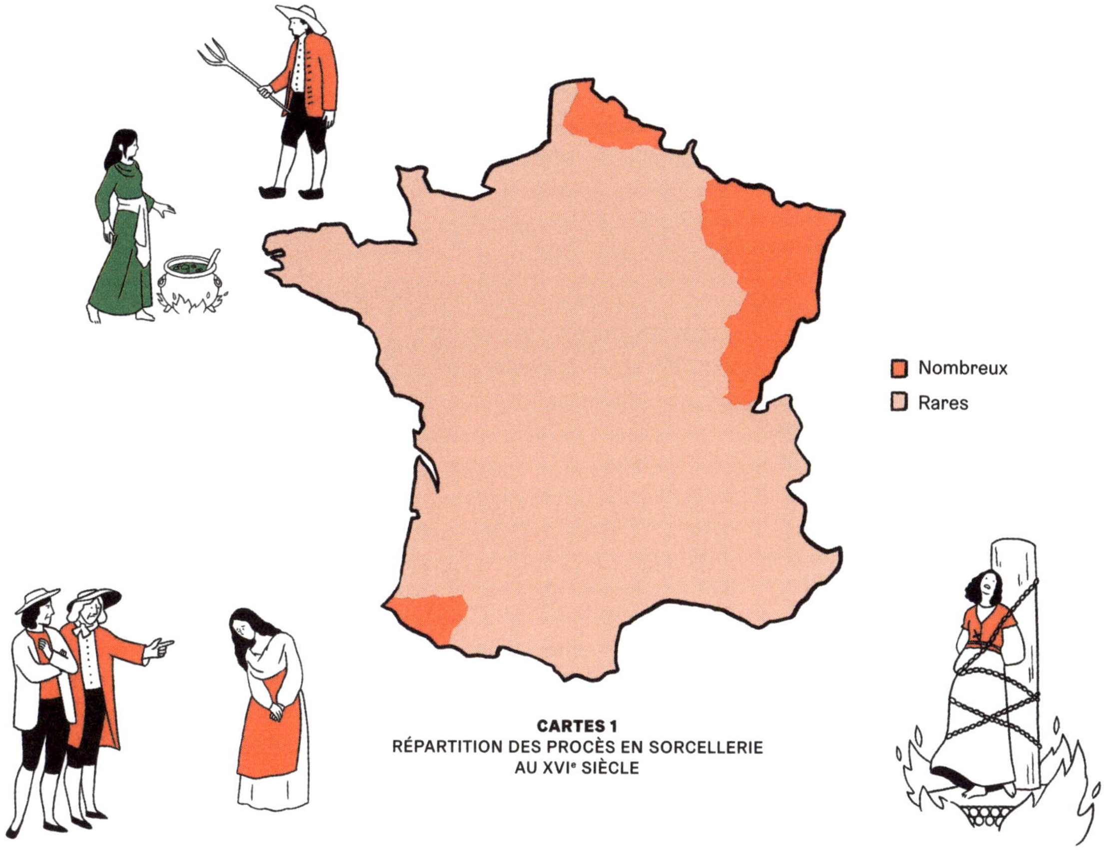

CARTES 1
RÉPARTITION DES PROCÈS EN SORCELLERIE AU XVIe SIÈCLE

IL EST FAUX de qualifier d'irrationnelles les théories du complot. Elles font au contraire partie des « infortunes de la raison », pour reprendre le titre d'un livre d'André Régnier. Elles découlent du refus d'accepter la complexité du monde, et proposent donc des explications en général simplistes mais argumentées, dont le principal défaut est de ne s'appuyer sur aucun fait ou sur des faits mineurs et parcellaires, sur ce qu'on entend par le mot « indice ». Elles se développent dès lors que la complexité du monde s'accroît et que les schémas explicatifs habituels perdent de leur valeur, donc à l'occasion des grands changements tels que la Renaissance, la Révolution, la récente mondialisation.
Elles profitent aussi du déclin des religions en offrant une alternative à leurs explications.

Il semble facile de dessiner la géographie du complotisme à différentes époques, puisqu'elle devrait suivre celle des changements les plus brutaux et celle des plus importants reculs de la religion. Malheureusement, autant les travaux conceptuels sur les fantasmes de complot ou de conspiration sont nombreux, autant l'étude de leur diffusion géographique parmi la population est rare. Prenons un exemple de cette difficulté : au moment de la Grande Peste de 1347, dont la trajectoire en France est assez bien connue, les Juifs, accusés de l'avoir propagée, furent pourchassés et environ deux milles d'entre eux périrent sur des bûchers à Strasbourg, mais on ne dispose pas de données suffisantes pour comparer ces persécutions à la présence et à l'intensité de l'épidémie. De temps à autre, cependant, une possibilité de cartographier le complotisme, donc d'en percer la logique spatiale, se présente fortuitement. Nous allons en examiner quelques-unes.

La plus ancienne remonte à la Renaissance et au début de l'Âge classique, avec la persécution dirigée contre les sorcières accusées de satanisme, à une époque où l'opposition entre les protestants et la Contre-Réforme battait son plein. Les principaux lieux où les sorcières furent brûlées sont assez bien connus. En France, leur extension s'est limitée à la Franche-Comté, à l'Alsace, à la Lorraine, à l'Artois, aux Flandres et au Béarn (*carte 1*).

Toutes ces régions correspondent à la généralisation des procès en sorcellerie de la Contre-Réforme dans le Saint-Empire romain germanique, auquel appartenaient les provinces de l'Est, et à la zone sous l'autorité de l'inquisition espagnole, qui débordait des Pyrénées et s'étendait aux possessions des Pays-Bas.

L'épisode suivant a eu lieu au début de la Révolution. À la fin du mois de juillet 1789, une « Grande Peur » s'est emparée des populations rurales. L'historien Georges Lefebvre en a méticuleusement suivi le déroulement, qu'il a cartographié (*carte 2*). En contrecoup de la prise de la Bastille, les villageois ont craint des représailles nobiliaires appuyées par des étrangers – Piémontais, Espagnols, Anglais notamment. Ils se sont armés pour se défendre, provoquant la peur de leurs voisins qui s'armèrent à leur tour, brûlèrent éventuellement quelques châteaux et attaquèrent quelques villes. Lefebvre a calculé que la rumeur complotiste avait progressé à la vitesse moyenne de 4 kilomètres par heure. Ses trajectoires demeurent mystérieuses, car elles ne suivent ni le relief ni les voies de communication. Une étude précise dans le Dauphiné a montré que la rumeur se propageait de foire en foire, plus que par des relations de proche voisinage.

À la suite de la Révolution, les récits complotistes ont fleuri, comme celui de l'abbé Augustin Barruel dans ses *Mémoires pour servir à l'histoire du jacobinisme*, qui attribuaient la chute de la monarchie à un complot des francs-maçons contre la religion catholique et la Couronne. Il est malheureusement impossible de connaître la géographie de ces théories complotistes, qui n'ont vraisemblablement pas suscité un grand écho au sein de la masse de la population.

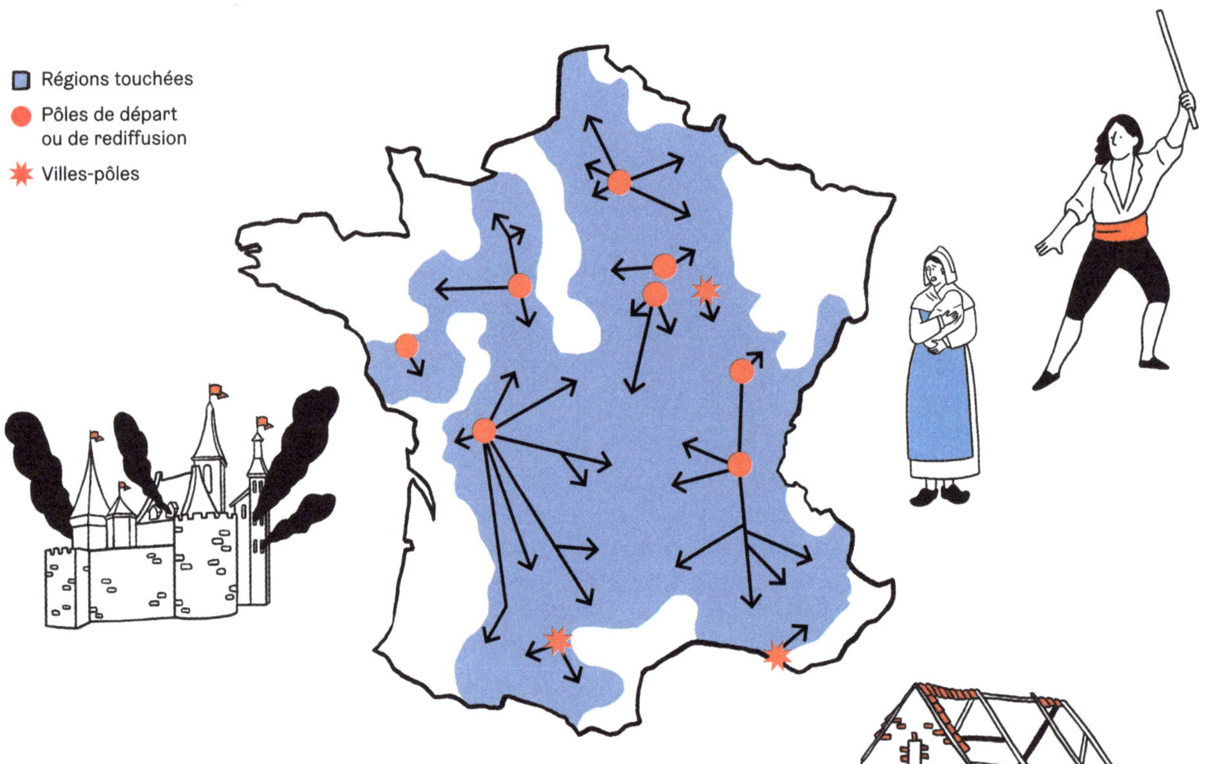

CARTES 2
LES TERRITOIRES AFFECTÉS
PAR LA GRANDE PEUR DE JUILLET 1789

Un siècle plus tard, l'un des plus importants événements propices au complotisme a été l'affaire Dreyfus. Nourrie par l'antisémitisme, cette dénonciation mensongère d'une trahison ne se fondait pas sur une rumeur, mais sur un faux, le fameux bordereau. Une mesure indirecte de l'antidreyfusisme a été fournie par la subvention à la famille de l'auteur de ce faux, un militaire qui s'était suicidé. Le journal antisémite *La Libre Parole* avait organisé une collecte « pour la veuve et l'orphelin du colonel Henry contre le Juif Salomon Reinach ». Les adresses de 12 000 souscripteurs ont permis à l'historien anglais Stephen Wilson d'en calculer la fréquence par département. La carte 3 fait penser à un patchwork, mais deux concentrations méritent l'attention : à l'Est, où les Juifs étaient le plus présents, et en Provence, où Reinach et Clemenceau – à l'avant-garde des dreyfusards – étaient respectivement députés de Digne et du Var. L'affaire n'a pas provoqué l'antisémitisme, elle en a révélé l'ampleur.

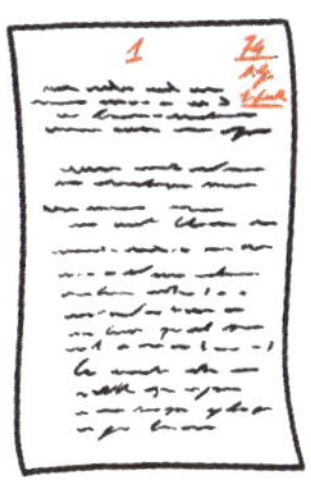

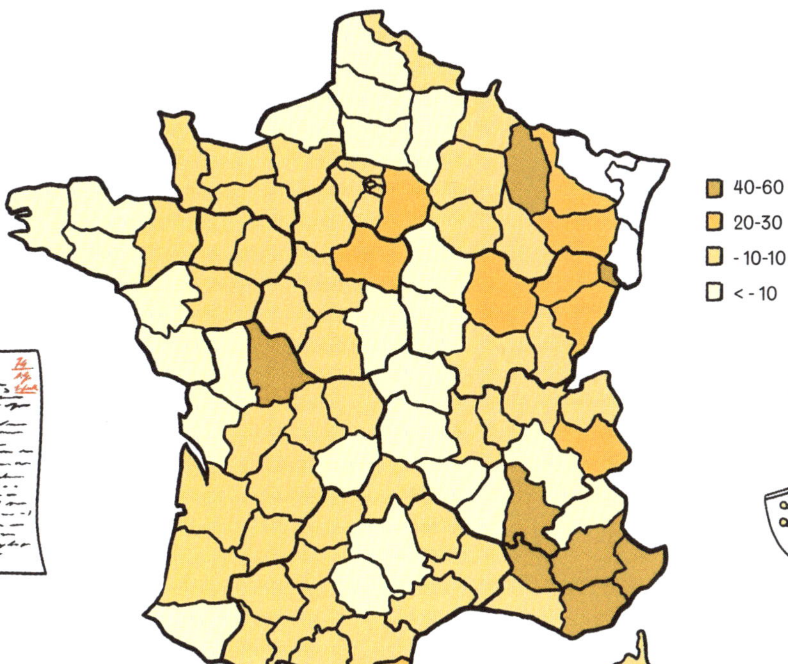

CARTES 3
TAUX DE SOUSCRIPTION À LA COLLECTE DE FONDS EN FAVEUR DE LA FAMILLE DU COLONEL HENRY

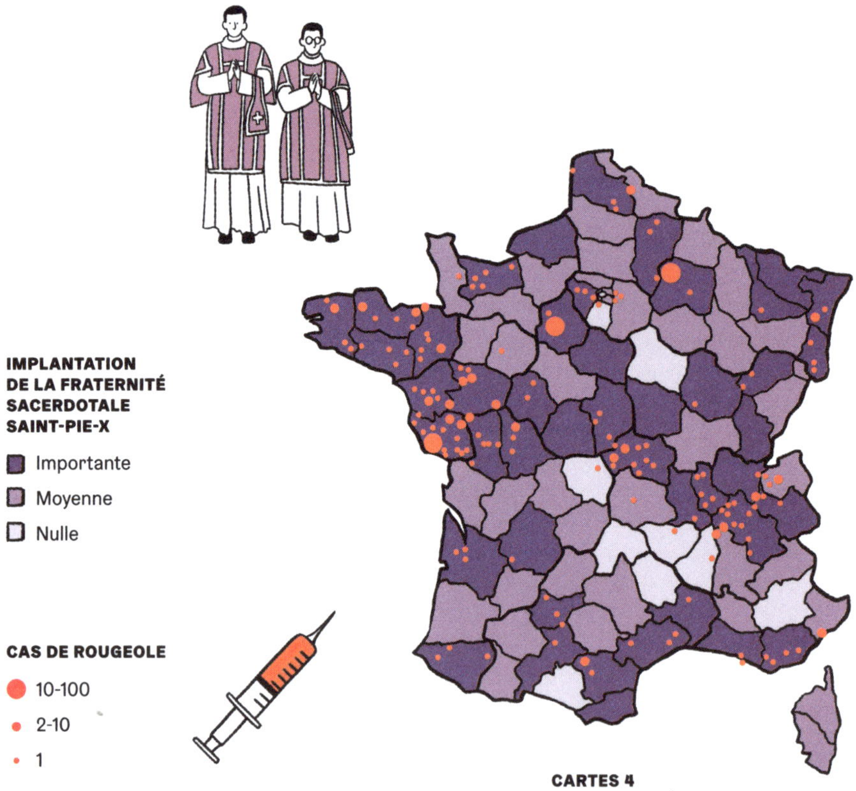

CARTES 4
CAS DE ROUGEOLE ET PRÉSENCE
DE LA FRATERNITÉ SACERDOTALE SAINT-PIE-X

Aujourd'hui, le complotisme affectionne la question de la vaccination, derrière laquelle il imagine tantôt les manœuvres intéressées de firmes pharmaceutiques, tantôt celles de gouvernements minimisant les risques. On ne dispose pas d'une cartographie du refus de la vaccination contre le Covid-19, mais la thèse de doctorat de Lucie Guimier sur l'incidence de la rougeole en France permet de la mettre en relation avec la présence de la Fraternité sacerdotale Saint-Pie-X, une société de prêtres catholiques intégristes qui s'oppose à la vaccination. Lorsqu'on superpose la position précise des cas de rougeole à une estimation de la présence de celle-ci (*carte 4*), on constate que les deux distributions se recouvrent presque exactement. Fondées sur des constructions fictives, des billevesées, les théories du complot aboutissent à des résultats concrets – ici la rougeole –, et parfois abominables – comme les persécutions orchestrées par Hitler, fanatique du *Protocole des Sages de Sion*, un faux avéré.

Tout récemment, l'ONG Conspiracy Watch a réalisé avec l'Ifop une enquête d'opinion fouillée sur le complotisme, malheureusement sans précision géographique. Pour la plupart des théories testées, le plus large éventail de variation des réponses dépend de l'appartenance politique de l'interviewé, définie par son choix au premier tour de l'élection présidentielle de 2017. Connaissant localement le pourcentage de voix obtenues par chaque candidat, en combinant celui-ci à la proportion d'adeptes du complotisme parmi leurs électeurs, on peut déduire un pourcentage global d'adhésion à chaque théorie dans chaque département.

Deux exemples sont ici représentés : la proportion de ceux qui doutent ou nient que le

DEUX THÉORIES DU COMPLOT

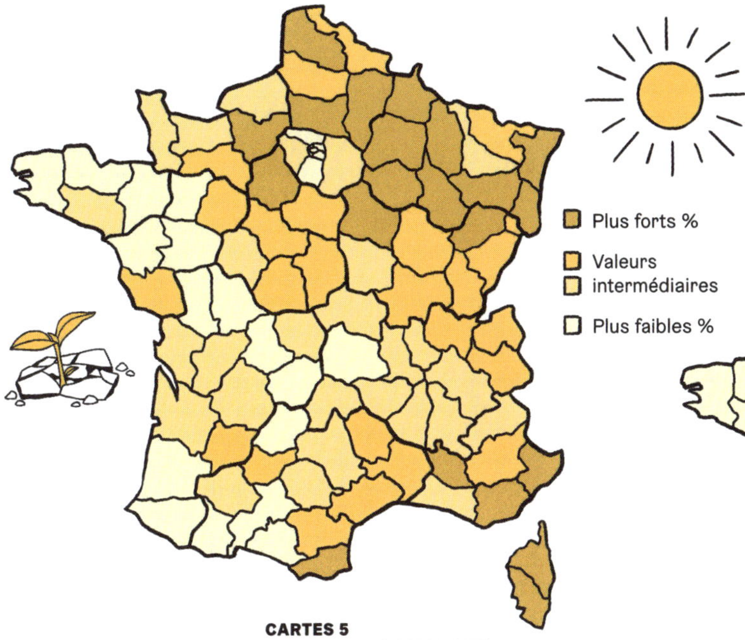

CARTES 5
POURCENTAGE DE PERSONNES CERTAINES QUE LE RÉCHAUFFEMENT CLIMATIQUE N'EST PAS SEULEMENT OU PAS DU TOUT D'ORIGINE HUMAINE

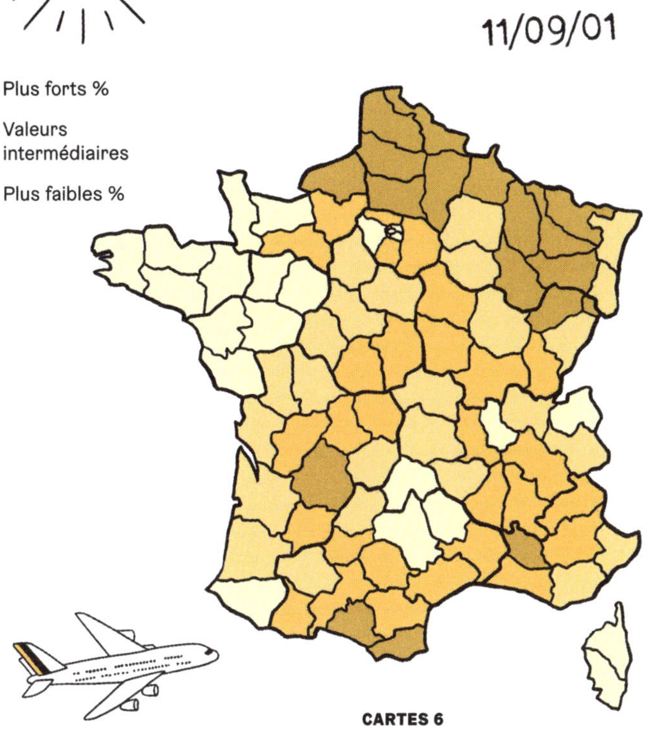

CARTES 6
POURCENTAGE DE PERSONNES PENSANT QUE LE GOUVERNEMENT AMÉRICAIN A FOMENTÉ LES ATTENTATS DU 11 SEPTEMBRE 2001

réchauffement climatique soit causé par l'homme et la proportion de ceux qui pensent que l'attentat du 11 septembre 2001 a été organisé par le gouvernement américain. La première carte (*carte 5*) ressemble nettement à celle des plus forts votes en faveur de Marine Le Pen dont les partisans sont effectivement de loin les plus climatosceptiques ; la seconde (*carte 6*) est un mélange de partisans de Le Pen et de Mélenchon, dont les électeurs sont beaucoup plus enclins au complotisme sur ce sujet que ceux des autres candidats. Sur la carte 6, on remarque que les régions les moins crédules correspondent à celles où le catholicisme reste le plus pratiqué : en dehors des courants extrémistes, en religion comme en politique, le complotisme fait moins recette. ♦

HERVÉ LE BRAS est directeur d'études émérite à l'Institut national d'études démographiques (Ined) et directeur de recherche à l'École des hautes études en sciences sociales (EHESS). Il a longtemps été membre du conseil scientifique de la Datar et a coécrit avec Emmanuel Todd *L'Invention de la France* (Gallimard, 2012) et *Le Mystère français* (Seuil, 2013). Son dernier ouvrage, *Serons-nous submergés ? Épidémie, migration, remplacement* a paru en 2020 aux éditions de l'Aube.

MATHILDE BÉDOUET est illustratrice et réalisatrice. Diplômée des Arts décoratifs de Paris en cinéma d'animation, elle vit et travaille à Paris. Après trois ans en agence de communication, elle réalise des clips numériques en rotoscopie et en 2D. Elle collabore avec *le 1* et *Vanity Fair*.

RÉCIT

LES CHANTRES DU « GRAND REMPLACEMENT »

par GAËLLE CARADEC

Ils sont convaincus que le peuple français est en train de disparaître, bientôt supplanté par les immigrés. Réunis sous l'égide de l'écrivain d'extrême droite Renaud Camus, ils recrutent dans le camp ultranationaliste.

L'ÉCRIVAIN RENAUD CAMUS vit dans un château fort du Moyen Âge. Au milieu de champs au silence ensoleillé, il a choisi son paysage : la noblesse, l'isolement et le terroir. Sa tour domine Plieux, bourg gersois de 140 âmes. Installé à une table de sa bibliothèque, il énonce d'une voix tranquille des propos guerriers. Dans son recueil *Le Grand Remplacement*, publié chez l'auteur en 2011[1], il dénonçait déjà une « invasion ». Selon lui, les immigrés et leurs descendants remplacent le peuple français. Dans les années 1990, il fut saisi d'un choc : « Je voyais dans des villages très anciens de l'Hérault un changement spectaculaire de population [...]. Je parle toujours de l'apparition d'une femme voilée à une fenêtre gothique, explique-t-il en ponctuant ses phrases de légers rires. » L'auteur invalide par avance toute contradiction en se plaçant sur le terrain de l'évidence. Dans sa veste en velours côtelé, les mains croisées, Renaud Camus raconte son engagement : « Je n'ai pas de pente naturelle à m'occuper de politique, mais j'en ai été presque contraint par le fait qu'il me semblait observer un phénomène colossal [...], sur lequel est apparu très vite que tout le monde mentait, dans des intérêts que je ne comprenais pas. »

Il a bien manifesté en Mai 68 pour la libération sexuelle, assumant son homosexualité, et s'est engagé ensuite quelques années au Parti socialiste. Aujourd'hui, il perçoit un mensonge généralisé dans lequel ses concitoyens seraient englués. Lui ne serait pas dupe : « Je ne sais pas comment moi et quelques autres, malgré tout, pouvons n'avoir pas été soumis à ce que j'appelle l'hébétude qui empêche de voir. »

Il se donne pour mission la défense de la vérité et son partage. Cette quête passe par la publication d'une abondance de livres, mais aussi de tweets dont il fait des livres. Suivant son arborescence conceptuelle, l'« invasion » servirait le « remplacisme global » mené par la « Davocratie[1] » – somme de volontés politico-économiques diffuses qui transformeraient chacun d'entre nous en une « matière humaine indifférenciée ». Renaud Camus désire se différencier, être irremplaçable et tout comprendre. « Ma relation au politique est obstinément littéraire, d'où sans doute ma totale impuissance », dit-il en riant de lui-même.

Le parti de l'In-nocence, qu'il a fondé en 2002, compte cinq membres. Il tente de se présenter aux élections présidentielles de 2012 et aux élections européennes de 2014. Sans succès. En 2017, il cofonde le Conseil national de la résistance européenne (CNRE), nommé ainsi en clin d'œil – ou en trompe-l'œil – au conseil mené par Jean Moulin lors de la Seconde Guerre mondiale. En 2019, il retire sa liste des élections européennes après que la numéro 2 a publié une photo d'elle, agenouillée devant une croix gammée, sur Twitter. Il condamne ce geste, et plus généralement le « racisme patent » et la violence. « Il serait quand même assez paradoxal que la violence puisse être issue d'une œuvre qui la condamne à chaque page. En revanche, je conçois que mes réflexions puissent entraîner un sentiment et une volonté de révolte, et même, en allant

1. Allusion au Forum économique mondial de Davos.

Page d'ouverture, de gauche à droite, et de haut en bas :

Renaud Camus dans son château de Plieux, en 2019.
© ULRICH LEBEUF / MYOP

Marine Le Pen et le président exécutif du SIEL Karim Ouchikh, à Paris en 2014.
© MARLENE AWAAD / IP3

L'écrivain Dominique Venner, en 2003.
© LOUIS MONIER / BRIDGEMAN IMAGES

Une banderole déployée place de la République par des militants de Génération identitaire lors de la manifestation contre le racisme et les violences policières à Paris, en juin 2020.
© NICOLAS MESSYASZ / HANS LUCAS

2. Geneviève Ruelle ne souhaite pas féminiser ses titres.

3. Actif à partir de 1969, ce mouvement sera dissous en 1973.

4. « Il faut stopper l'ensauvagement d'une partie de la société », *Le Figaro*, juillet 2020.

5. Dans son essai *Refaire un peuple*, paru en mars 2021.

tout à fait à l'extrême, une guerre », dit-il, dissociant la guerre de la violence. Étudiant jusqu'à ses 27 ans, il n'a pas fait de service militaire, mais il se rêve résistant, armé d'idées. Poursuivi en justice à plusieurs reprises et condamné en 2015 pour provocation à la haine raciale, il s'estime incompris.

Résistant, il a besoin de compagnons de lutte. Le CNRE rassemble vingt-huit présidents de mouvements, par ailleurs anciens militaires, YouTubeurs ou élus européens. Son cofondateur, Karim Ouchikh, avocat de 56 ans, emmène le parti Souveraineté, identité et liberté. Élu régional sur une liste du Front national en 2015, il est né en banlieue parisienne, de parents immigrés algériens. « Le nombre de familles immigrées restait négligeable. L'intégration se faisait spontanément et les traditions d'origine étaient entretenues discrètement, au sein des foyers uniquement, jamais sur la voie publique », raconte-t-il. Pour lui, un point d'équilibre doit être trouvé en hiérarchisant les cultures, que ce soit à une échelle individuelle ou nationale : « Je me sens, dans l'ordre : français, européen et kabyle. Mais je suis français avant tout », liste-t-il. La culture chrétienne nationale devrait, selon lui, avoir la primauté sur les autres : « Je ne brandis jamais ma foi comme un étendard et je respecte profondément les autres convictions religieuses ou l'athéisme de chacun. Ce que je défends, politiquement, c'est le fait culturel chrétien qui existe en France », affirme ce catholique pratiquant.

« JE SUIS, DANS L'ORDRE : FRANÇAIS, EUROPÉEN ET KABYLE. MAIS JE SUIS FRANÇAIS AVANT TOUT »

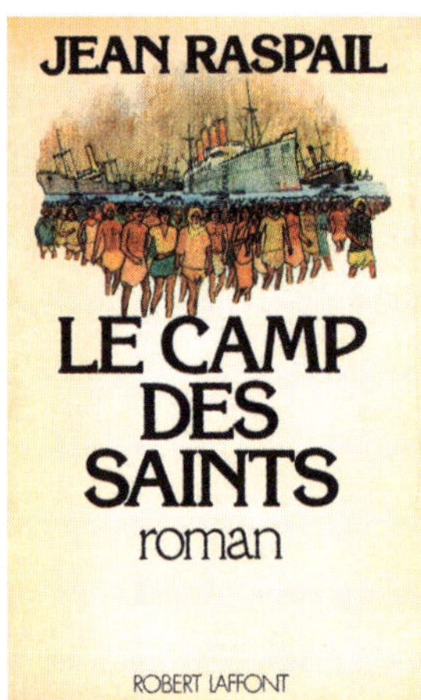

Ci-dessus, à gauche : Tome 1 de *L'Invasion noire*, publié en 1984 par Émile Driant sous le pseudonyme de Capitaine Danrit. Édition de 1913, illustrée par Paul de Sémant. © DR
À droite : Le Camp des Saints de Jean Raspail, Robert Laffont, 1973. © DR

Le secrétaire général du CNRE, Geneviève Ruelle[2], n'est pas croyante, mais elle porte de nouveau une croix autour du cou en réaction au terrorisme islamiste. Âgée de 71 ans, cadre financier à la retraite, elle regrette le « vent de liberté » des années 1970 et ses voyages en stop d'alors. « Maintenant, ce n'est plus possible, ils s'en prennent même aux personnes âgées », affirme-t-elle. À la suite de problèmes personnels, elle a vécu dans un quartier pauvre de Neuilly-sur-Marne, en Seine-Saint-Denis, où elle était voisine d'immigrés algériens. Quand Renaud Camus l'a contactée sur Twitter, elle a ressenti un soulagement : « Enfin, j'avais trouvé quelqu'un qui pensait comme moi. » Elle suit aussi attentivement l'éditorialiste Éric Zemmour. L'essai de ce dernier, *Le Suicide français*, rappelle d'ailleurs par son titre le texte de Renaud Camus, *France : Suicide d'une nation*.

Le désastre du « remplacisme global » serait « quelque chose de plus sinistre que la mort », expose Renaud Camus. Il place une once d'espoir dans la résurrection possible de la nation. D'autres avant lui ont attendu cette palingénésie. *Le Grand Remplacement* est notamment dédié à l'écrivain Jean Raspail. Installé dans une villa sur la Côte d'Azur, cet explorateur et royaliste français s'était fait peur en inventant l'invasion d'un million d'Indiens, dans le roman *Le Camp des Saints*, publié en 1973. Ce type d'invasion fictive était déjà populaire au XIXe siècle. Le lieutenant-colonel Émile Driant, mort en héros de guerre à Verdun, avait ainsi écrit *L'Invasion noire* en 1894, puis *L'Invasion jaune* en 1904.

Au-delà des thèmes de l'apocalypse et du salut, celui de l'illusion générale n'est pas non plus nouveau. En 1964, le nationaliste Dominique Venner, dans le manifeste *Pour une critique positive*, estimait que les régimes libéraux enfermaient les citoyens dans un « rêve permanent ». Qu'ils les transformaient en « moutons dociles ». Le mouton est l'animal phare du bestiaire complotiste, car il distingue le locuteur d'une masse idiote. Le manifeste de Dominique Venner influence le mouvement politique Ordre nouveau[3], qui participe en 1972 à la naissance du Front national. En 2013, à 78 ans, Dominique Venner se suicide devant l'autel de la cathédrale Notre-Dame de Paris. Il laisse une lettre dans laquelle il déplore le « remplacement de population ». Marine Le Pen, alors présidente du Front national, publie sur Twitter : « Tout notre respect à Dominique Venner, dont le dernier geste, éminemment politique, aura été de tenter de réveiller le peuple de France. » À la mort de Jean Raspail, en juin 2020, elle invite à relire *Le Camp des Saints*. Familière de ce corpus, elle en propage les motifs, comme celui de l'« ensauvagement ». En juillet 2020, le ministre de l'Intérieur Gérald Darmanin emploie à son tour ce terme dans une interview au *Figaro*[4].

Deux siècles après sa parution en 1897, le roman *Les Déracinés* de Maurice Barrès a fourni, par son titre, un refrain à la galaxie idéologique du « grand remplacement ». Âgé de 33 ans et cofondateur de Génération identitaire, Julien Langella dénonce ainsi un « grand déracinement[5] ». La répétition obsessionnelle de l'adjectif grossit l'objet de la lutte et l'importance de son combattant. Malgré des arguments centenaires, le combat contre un « grand remplacement » séduit les nouvelles générations parce qu'il leur propose une épopée. Assoiffés de sens, ces militants se débattent sur les réseaux sociaux, terrain d'exclusions réciproques et d'expression de leur rêve nationaliste. Les plus jeunes comme les plus âgés utilisent les services des GAFA, même s'ils les fustigent. « C'est ce que j'appelle "chevaucher le dragon" », justifie Renaud Camus.

L'« influenceuse patriotique » Estelle Redpill, qui compte jusqu'à 119 000 abonnés sur TikTok[6], évoque régulièrement le « grand remplacement ». Elle se donne pour mission, dans une vidéo, « de poster le plus régulièrement possible pour que les gens ne se sentent plus seuls. [...] Je pense qu'il y a énormément de jeunes qui se sentent représentés par moi[7]. » En mars dernier, Renaud Camus l'accueille au château de Plieux pour son anniversaire. Ils sablent le champagne. Elle publie une photo sur ses réseaux : « Mes 25 ans avec le grand Renaud Camus, un grand rêve. »

6. Son compte était devenu introuvable le 20 mars 2021.

7. Interview donnée à la chaîne YouTube de Grégory Roose, qui « dialogue avec un opposant à la pensée dominante chaque vendredi ». Roose est chroniqueur pour *Valeurs actuelles* et Boulevard Voltaire, et également membre du CNRE.

GAËLLE CARADEC est journaliste indépendante. Après une expérience dans un mensuel francophone en Thaïlande, elle rentre en France à l'automne 2018. Elle écrit pour *Les Échos*, *Têtu*, *Le Quotidien du médecin*... Diplômée de l'université Paris-Dauphine en sciences sociales et de l'Institut pratique du journalisme, elle a aussi étudié à la Ryerson University à Toronto.

« IL FAUT LIMITER L'EXPOSITION AUX MESSAGES COMPLOTISTES »

Entretien avec **TRISTAN MENDÈS FRANCE**
Illustration de **MATTHIAS LEHMANN**

Ce spécialiste du numérique, qui collabore à l'observatoire Conspiracy Watch, souligne l'important déploiement des théories complotistes en ligne, qui portent atteinte à la cohésion sociale.

ZADIG *Pourquoi lutter contre les théories du complot, alors que certaines semblent ne pas porter à conséquence ?*

T.M.F. Toutes les théories complotistes sont potentiellement dangereuses, même celles qui semblent les plus farfelues ou les plus loufoques. D'abord parce que le complotisme attaque le tissu même des démocraties. Il déstructure presque le lien social, en cassant le consensus qu'il peut y avoir autour de faits. Lorsqu'il y a vote, il faut que les citoyens puissent fonder leur opinion sur des faits sur lesquels tout le monde s'accorde. Sans narratif commun, on ne peut plus faire société, ou cela devient compliqué. Les théories complotistes segmentent la société. Par ailleurs, ces théories loufoques ouvrent souvent la porte à d'autres théories, beaucoup plus toxiques. Par exemple, si on pense que les Égyptiens ont utilisé des technologies extraterrestres pour bâtir les pyramides, cela signifie qu'on nous a menti à l'école. Par conséquent, le ministère de l'Éducation aurait couvert ce mensonge, et donc le gouvernement, et donc le chef de l'État... Et ce, dans tous les pays de la planète : au bout du raisonnement, on fait donc face à un complot mondial dans lequel tremperaient tous les États. Enfin, si on accepte l'idée que la Terre est plate, il n'y a alors pas de raisons qu'on ne remette en cause d'autres faits historiques, et pourquoi pas des faits extrêmement graves comme les génocides.

ZADIG *Qu'est-ce qui fait d'Internet un terreau privilégié pour le développement et la diffusion de ces théories ?*

T.M.F. Le Web – et particulièrement les réseaux sociaux – a profondément dérégulé le marché de l'information. Cela se traduit par un nivellement de la qualité des contenus auxquels nous sommes exposés : les informations de bonne qualité et médiocres sont pareillement accessibles. Sur les réseaux sociaux, les informations sont essentiellement « poussées », mises en avant, par les individus. Or, les plus militants sont aussi les plus susceptibles de diffuser du contenu. L'écosystème informationnel est donc phagocyté par ces franges. C'est assez logique : les personnes qui pensent que les vaccins peuvent tuer les enfants sont mues par le sentiment qu'il est urgent d'en informer les autres, et elles deviennent des promoteurs extrêmement actifs ; à l'inverse, celles qui ne partagent pas cette idée ne vont pas descendre dans la rue ou passer leur temps sur Internet pour défendre les vaccins.
Nous faisons donc face à une *loud minority*, une « minorité bruyante », qui vient parfois saturer l'espace informationnel de façon toxique. Des soldats du Web qui poussent des contenus militants, sans qu'émerge en contrepoint une information équilibrée et neutre. Ce à quoi nous sommes exposés subit donc une déformation. Or, de plus en plus de personnes accèdent à l'information par

L'ESPACE DES RÉSEAUX SOCIAUX SÉPARE LES COMMUNAUTÉS ET RENFORCE LE SENTIMENT D'UN « NOUS » CONTRE « LES AUTRES »

l'intermédiaire des réseaux sociaux, notamment dans les jeunes générations. Ces réseaux tendent à balkaniser les communautés – les complotistes se regroupent entre eux – avec un effet d'entraînement et d'autoconviction : plus on se sent nombreux, plus on est conforté dans ses idées ; la sensation d'être marginal s'estompe. L'espace des réseaux sociaux sépare donc les communautés entre elles et renforce le sentiment d'un « nous » contre « les autres ».

ZADIG *Quel rôle les algorithmes jouent-ils dans la diffusion de ces messages ?*

T.M.F. Ils décuplent cette militance de la marginalité. C'est le propre même des algorithmes, qui cherchent à identifier les signaux d'accélération : quand plusieurs personnes, tout à coup, sur un moment très court, relaient un même élément, les algorithmes détectent qu'il se passe quelque chose. Cette agitation, ce bouillonnement donne l'illusion qu'il se produit quelque chose digne d'intérêt, qui est susceptible de toucher plus de monde. À l'inverse, les informations neutres, équilibrées, ne deviennent pas virales, elles : les avions qui arrivent à l'heure, le beau temps... Problème : l'essentiel des contenus auxquels nous sommes exposés aujourd'hui est travaillé par les algorithmes. Votre recherche sur Google, l'ordre des articles sur le site d'un média, les livres qui apparaissent à l'occasion d'une recherche sur le site de la Fnac, 70 % des vidéos visionnées sur YouTube, etc. Les algorithmes influencent tout l'écosystème de l'information.

ZADIG *Comment peut-on contrer cette tendance ?*

T.M.F. Les plateformes ont une responsabilité dans l'ordonnancement des contenus. On pourrait espérer d'elles qu'elles veillent à une décélération algorithmique des contenus toxiques. C'est complexe, mais ce serait leur rôle – en plus de celui de modération stricte, qui consiste à supprimer des contenus répréhensibles. On fait toutefois face à une situation ambivalente : nous souhaitons tous qu'elles effectuent ce travail responsable de modération, tout en nous inquiétant qu'une entreprise privée ait ce pouvoir sans avoir la légitimité d'une action en justice...
Par ailleurs, il faut bien comprendre que cet écosystème informationnel qui gravite autour du complotisme repose, la plupart du temps, sur un modèle économique. Les promoteurs de théories ont souvent des choses à vendre – des produits sur leur site... –, d'autres se financent par la publicité, des sites vont les aider à travers des plateformes de financement participatif, etc. Il existe donc un ensemble d'entreprises privées qui participent d'une manière ou d'une autre au financement de la haine ou du complotisme en ligne et facilitent, parfois sans le savoir, la diffusion de ce type de contenus – en les hébergeant, par exemple. Des entreprises qu'on pourrait tenter de responsabiliser. La société civile a un rôle à jouer pour les interpeller.
Ainsi l'initiative des Sleeping Giants contre le financement des discours de haine, ou celle que je pilote pour l'observatoire du conspirationnisme, Stop Hate Money. C'est une action très large et diffuse : on peut mettre en garde des plateformes de financement ou de musique en ligne, comme Spotify ou Deezer, en leur signalant qu'elles hébergent par exemple des podcasts de Dieudonné ; ou interpeller la Fnac, en expliquant que son algorithme fait remonter des contenus toxiques quand on recherche le terme « vaccin » ; ou encore Amazon, qui commercialise des goodies QAnon en France ; on réalise des enquêtes pour dévoiler le montage

économique et financier de certaines structures. Ces actions très variées touchent tout l'arc économique du financement du complotisme, en amont ou en aval.

ZADIG *Est-il possible de déconstruire les* fake news *et de faire évoluer les complotistes convaincus ?*

T.M.F. C'est très difficile. C'est souvent un cheminement individuel qui permet de regagner le rivage de la raison. Cela se fera au hasard de rencontres, de circonstances qui font que certains d'entre eux peuvent quitter cette pensée toxique. L'essentiel, c'est la prévention : limiter la visibilité des messages complotistes. Notamment s'assurer que les primo-arrivants sur le marché de l'information, les jeunes principalement, soient moins exposés, par exemple, aux discours antimasques ou antivaccins qu'aux discours qui y sont favorables. Mieux vaut essayer de les protéger en amont.

ZADIG *Comment agir en amont, justement ? Par l'éducation des plus jeunes ?*

T.M.F. C'est le nœud du problème, bien sûr. L'éducation aux médias est absolument centrale. Mais on est confronté à une question de temps : l'implémentation de programmes efficaces, c'est du moyen ou du long terme ; or, nous sommes exposés à des problèmes de court terme. La pédagogie, la communication demeurent centrales. C'est ce que je fais avec ma chronique *Antidote* sur France Inter, ou avec Rudy Reichstadt et Marina Cabiten avec le podcast *Complorama* sur FranceInfo, dans lequel nous nous efforçons d'approfondir les sujets, d'expliquer les rouages, les implications, les enjeux, la géopolitique, les différentes mouvances idéologiques qui surfent sur ce complotisme, etc. Bref, on essaie de déconstruire, de faire œuvre de pédagogie autour de ce phénomène. On retrouve aussi des initiatives citoyennes bienvenues sur YouTube ou sur TikTok, par exemple. En quelque sorte des évangélisateurs de la lutte contre le complotisme.

ZADIG *Dans cette mission de prévention, quel peut être le rôle des médias ?*

T.M.F. Leur travail est essentiel, parce qu'il faut que, sur ce marché de l'information, on puisse trouver une contre-offre de qualité, qui soit davantage mise en avant. Cela permet, par exemple, que les antimasques ne soient pas les seuls relayés sur Facebook. Les médias ne pourront pas convaincre ceux qui ont déjà basculé, et sont braqués dans une posture idéologique. En revanche, ils peuvent donner des billes à ceux qui sont en train de flancher ou à leurs proches. On compte davantage de gens indécis ou mal informés que de convaincus. C'est cette frange molle qui doit être touchée.

ZADIG *À l'échelon individuel, comment réagir concrètement face à une personne défendant une théorie complotiste ?*

T.M.F. C'est toujours très délicat et très difficile. On peut donner des conseils de base : déjà, essayer d'éviter la conflictualité. Si c'est un proche, s'employer à ne pas briser les liens. Ensuite, c'est un cocktail qui dépend des circonstances et des particularités de chacun. Peut-être proposer à la personne de s'interroger sur la qualité de ses sources, pourquoi pas lui apporter des éléments factuels, des sources nouvelles auxquelles elle pourrait s'ouvrir. Mais, il n'y a malheureusement pas de recette idéale.

Propos recueillis par Oriane Raffin

TRISTAN MENDÈS FRANCE est essayiste et réalisateur. Chargé de cours au Celsa (École des hautes études en sciences de l'information et de la communication) et maître de conférences associé à l'université Paris Diderot, collaborateur de l'observatoire du conspirationnisme Conspiracy Watch. Il tient chaque vendredi la chronique « Antidote » dans la matinale de France Inter.

MATTHIAS LEHMANN est auteur de bandes dessinées, peintre et scénariste. Son style incisif et son univers caustique et sombre ont atteint des sommets dans son roman graphique *La Favorite* (Actes Sud, 2015). Collaborant régulièrement avec la presse, il a publié *Agora* (6 pieds sous terre éditions, 2019).

L'ALSACE, UN TERREAU FERTILE ?

par NOÉMIE LECLERCQ

Difficile d'attribuer des zones géographiques au complotisme. Mais plusieurs de ses figures ont en commun de résider en Alsace. Rencontres sur les bords du Rhin.

IL Y A des choses qu'une pandémie mondiale ne peut affecter. À quelques jours de la date anniversaire du premier confinement, les vignes de Gewurztraminer qui s'étendent sur la campagne strasbourgeoise sont gelées. Les églises sont toujours au centre des villages, et leurs cloches sonnent toutes les quinze minutes, rappelant l'exception religieuse de la région en même temps que l'heure. Sur la route qui relie Strasbourg à Wiwersheim, où se trouve la permanence de la députée du Bas-Rhin Martine Wonner, l'autoradio annonce les nouvelles du jour. La Dre Eve Engerer, domiciliée à quelques kilomètres de là, vient d'être radiée de l'Ordre des médecins. La généraliste de Wangenbourg-Engenthal a défrayé la chronique l'été dernier : elle avait mis à disposition sur ses réseaux sociaux des attestations de complaisance pour s'exonérer du port du masque, alors rendu obligatoire sur l'ensemble du territoire.

« Ce n'est pas possible, ce qu'elle fait... », soupire la députée, qui a pourtant connu des frasques similaires. En mai dernier, elle a été évincée du groupe La République en marche après avoir voté contre le plan de déconfinement et avoir exprimé publiquement sa défiance envers le gouvernement et les mesures sanitaires. Elle est depuis apparue plusieurs fois dans les médias, notamment pour avoir participé à des manifestations anti-masques et s'être présentée au palais Bourbon le visage découvert. Son apparition dans le documentaire conspirationniste *Hold-Up*[1], qui a connu un succès populaire lors de sa sortie et prétendant faire la lumière sur l'épidémie de Covid-19, a également été très remarquée. Cette psychiatre de formation, joviale et volubile, estime que « complotiste, c'est l'étiquette qu'on nous colle dès que l'on n'est pas d'accord avec la parole officielle. Et j'ai été très choquée de voir que l'on m'y associait[2]. D'ailleurs, j'ai découvert l'existence du mouvement QAnon à travers mes enfants il y a quelques jours, et je n'ai toujours pas compris ce que j'avais à voir avec eux... »

Entre les livres de médecine qui jalonnent les étagères de la pièce, il y a des boîtes de masques, du gel hydroalcoolique et l'essai-profession de foi d'Emmanuel Macron, *Révolution*, publié alors qu'il n'était que candidat à la présidentielle. À l'époque, Martine Wonner faisait partie des personnes séduites par cet *outsider*, qui promettait d'abolir le clivage gauche-droite de la politique française, et dont la personnalité semblait coller avec la sienne, « très libre et insoumise ». « On est venu me recruter dans une période sombre de ma vie. Je venais de démissionner d'un travail dans le secteur médical qui m'avait laissée en burn-out. Emmanuel Macron me paraissait porteur d'espoir. J'aimais sa façon de voir les

1. Documentaire indépendant conspirationniste réalisé par Pierre Barnérias, Nicolas Réoutsky et Christophe Cossé, sorti le 11 novembre 2020 sur Vimeo.

2. Elle a par ailleurs déposé plainte contre plusieurs médias à ce sujet.

Page d'ouverture :
Martine Wonner, député LREM du Bas-Rhin, en septembre 2018.
© ABDESSLAM MIRDASS / HANS LUCAS

choses, le fait qu'il veuille, dans son entourage politique des civils, des personnalités variées. Je me disais qu'il avait vraiment quelque chose de différent. J'étais séduite. »

Elle passe les dernières semaines de campagne des législatives à tracter, nuit et jour, « des affiches avec [s]a tête à côté de celle de Macron ». Bingo : elle l'emporte face à sa prédécesseure Sophie Rohfritsch, pourtant très appréciée et installée dans la quatrième circonscription du Bas-Rhin. Mais, rapidement, la méthode des Marcheurs lui pose problème. « On nous filait des éléments de langage constamment, rapporte Martine Wonner. On nous disait quoi voter, on nous prémâchait le travail, et gare à celui qui passait outre les consignes. » Elle le fait pourtant. Une, deux, trois, quatre fois : elle vote contre le projet de loi asile et immigration, le CETA (accord commercial entre le Canada et l'Union européenne), les LBD (lanceurs de balles de défense) et pour l'interdiction du glyphosate. Et puis, le Covid. « Dans la même soirée, le président utilisait la sémantique de la guerre pour parler de la pandémie, mais il disait aux gens d'aller voter aux municipales ! C'était absurde. » La députée l'admet volontiers : elle a toujours eu un problème avec la contrainte, elle, petite-fille d'immigrés polonais – comme c'est courant dans l'ancienne région minière.

LA DÉPUTÉE L'ADMET VOLONTIERS : ELLE A TOUJOURS EU UN PROBLÈME AVEC LA CONTRAINTE, ELLE, PETITE-FILLE D'IMMIGRÉS POLONAIS

Début mars 2020, la situation en Alsace est alarmante : le premier *cluster* sur le territoire national a été repéré à Mulhouse, après une réunion de quelque 2 000 personnes lors d'une convention évangélique. « Ça a été le début du grand n'importe quoi », estime la députée. Le grand n'importe quoi, c'est la « médecine d'État », comme elle l'appelle. « On incitait les gens à rester chez eux, ils n'osaient plus aller se faire soigner chez leur médecin traitant. » En réponse, Martin Wonner fonde « Laissons les médecins prescrire », contre l'interdiction de la prescription de l'hydroxychloroquine.

Si la fondatrice du groupe revendique quelque 30 000 signataires (soit un peu plus de 10 % des praticiens français), la page « médecins engagés » du site Internet n'en compte que 2 400... avec énormément de doublons, et une infime part de généralistes, effectivement autorisés à prescrire des traitements contre le Covid-19. « Je ne dis pas que l'épidémie est née en laboratoire, nuance-t-elle. Mais je pense qu'il y a des conflits d'intérêts majeurs, où l'on ne soigne qu'en dernier recours avec des traitements coûteux... Et là, c'est tout bénef pour Big Pharma. » La députée cite le laboratoire américain Lilly, dont l'un des sites de production européens est justement installé dans la commune voisine de Fegersheim. Il y a deux semaines, le gouvernement lui a commandé environ 100 000 doses de bamlanivimab, un traitement contre les formes graves de Covid basé sur un anticorps monoclonal et déjà utilisé outre-Atlantique. « Le masque, les interdictions, les injonctions à se faire vacciner : tout cela conduit à une nouvelle ingénierie sociale », gronde Martine Wonner.

Concept issu des sciences sociales et à la base de toute pensée conspirationniste, l'« ingénierie sociale » désigne la façon dont les puissants utiliseraient la peur pour induire certains comportements à grande échelle dans la population. « C'est la parfaite opportunité pour le "*reset* économique" auquel appellent les cabinets de conseil. Mettre le monde à feu et à sang pour asseoir un nouvel ordre mondial. » La preuve, assure la députée : Jean-Jacques Erbstein, un médecin lorrain très critique envers la gestion de la crise sanitaire, a été menacé par l'Ordre des médecins pour avoir prescrit un traitement en dehors de la législation en vigueur. « Trop peu coûteux et rentable pour eux... »

« ON M'A DIT D'ALLER À STRASBOURG, QU'IL Y AURAIT DU TRAVAIL »

Dans une autre vie, Louis-Méchel Laforge aurait lui aussi aimé soigner « le corps et l'esprit » avec des méthodes holistiques. Le reiki, par exemple, qu'il a appris auprès de druides alsaciens, après avoir fréquenté la bibliothèque ésotérique de Strasbourg. « C'est là que je me suis rendu compte des travers du Big Pharma », témoigne-t-il. Il ne porte pas de masque – « une soumission de plus » –, mais enfonce le visage dans son écharpe lorsqu'il est obligatoire de se couvrir la bouche et le nez. « On a trop de main-d'œuvre alors qu'on en a de moins en moins besoin avec la technologie. Alors, autant l'éliminer », abonde-t-il au sujet de la pandémie.

Né en 1971 dans une famille au sein de laquelle il y avait « beaucoup de colère », entre un père ouvrier et une mère secrétaire, ballotté de divorce en remariage, Louis-Méchel dit avoir trouvé un sens à sa vie en devenant secrétaire national du CNTF. Le « Conseil national de transition de la France » serait une organisation « légitime mais pas encore légale », qui rêve d'un coup d'État pour « redonner le pouvoir au peuple ». Son fondateur Éric Fiorile a été arrêté en décembre 2020 pour « projet d'action violente » et détention d'armes illégale, dans le cadre d'une enquête sur le groupe d'extrême droite identitaire Les Barjols. « Nous nous sommes désolidarisés de cette personne, assure Louis-Méchel. Ses idées étaient trop extrêmes… » Pourtant, le Strasbourgeois a lui aussi longtemps baigné dans les milieux d'extrême droite. Après un

Ci-dessus : Louis-Méchel Laforge, dans le quartier de Neudorf à Strasbourg, en avril 2021.

LES PHRASES QUI TOURNENT EN BOUCLE DANS LES MÉDIAS N'AIDENT PAS. « POUR EUX, ON NE SERA TOUJOURS QUE DES PARASITES »

Ci-dessus :
Jean-Luc Filser à Strasbourg, en avril 2021.
© PASCAL BASTIEN / DIVERGENCE

CAP métallurgie à Lyon – où il fréquente le GUD et les skinheads –, il intègre l'armée. Il déserte et est renvoyé pour « faute grave ». « Là, j'ai eu un sentiment de rejet total par la nation. Je n'ai pas du tout été soutenu dans ma reconversion. » À 20 ans, il se retrouve sans domicile fixe et arpente la France en quête d'un gagne-pain. « On m'a dit d'aller à Strasbourg, qu'il y aurait du travail. » Avec les quelques francs qu'il parvient à rassembler, il prend un train pour l'Est. Si l'apogée industriel de la région appartient au passé, Louis-Méchel parvient à vivoter en enchaînant les missions d'intérim en usine ou sur les chantiers de BTP. L'Allemagne voisine, avec son plein-emploi, fait office d'eldorado : il y travaille quelques mois, mais la discipline germanique a raison de ses efforts. « J'ai toujours eu un problème avec l'autorité, encore plus quand elle est exercée par un patron sur des ouvriers », admet-il. À 30 ans, on lui diagnostique une maladie rénale héréditaire, qui nécessite une greffe et un arrêt de travail forcé. Suivent dix ans de chômage. « C'est pas faute d'avoir cherché. J'ai même fait des formations pour travailler dans l'informatique. Et pourtant, Pôle emploi a décidé que je devais travailler dans le tri des déchets… Je n'ai pas compris. » Un profond sentiment d'injustice se mêle à une méfiance grandissante envers la classe politique. Les petites phrases qui tournent en boucle dans les médias n'aident pas. « Sarko nous dit qu'on n'a pas réussi tant qu'on n'a pas une Rolex au poignet ; François Hollande nous appelle "les sans-dents" ; et Macron estime qu'on coûte "un pognon de dingue". Je me rends compte que, pour eux, on ne sera toujours que des parasites. »

Pourtant, Louis-Méchel s'attache à exercer son droit de vote : pour le Frexit et François Asselineau au premier tour de la présidentielle de 2017, et, deux ans plus tard, pour Europe Écologie-Les Verts aux Européennes – sans autre logique que l'espoir d'un changement porté par les promesses de campagne. « Ce qui m'a donné beaucoup d'optimisme, ce sont les Gilets jaunes, se souvient le secrétaire général du CNTF. Tout ce qu'ils demandaient, c'était d'avoir plus dans le frigo. Moi aussi, c'est tout ce que je veux. Je ne veux pas d'une villa avec piscine… » Puis, le Covid met un frein considérable au mouvement. C'est l'entrée dans la « dictature sanitaire », explique Louis-Méchel : « On dirait que les gens n'ont rien appris de la Seconde Guerre… On n'en fait pas autant pour les accidents du travail ou l'alcoolisme. » Avec sa conjointe infirmière, leurs avis divergent – mais chacun respecte celui de l'autre, assure-t-il. Le bon côté que Louis-Méchel voit dans la crise sanitaire, c'est le temps dont ont disposé les citoyens pendant le premier confinement. « Beaucoup d'entre nous se sont mis à faire leurs recherches sur Internet plutôt que de suivre les médias *mainstream.* »

LE SENS DE L'HISTOIRE

Une autre figure alsacienne a été mise sur le devant de la scène à la faveur des heures passées sur les réseaux sociaux. À Entzheim, ville périphérique de la capitale alsacienne, se trouve Silvano Trotta, chef d'entreprise dans les télécoms et ufologue-complotiste sur YouTube. Ses vidéos, centrées auparavant sur les ovnis et les aliens, cumulent les millions de vues depuis qu'elles traitent de thèses covido-sceptiques. Il a également vu son nombre d'abonnés croître de 15 000 à 170 000 depuis mars 2020. Il n'a pas répondu à nos sollicitations d'interview.

Myriam Ait-Sidhoum, journaliste aux *Dernières Nouvelles d'Alsace*, a dressé il y a quelques mois le portrait de cet « Alsacien qui voit des complots partout ». D'après la journaliste, son positionnement tient davantage d'une trajectoire personnelle que du contexte local. « Il y a quelques autres figures ufologues en Alsace, mais il ne semble pas non plus que cela ait favorisé son cheminement personnel – au-delà du fait que c'est en s'intéressant à cette matière qu'il a approché ses premières théories complotistes, comme celle de la Lune creuse. »

Les théories conspirationnistes se diffusant principalement par le biais des réseaux sociaux, il est effectivement difficile d'établir avec précision que la géographie a une quelconque incidence sur la concentration de voix contestataires. Mais l'histoire spécifique de la région pourrait expliquer une certaine sensibilité locale aux mouvements à contre-courant de l'autorité étatique. « Les va-et-vient incessants, depuis 1871, entre l'Allemagne et la France, posent de véritables difficultés d'identification, estime Franck Buchy, chef du service politique des *DNA*, dont le siège historique est situé rue de la Nuée-Bleue – ou Blöjwolikegass, en allemand, comme l'indique le panneau bilingue. Il y a également une forte influence germanique sur la perception qu'ont les Alsaciens de l'État. On trouve ici plus qu'ailleurs une volonté de décentralisation du pouvoir. »

La réforme des régions de 2015, qui a fait fusionner l'Alsace, la Lorraine et la Champagne-Ardenne, a réveillé les mouvements autonomistes locaux. « On y retrouve une frange minoritaire de complotistes. L'ancienne présidente du conseil général du Bas-Rhin et du parti autonomiste Unser Land a par exemple été pointée du doigt pour avoir relayé *Hold-Up* sur ses réseaux sociaux, sur lesquels elle est très suivie. » Et si certains reprochent à l'État français de faire fi des spécificités locales, d'autres, au contraire, voient dans le droit alsacien-mosellan – qui conserve des dispositions mises en place par les autorités allemandes entre 1871 et 1918 – un danger « pour la France et l'Europe ».

« Ce territoire est toujours régi par les lois du IIIe Reich. L'affirmation me fait passer pour un complotiste, j'en ai conscience… » assure par exemple Jean-Luc Filser, en passe de devenir le représentant local du CNTF. Une escroquerie à l'héritage l'aurait fait basculer. Avec ses centaines de pages de recherches sous le bras – mélange de morceaux choisis de droit et d'histoire –, il arpente Strasbourg en compagnie de qui voudra bien l'écouter. Jusqu'à la place de la République. « Vous voyez, la traduction est toujours la Kaiserplatz, soit "place de l'Empereur", s'emporte-t-il. Ce n'est pas la République ! » Le diable est dans les détails.

NOËMIE LECLERCQ est journaliste. Diplômée d'un master de Sciences Po Lille pour l'obtention duquel elle rédige un mémoire intitulé *Être journaliste dans le bassin minier : l'identité professionnelle à l'épreuve d'un territoire en difficulté*, et d'un master en journalisme à l'ESJ de Lille, elle écrit désormais pour *Le Monde*, Franceinfo, ainsi que pour le magazine *Elle*.

REPORTAGE
Illustré par INGRID ASTIER

À LA RÉUNION, DE LA RUMEUR À LA PSYCHOSE

par VALÉRIE PARLAN

QUAND MME LÉON s'en allait le samedi au marché de Sainte-Marie, à pied, son panier sous le bras, elle en revenait avec « du riz, de la morue et surtout des nouvelles fraîches du pays » ! Jean-François Samlong, écrivain réunionnais, se souvient de cette attente pleine d'excitation du retour de sa grand-mère au domicile niché au cœur d'un modeste hameau. Dans la petite case créole où il a grandi, dans les années 1950, pas de journal télévisé, pas de téléphone. « Mon grand-père a eu son premier poste de radio à piles quand j'étais lycéen. On écoutait seulement les informations qui venaient de loin, on y causait des guerres dans le monde. Côté local, rien à se mettre sous la dent. »

Alors, pour attraper ce qui se disait au village, les mots devaient prendre le temps des chemins de terre, les phrases roulaient de bouches prolixes en oreilles attentives, et grand-mère Léon se les répétait en boucle pour mieux les déclamer aux siens et aux voisins. Toute la puissance d'un art oratoire qui, à La Réunion, porte le nom de *ladi-lafé*. L'expression créole, traduisible en « il l'a dit, il l'a fait », exprime le cancan, le commérage, la rumeur. « Mais dans un sens positif, car le *ladi-lafé* n'avait pas pour vocation de médire. Au contraire, il s'agissait de s'échanger les nouvelles. C'était un rituel : deux personnes parlaient ensemble, avec une valeur aussi importante accordée à celui qui dit qu'à celui qui reçoit et répétera à son tour. » Ça causait des enfants qui naissent, des aînés qui meurent, des récoltes qui s'annoncent, du temps qui s'agite, des proches qui partent s'installer en métropole... Et, des étals à l'autel, la gazette se bonifiait sacrément le dimanche matin, à la sortie de la messe, « lieu de circulation active du *ladi-lafé* ».

Bien sûr, les griffures des fâcheries et les plaies de terribles drames s'invitent dans ces conversations de trottoir. « On se raconte les petits riens du quotidien, mais aussi ce qui inquiète, angoisse », ce qui se décide dans les grandes villes, Saint-Denis, au nord, et Saint-Pierre, au sud. Là-bas, dans les bureaux, la voix de la France émet son pouvoir depuis Paris vers ses anciennes colonies devenues les territoires d'Outre-mer. La Réunion a beau faire moins de 2 500 km^2, se déplacer dans cette île de récifs abrupts, de montagnes volcaniques et de vallées enclavées demandait, avant la construction des routes, bien des jours pendant lesquels le *ladi-lafé* pouvait se transformer, rassurer ou effrayer. Dans l'histoire du caillou, les rumeurs sur une mère nation pas toujours bienveillante ont marqué les esprits.

Jean-François Samlong en raconte l'une des plus tragiques dans son dernier roman[1], avec la réalité cinglante d'une patrie qui a fait « sauter la mer » à des centaines d'enfants réunionnais pour les déplacer, de force, vers les départements en pleine désertification de l'Hexagone[2]. Dès les premières pages du roman, l'héroïne Héva se souvient de la terrifiante transplantation dite des Enfants de la Creuse : « Toute l'île parlait des enfants qu'on retirait à leurs parents

1. *Un soleil en exil*, Gallimard, 2019.

2. Entre 1962 et 1984, 2 150 enfants ont été arrachés à leurs familles, sans jamais revoir leurs proches. Beaucoup ont été exploités comme main-d'œuvre bonne à tout faire et gratuite dans les foyers et les fermes... Voir l'ouvrage historique *Les Enfants de la Creuse* (Éditions du Cavalier bleu, 2021).

et plaçait dans des centres pour délinquants, on les brimait, on les brutalisait, on les frappait, on les violentait. [...] D'après ce qu'on chuchotait dans le voisinage, à mots couverts, plus d'un millier de filles et de garçons avaient été envoyés en métropole. » Au fil des ans, le murmure a mué en rumeur, puis a été établi en fait et révélé en scandale. « Ce fut l'un des plus grands mensonges et trahisons de l'État, poursuit l'écrivain. Un mythe destructeur d'une violence inouïe. N'oublions pas qu'à l'époque, quand un représentant de la France, gendarme ou assistante sociale, frappait à la porte de ces foyers miséreux pour promettre un avenir radieux à leurs enfants, on ne pouvait que faire confiance à cette parole officielle. » Ils l'ont bien dit. Mais ne l'ont pas fait.

Cinquante ans plus tard, l'information en flux continu et la rumeur ou le complot en puits sans fond sur les réseaux sociaux ont relégué le *ladilafé* dans les tiroirs à souvenirs. « À La Réunion, comme partout ailleurs, ces phénomènes de fausses nouvelles prennent une nouvelle dimension dans l'ultra-communication du monde moderne, souligne l'anthropologue réunionnaise Laurence Pourchez. Peut-être deviennent-elles plus contagieuses dans un espace géographique insulaire, où tout le monde se connaît. Le moindre soubresaut peut alors prendre des allures ubuesques. » L'ethnologue, qui travaille depuis longtemps sur les savoirs traditionnels, l'a elle-même éprouvé. Lors d'une conférence, à la fin des années 1990, la chercheuse présente son travail sur le lieu de culte de la Vierge noire, situé sur la commune de la Rivière-des-Pluies. « Pour expliquer le lien entre sacré et santé, j'évoquais les objets trouvés dans les poubelles attenantes au site : des amulettes, des miroirs pour retourner l'image du mal, des reliefs, des messages... Eh bien, très vite, une spectatrice m'a accusée de sorcellerie, et cette affaire a duré des mois ! »

La méconnaissance d'une discipline, la peur de l'inconnu, la stupeur face à des faits inexpliqués nourrissent une imagination sans limites. À La Réunion, les quinquas se souviennent encore avec effroi de la terreur provoquée, dans leur enfance, par l'histoire de l'homme-coq à la fin des années 1980. Le récit rocambolesque d'un homme à la tête de coq, voleur et

« CE QUI CARACTÉRISE LA RÉUNION, C'EST L'HABITUDE DE L'ALTÉRITÉ, CÔTOYER DEPUIS L'ENFANCE DES CONDISCIPLES AUX ORIGINES DIVERSES »

mangeur d'enfant. Jacky Simonin, professeur émérite en sciences de l'information et de la communication à l'université de La Réunion, venait tout juste d'être nommé sur l'île. « Cette rumeur est en soi un événement en communication qui a pris une ampleur retentissante à l'époque, un bel exemple de ce qu'on appelle maintenant des *fake news*. Tous les ingrédients y étaient : l'amalgame avec des rites de sacrifice local, des histoires de sorcellerie en plein mois de novembre, celui des défunts… Et avec, en une d'un grand quotidien local, un photomontage incroyable du fameux homme-coq ! »

Son collègue Bernard Idelson, professeur dans cette même discipline, a depuis décrypté d'autres rumeurs et légendes locales mêlant la force des réseaux sociaux, « véritables infomédiaires », et le pouvoir des peurs populaires. Le tout dans un télescopage parfois foisonnant des affaires d'hier, bien réelles, avec celles d'aujourd'hui, plus fantasques. Il y a quelques mois encore a ressurgi « le fait divers du fourgon blanc conduit par un pseudo-séquestreur de jeunes filles aux abords des collèges, ajoute Bernard Idelson. Peut-être que cela est venu réactiver dans l'imaginaire collectif l'histoire du *loto rouz*, cette camionnette rouge de la DDASS[3] destinée à attraper les enfants pour les placer dans des familles de la Creuse… »

Une concrétion mémorielle que Nathalie Techer, journaliste au *JIR*, le *Journal de l'île de La Réunion*, connaît bien. « Cette histoire de véhicule blanc revient souvent, comme dans d'autres pays d'ailleurs. À ce point que, l'autre jour, un habitant a raconté qu'il allait revendre sa fourgonnette blanche parce que, vivant près d'une école, elle se prenait régulièrement des jets d'œufs ! » Démêler le vrai du faux, contrer la psychose, c'est aussi ce qu'elle a entrepris fin janvier 2021 en signant un dossier de quatre pages intitulé *La Folle Rumeur autour des disparus*. Des disparitions inquiétantes de Réunionnais que leurs proches expliquaient par la thèse d'un trafic d'organes. « Là encore, tout était réuni : des groupes Facebook en guise de cellules d'enquête, une rumeur qui enfle de manière disproportionnée sans qu'aucun élément concret ne l'étaye… Sauf qu'à cette période de Noël, effectivement, le nombre de disparitions est souvent plus élevé, comme l'ont confirmé les forces de l'ordre. Et ce pour des raisons bien réelles, comme le suicide, la fugue, l'accident en montagne. »

Pourtant, dans cette « île à peur », selon le titre d'un célèbre ouvrage de l'historien réunionnais Prosper Ève, beaucoup réfutent l'idée d'un territoire aimanté par les forces occultes. « Je ne pense pas, insiste Bernard Idelson, que l'on puisse existentialiser ici une propension à la rumeur et à la crédulité plus grande qu'ailleurs. Ce qui caractérise peut-être La Réunion, c'est l'habitude de l'altérité, c'est-à-dire de côtoyer depuis l'enfance, notamment à l'école, des condisciples aux origines diverses. » Une réalité plurielle, donc des visions et des interprétations du monde différentes. Mais Mme Léon, au retour de son marché, le savait sûrement déjà. Les nouvelles fraîches sont bien meilleures variées.

3. Direction départementale des affaires sanitaires et sociales.

VALÉRIE PARLAN est journaliste. Collaborant à *Ouest-France*, elle traite les sujets de société et s'est spécialisée, depuis cinq ans, dans le traitement des territoires d'outre-mer. Elle assure également des formations en journalisme et en écriture au CFPJ.

INGRID ASTIER est écrivaine. En 2010, paraissait dans la collection « Série noire » de Gallimard *Quai des enfers*, son premier roman. Salué par quatre prix, ce polar dans lequel la Seine joue un rôle clef, lui a valu de devenir la marraine de la brigade fluviale de Paris. Autrice chez le même éditeur de deux autres romans policiers et d'un essai romancé, *Petit Éloge de la nuit* (2014, adapté en album musical avec Pierre Richard et Jb Hanak), ainsi que de *La Vague* (2019) aux Arènes, elle a récemment réalisé les illustrations à la mine de plomb et les calligrammes du livre de Bruno Verjus, *L'Art de nourrir* (Flammarion).

POUR ALLER PLUS LOIN

INCROYABLES MAIS FAUX ! HISTOIRES DE COMPLOTS, DE JFK AU COVID-19
Vincent Quivy
Le Seuil, 2020

Une cinquantaine d'histoires sont réunies ici, de Daniel Balavoine liquidé par les services secrets à la tuerie de *Charlie Hebdo* organisée par le Mossad, en passant par le coronavirus fabriqué en laboratoire pour permettre l'installation de la 5G. Elles donnent un aperçu des théories conspirationnistes. L'auteur les narre en détail, avant de se livrer à un salutaire décryptage.

POURQUOI CROIT-ON ? PSYCHOLOGIE DES CROYANCES
Thierry Ripoll
Éditions Sciences humaines, 2020

Ce professeur de psychologie cognitive à l'université d'Aix-Marseille s'attelle dans cette somme à identifier les différents processus conduisant à croire. Et montre comment ces croyances sont des réponses aux difficultés de nos vies. Présentant des similitudes avec le croyant, le complotiste est souvent à la recherche de moyens d'améliorer une estime de soi défaillante.

L'OPIUM DES IMBÉCILES
Rudy Reichstadt
Grasset, 2019

Cet essai engagé a fait date. Il montre combien les théories du complot, gratifiantes pour l'ego, constituent un refuge pour les « ignorants ». Profitant de la sidération devant un événement, les complotistes débusquent « à qui profite le crime », pointant rapidement un groupe d'individus accusés d'en être responsables. Le complotisme contemporain s'apparente à du « révisionnisme en temps réel ».

PSYCHOLOGIE DES CROYANCES AUX THÉORIES DU COMPLOT : LE BRUIT DE LA CONSPIRATION
Pascal Wagner-Egger
Presses universitaires de Grenoble, 2021

Fruit de plus de quinze ans de recherches et de discussions, cet ouvrage s'attache à montrer notamment pourquoi les théories du complot sont de « mauvaises réponses à ce qui peut parfois être de bonnes questions ». Et souligne combien la prégnance du Net et des réseaux sociaux favorise l'invasion de croyances qui sont souvent des accusations graves proférées sans preuves suffisantes.

D 402
TEXTE
PATRICE TRAPIER
ILLUSTRATIONS
LUCAS HARARI

Vie et mort du papet de Signes

L'ancien maire de cette commune du Var a été écrasé par une camionnette venue illégalement décharger des gravats. C'était le 5 août 2019. Notre reporter est retourné au pied du massif de la Sainte-Baume, dans cette bande côtière où le BTP tourne à plein régime. Il retrace la personnalité et le parcours de Jeannot, une figure haute en couleur.

EN REJOIGNANT Signes par l'ouest, on traverse un magnifique plateau à 400 mètres d'altitude, un ensemble de pins, de chênes-lièges, d'oliviers et de « sentiers qui mènent au ciel », pour reprendre la formule de Marcel Pagnol. C'est là, au pied du massif de la Sainte-Baume, que Claude Berri tourna *Manon des sources* dans les années 1980. C'est là que l'ancien maire de Signes, Jean-Mathieu Michel, a trouvé la mort le 5 août 2019, écrasé par la camionnette d'un jeune maçon qui venait de décharger illégalement quelques seaux de gravats. Pas très loin de la stèle en mémoire du maire, une nécropole nationale célèbre les 38 responsables de la Résistance assassinés par la Gestapo durant l'été 1944. Dans une clairière voisine, on retrouva en 1996 un ancien lieutenant de Jean-Louis Fargette, le parrain du Var. Jacky Champourlier était logé dans le coffre de sa voiture, dents cassées, deux balles dans la tête et le corps calciné.

Symbole de ces dizaines d'élus menacés, insultés, voire molestés, la mort de Jean-Mathieu Michel a suscité une émotion nationale. Les hommages l'ont transformé en héros de la cause environnementale. Mais à Signes, il était « Jeannot », un vieux maire de 76 ans qui, avec un an d'avance, peaufinait sa septième candidature. Nul n'a omis la référence à Pagnol : une haute stature épaissie par des décennies de bonne chère, une faconde, un sens de la formule… « Je ne crie pas, je parle fort… » Il était l'incontestable vedette du petit théâtre communal, portait le chapeau comme le « papet » de Jean de Florette, mais tout n'était pas mise en scène : une maladie de peau l'empêchait de s'exposer aux rayons du soleil. Pagnol soit, à condition de se souvenir que l'auteur de *Marius* enroba de galéjades de poignantes tragédies !

En cet après-midi du 5 août 2019, le plateau était écrasé par la chaleur. Jeannot avait sillonné les alentours avec trois responsables de l'agglomération à la recherche de lieux susceptibles d'accueillir de nouveaux conteneurs à déchets. Ils étaient en train de rentrer lorsque Jeannot repéra un fourgon Mercedes en position suspecte, et fit demi-tour pour se ranger derrière. Le maçon de 24 ans et son apprenti acceptèrent de recharger leurs six seaux de déchets, mais quand le maire leur annonça que la police municipale allait arriver pour dresser une contravention de 68 euros, le maçon entama une marche arrière sans voir que le maire de Signes se tenait derrière. Comment expliquer une telle panique ? Une simple amende de 68 euros ? La peur de perdre sa place ? Le jeune homme travaillait depuis l'âge de 15 ans sans avoir jamais causé le moindre problème. Ses analyses de sang ont révélé des traces de stupéfiants, mais pas de quoi justifier sa réaction. Pendant les 48 heures de sa garde à vue, il n'a cessé de pleurer. À ce jour, son employeur, une entreprise de quatre employés des Bouches-du-Rhône, n'a pas été inquiété.

« Appelez-moi Jeannot. Si vous avez besoin, vous savez où me trouver »

Jeannot mesurait 1,82 mètre et pesait 110 kilos. Dans sa chute, son crâne a lourdement heurté une pierre qui lui a ouvert le cervelet. Le bas de la camionnette lui est passé sur le corps à deux reprises, mais c'est la blessure à la tête qui lui a été fatale. Pendant une heure, les pompiers ont tenté de le réanimer, il a fini par mourir dans un râle. Une heure, le temps de se voir partir, que le passé défile, les joies et les peines… Sa rencontre avec Michèle aux chantiers navals de La Seyne, sa nouvelle vie avec Maryline. Les parties de pêche sur le pointu au large de Sanary ; les week-ends au cabanon de Signes hérité de son père. Les bouillabaisses, les daubes et les pieds paquets. Les parties de boules quand le soleil décline. Et ces journées de chasse à crapahuter pour dénicher de petits oiseaux, des autorisés et des illégaux, les mythiques bartavelles de *La Gloire de mon père*.

Dans la vie, certaines années comptent double. En mars 1977, Jeannot devient conseiller municipal, le maire s'appelle Paul Ricard, c'est un visionnaire, pas seulement en ce qui concerne le commerce de l'alcool. Paul Ricard a réservé des terrains pour une zone d'activité entre Signes et son circuit de F1 du Castellet. Il a imaginé une zone verte pour les randonneurs, l'agriculture et la vigne. Paul Ricard a quarante ans d'avance, seulement le préfet et les intrigues locales l'ennuient. En 1980, il démissionne. Un certain Jacques Traversa assure la transition, mais aux élections de 1983, Jeannot n'en fait qu'une bouchée.

Huit mois après l'élection, un soir de novembre 1977, Michèle, la première femme de Jean-Mathieu Michel, rentre à Signes en voiture avec Frédéric, 10 ans, et Valérie, 7 ans et demi – Stéphane, le benjamin, n'est pas encore né. La voiture part sur le côté et s'écrase contre un platane. La petite Valérie, qui dormait à l'arrière, est projetée entre le siège et la portière, son crâne est pris en étau ; le cervelet est touché, elle meurt quelques jours plus tard. Destins tragiques et parallèles ! Pendant quarante ans, Jeannot est passé devant les trois platanes sans jamais dire un mot. Peu avant 2019, les arbres ont été coupés pour laisser la place à un arrêt de bus. « Enfin ! » a-t-il soufflé à son premier adjoint, Alain Reichardt. Jeannot parlait beaucoup pour mieux taire ses sentiments.

En plein après-midi, malgré le mistral, le vieux village de Signes offre un aspect nonchalant. Le passé y est partout présent. À l'entrée, la confiserie Fouquet et ses nougats depuis 1864... Sous un porche, une inscription : en 1793, Bonaparte a pissé ici avant d'aller libérer la rade de Toulon. Les Signois ont toujours eu l'âme belliqueuse. En 1590, ils ont rasé le château occupé par le duc d'Épernon puis assassiné l'évêque de Marseille, ce qui leur valut le surnom d'« estrangleurs d'évêque ». Régnant en maître sur sa commune, Jeannot n'en avait pas moins quelques redoutables ennemis. Ses relations avec ses administrés suivaient une courbe immuable. Chaque nouvel habitant se voyait gratifié d'une visite de bienvenue : « Appelez-moi Jeannot. Si vous avez besoin, vous savez où me trouver. Même si le pape est dans mon bureau, je m'occuperai de vous », assurait-il avant de passer au tutoiement. Les hommes, c'était « mon coco », les femmes, « ma nine ».

Quand il voulait bien se donner la peine, il pouvait pousser des dossiers jusqu'en préfecture. « J'avais acheté le dernier lot d'un lotissement qui, de manière incompréhensible, était devenu inconstructible. Il m'a accompagné à la DDE à Toulon. En un rien de temps, j'avais mon permis », raconte Philippe Tiran. Directeur d'une unité comptable de France Télécom, Tiran se vit rapidement proposer un poste d'adjoint avant que les choses ne se gâtent. Ce fut aussi le cas de Jean-Pierre Portman, le directeur de l'école : « En conseil municipal, je sortais mon code des collectivités territoriales, ça ne lui plaisait pas du tout, il aimait régler les choses à sa manière. »

Jeannot n'avait qu'un certificat d'études, il cachait ses fautes d'orthographe. Aucun de ses proches n'a jamais compris comment il avait pu travailler au service du dessin

Les chantiers étaient dominés par la CGT et le Parti communiste, Jeannot était socialiste et cédétiste

industriel aux chantiers navals de La Seyne. L'informatique lui était parfaitement étrangère. Un soir d'élections, seul en mairie, il devait faire parvenir par fax les résultats à la préfecture. Le responsable informatique se souvient encore de ses cris au téléphone : « Mais putain, le papier, il revient ! » Jeannot ignorait comment fonctionnaient les télécopies. « Cela n'empêche, il était le plus intelligent d'entre nous », avoue l'un de ses opposants les plus acharnés.

« Jeannot, c'était un rural », assure l'ancien conseiller juridique de la mairie, Michel Marin. Aux chantiers navals de La Seyne, il s'était rendu indispensable auprès du directeur général, Marcel Berre, qui en fit son vaguemestre, le porteur du courrier, des lettres les plus banales aux messages les plus confidentiels. Les chantiers étaient dominés par la CGT et le Parti communiste, Jeannot était socialiste et cédétiste. Dans ce département aux mains des républicains de François Léotard et de Maurice Arreckx, un homme de gauche avec qui on pouvait s'entendre, rien n'était plus précieux. Une carrière politique, c'est souvent un peu de talent assorti d'un peu de chance, Jeannot ne manqua ni de l'un ni de l'autre. Pour son premier mandat de maire, il vit naître la ZAC dont avait rêvé Paul Ricard, aujourd'hui devenue un florissant parc d'activités à dimension régionale. De sourdes polémiques ont entouré sa création en 1987. C'était l'époque du démantèlement des chantiers navals de La Seyne, la ZAC de Signes bénéficia de nombreux fonds et défiscalisation, on évoqua des détournements. L'année précédente, le deuxième adjoint de La Seyne, Daniel Perrin, avait été assassiné ; bientôt ce serait le tour de la députée d'Hyères, Yann Piat.

Ce furent des années de feu et de sang, Jeannot Michel se tint éloigné de ces zones d'incandescence. Il tenta sa chance une fois à la présidence de la communauté de communes, mais il fut battu par Gabriel Tambon – aujourd'hui décédé –, cinquante ans maire du Castellet, un dinosaure qui résista même à une condamnation pour escroquerie. Dans un département au croisement d'intérêts complexes, longtemps dominé par la loge maçonnique GLNF, Jeannot Michel sut camper sur son arrière-pays. Philippe Tiran a vite compris que les ficelles de la zone d'activités étaient tirées par d'autres : « Il nous avait expliqué que la mairie devait reverser une partie de la taxe professionnelle à la CCI du Var du fait qu'elle avait pris en charge des frais d'aménagement. D'un point de vue juridique comme d'un point de vue comptable, c'était complètement surréaliste. » Philippe Tiran ne réussit pas à s'opposer à l'arrangement et fut exclu de la majorité municipale.

Une seule fois, Jean-Mathieu Michel a été rattrapé par la patrouille, condamné en 1996 à quatre mois de prison avec sursis pour prise illégale d'intérêt : il avait accordé un contrat de maintenance de l'eau à la SDEI, une filiale de la Lyonnaise des eaux pour laquelle il occupait un poste d'encadrement dans le Vaucluse. Il rejeta la faute sur Jacqueline, la secrétaire de séance, qui aurait oublié de noter sur le registre officiel que le maire n'avait pas participé au vote. « Il a été blanchi en appel », assure Alain Reichardt. L'un de ses

Il était pourtant parti de presque rien, son père était jardinier à la Ville de Toulon, sa mère matelassière

plaisirs était de rouler en 4 × 4 Land Rover Discovery Turbo Diesel, tous frais payés par la mairie – un véhicule surcoté pour une commune de moins de 3 000 habitants, mais il fallait bien, expliquait-il, « inspecter les sentiers escarpés de la commune la plus étendue du Var ». Qu'importe si ses déplacements pouvaient le mener jusqu'en Normandie ou en Sologne, et que les achats d'essence excédaient parfois la contenance du réservoir ! Alain Reichardt et Michel Marin ont dû batailler pour qu'il accepte de conduire plus modestement un 4 × 4 Kia.

Des administrés ont également transmis des éléments concernant son patrimoine composé de neuf maisons et de cinq appartements. Il était pourtant parti de presque rien, son père était jardinier à la Ville de Toulon, sa mère matelassière. Michel Marin note qu'il était lointainement apparenté à Michel Pacha, homme d'affaires fortuné qui, au XIXe siècle, modernisa les phares et balises de l'Empire ottoman. En tout cas, Jeannot avait un sacré sens des affaires. Il accepta par exemple de verser des rentes viagères à plusieurs personnes âgées de la commune. « Attention, il en a aussi refusé », souligne Alain Reichardt. Il y eut aussi l'affaire de sa deuxième maison à Signes, construite sur des terrains agricoles : j'en ai fait donation à Frédéric qui dispose d'un BTS agricole, précisa-t-il. Et d'ailleurs, le terrain accueillait des chevaux ! Et si le hangar agricole ressemblait à une maison, qu'y pouvait-il ? « Toutes ces histoires ont été transmises par des jaloux à la brigade financière. Jeannot n'a reçu qu'une remontrance parce qu'il conduisait des habitants dans sa voiture de fonction pour voir des matchs de rugby avec son abonnement du RCT », plaide Alain Reichardt.

Jeannot a dirigé sa ville comme il a mené sa vie. Il a résisté à la pression foncière, limité la progression démographique. « Il pissait dans le jardin pour éviter de tirer la chasse », témoigne un ami. « Un jour, il m'a tout de même dit qu'il pouvait bien me payer un café puisqu'il était assujetti à l'ISF », se souvient le leader local du Rassemblement national, Jean-Marc Menichetti, un ancien colonel de gendarmerie. Jeannot ne se séparait jamais d'un vieux carnet noir rempli de feuilles volantes sur lequel il avait rassemblé les numéros de téléphone de toute une vie. Certains habitants imaginaient qu'il y avait noté les faveurs accordées à tel ou tel mais, celles-là, il les avait toutes en tête et ne se privait pas de les rappeler avant chaque élection. Dans sa propagande, il s'affichait « contre les extrêmes » ; en réalité, il gérait une somme d'intérêts particuliers, ce qui lui permit de constamment repousser la menace d'un RN qui, dans le centre-Var, flirte avec les 60 % aux élections nationales.

Jeannot Michel ressentait néanmoins l'usure du temps, les aspirations contradictoires des électeurs devenaient difficiles à satisfaire : de la démocratie collective, mais des passe-droits individuels ; des emplois, mais un cadre de vie préservé. Il avait promis de s'opposer à l'immense carrière de Croquefigue, où Lafarge extrait depuis 2008 des calcaires urgoniens. Toutefois, le préfet força la décision, et Jeannot n'avait pas l'habitude de jouer les frondeurs. La situation s'était aggravée en 2018 avec l'ouverture d'une usine à goudron. L'association Signes Environnement a obtenu un complément d'enquête environnementale, et la présidente de l'association, Hélène Verduyn, est devenue en 2020 la nouvelle maire de Signes.

La pression écologique est de plus en plus forte et pourtant, sur une bande côtière qui ne cesse de s'étendre, le BTP tourne à plein régime, au même rythme que les carrières officielles et les décharges illégales sur lesquelles les entreprises « bennent » pour moitié prix (3 euros la tonne). À quelques kilomètres de Signes, entre Le Castellet et La Cadière, les viticulteurs de l'AOC de Bandol auront mis vingt-sept ans pour faire fermer la décharge de La Capucine qui accueillait, sur vingt hectares, des dizaines de semi-remorques par jour. Un million de tonnes de déchets de toutes sortes, remués par des tractopelles mais jamais retraités, avaient fini par former une colline entre les vignes. Les profits de cette décharge illégale, mais institutionnalisée, se chiffrent en millions d'euros. Il aura fallu que la députée LREM Valérie Gomez-Bassac fasse le siège des ministères pour que le scandale cesse. Mais nul, dans le Var, ne pouvait ignorer la situation, une partie des terrains appartenant au conseil départemental. D'autres installations semi-clandestines parsèment le territoire, une partie des terres évacuées pour construire le tunnel de Toulon auraient même été disséminées dans cet arrière-pays merveilleux.

Depuis le 5 août 2019, les enfants de Jean-Mathieu Michel ruminent leur chagrin. « Mon père est mort connement », soupire Stéphane. « À front renversé », ajoute un connaisseur de la politique locale. Jeannot n'était ni un bétonneur ni un écolo, juste un papet local usé, une jambe qui le faisait souffrir, un pied criblé de plombs par un tir malencontreux. La réaction stupide d'un maçon anonyme l'aura fait tomber au champ d'honneur. ♦

PATRICE TRAPIER est journaliste indépendant. Grand reporter puis rédacteur en chef et directeur adjoint du *Journal du dimanche*, il a écrit ou coécrit une quinzaine d'ouvrages, dont *Mort d'un SDF* (Calmann-Lévy, 1996), où il part sur les traces d'un sans-abri décédé à cause du froid, *Génération Routard* (Lattès, 2006), *La Taupe d'Allah* (Plon, 2000) et *Innocents : le calvaire des accusés d'Outreau* (Calmann-Lévy, 2005). *Le Journal du dimanche : 70 ans d'histoire(s)*, une sélection des articles les plus marquants du journal, a paru fin 2018.

LUCAS HARARI est illustrateur pour l'édition et la presse. Né à Paris, il est diplômé des Arts déco. Sa première bande dessinée, *L'Aimant* (Sarbacane, 2007), est un polar à la ligne claire dont le personnage central n'est autre que le célèbre établissement thermal de Vals, construit par l'architecte suisse Peter Zumthor. Il a récemment publié *La Dernière Rose l'été* (id., 2020).

LE SYNDROME DE VICHY

relu par BENJAMIN STORA

EN 1987, paraît *Le Syndrome de Vichy*, de l'historien Henry Rousso. Ce travail montre comment faire de l'histoire sur une page sombre de l'histoire contemporaine française sans se « contenter » de raconter, de révéler des faits. Mais en traquant les *traces* de cette période troublée dans le présent immédiat. En faisant de la mémoire restituée un objet pour l'histoire.

Au moment où commence cette année-là le procès Barbie, qui va porter le souvenir de la collaboration française à l'incandescence, un livre propose ainsi de dire l'histoire autrement. En se portant vers des séquences de l'après-Seconde Guerre mondiale, en découpant les moments français sous le régime de Vichy, en les classifiant, Rousso explique les vagues mémorielles qui vont se succéder. De la construction d'un récit résistancialiste, en appui du discours officiel gaulliste et communiste (si puissant à l'époque), à l'élaboration d'une histoire politique – celle de Robert Aron, historien en vogue dans les années 1950 –, où l'on voit Philippe Pétain jouer le rôle du porteur de bouclier, pour la défense de la nation française menacée.

De 1944 à 1954, Rousso évoque la phase de deuil avec « les séquelles de la guerre civile, de l'épuration à l'amnistie » ; de 1955 à 1971, il montre une phase de refoulement avec, en même temps, « une renaissance spectaculaire de la mémoire résistante, sous l'angle, il est vrai particulier, de la mémoire gaulliste » (c'est le temps du retour au pouvoir du général de Gaulle) ; puis, de 1971 à 1974, apparaît un miroir brisé avec le retour du refoulé et la fin des mythes (c'est la séquence de l'apparition du documentaire *Le Chagrin et la Pitié* – une chronique de la vie à Clermont-Ferrand sous l'Occupation, longtemps interdite –, et de la publication du livre de l'historien américain Robert Paxton, *La France de Vichy*).
Et, à partir de 1974, une phase obsessionnelle se développe, marquée par le réveil de la mémoire juive, avec, au centre, la révélation des travaux de Serge Klarsfeld sur le nombre de Juifs déportés en France.

Ce découpage en vagues particulières d'une mémoire qui ne cesse de hanter les Français m'intéresse alors au plus haut point. Cette approche singulière, originale, aura un effet sur mes travaux.

L'ouvrage est très vite encensé pour la nouveauté de son approche des questions historiques.
On invoque la démonstration d'une analyse qui sort des sentiers battus en activant les rapports féconds entre psychanalyse et histoire.
Mais le livre est aussi critiqué.
N'est-il pas trop inscrit dans le sillage de celui de Robert Paxton, qui envisage Vichy comme un seul bloc ? N'est-ce pas la reprise du procès contre Robert Aron, jugé trop manichéen (Rousso parle des « pudeurs historiennes » d'Aron) ? N'est-ce pas une démarche trop réductionniste ? Rousso répondra avec brio à ces accusations, qui ne

voulaient pas voir le pas franchi avec cette nouvelle méthode d'écriture de l'histoire.

Dans la deuxième partie de son ouvrage, l'historien de l'après-Vichy innove en étudiant la transmission du syndrome à travers les commémorations, les images du cinéma et de la télévision, et l'abondance (ou l'absence) d'historiographie, française comme internationale.

Avec *Le Syndrome de Vichy*, voilà aussi une histoire politique au sens plein du terme, intransigeante avec les faits et soucieuse de déceler des courants réels dans la société. Elle fournit la preuve que l'*histoire immédiate* est possible, pourvu que le récit soit conduit avec rigueur. Lors de la parution de ce livre, je travaille de mon côté depuis une dizaine d'années sur l'histoire de la guerre d'Algérie, sur la trajectoire compliquée du nationalisme algérien et sur le fait colonial au sens large. Et ce livre me bouscule. Il introduit dans mon esprit des correspondances évidentes entre deux moments.

Comme pour Vichy, dans l'après-guerre d'Algérie, n'a-t-on pas assisté à des situations de déni, de refoulements, puis à des moments compliqués de retours de mémoire ? Je m'interroge. Trois ans après paraîtra *La Gangrène et l'Oubli, la mémoire de la guerre d'Algérie*. Dans ce livre, j'ai voulu montrer comment l'oubli qui entoure la guerre d'Algérie a été « fabriqué » de part et d'autre de la Méditerranée. Amnésie du côté français ; commémoration officielle mise au service du pouvoir en Algérie : la double facette d'un même refoulement. « Guerre sans nom » pour les Français ; et pour les Algériens, « Révolution sans visage », avec mise au secret des principaux acteurs du nationalisme algérien, comme Messali Hadj ou Ferhat Abbas. L'objectif, en dévoilant les mécanismes de construction d'un récit d'histoire quelquefois fantasmé, était donc de sortir de l'occultation et de l'oubli. C'était en 1991. Sans me douter que, loin de s'apaiser, la recherche des vérités historiques allait aboutir à un durcissement des mémoires, parfois bien dangereux… Et il est arrivé la même chose au livre de Rousso.

En 1995, dans la revue *French Historical Studies*, Pierre Nora, qui avait lancé et dirigé la grande aventure des *Lieux de mémoire*, écrit, en évoquant la réédition du *Syndrome de Vichy* et la parution d'un nouvel ouvrage d'Henry Rousso avec le journaliste Éric Conan, *Vichy, un passé qui ne passe pas* : « Dans le premier, on a un ouvrage d'histoire sur les péripéties

Page de gauche : © ULF ANDERSEN / AURIMAGES. – *Page de droite* : © PIERRE JAVELLE

GARANTIR L'EXISTENCE ET LA FORCE D'UNE NATION FACE À L'OUBLI, EN AFFIRMANT LA CONTINUITÉ DE LA MÉMOIRE

de la mémoire ; dans le second, une véhémente mise en garde contre les soubresauts de cette mémoire. » Le voilà, fidèle gardien de la mémoire historique, inquiet que « l'exigence du devoir de mémoire proclamée aujourd'hui à tout propos, ou encore les appels solennels à la vigilance relèguent souvent au second plan le souci de la vérité et la nécessité du regard critique ». Et Pierre Nora d'ajouter : « Il est arrivé à Rousso le même genre d'aventure qu'à moi-même : une étrange aventure d'histoire boomerang. »

Les historiens partisans des sorties d'oublis se montrent désormais vigilants face aux mémoires envahissantes qui risquent d'obscurcir les vérités historiques. Dans les années 2000, à l'émergence d'une mémoire juive qui avait connu son apogée en 1995 avec le discours de Jacques Chirac au Vel d'Hiv, reconnaissant la responsabilité de l'État français dans la déportation, émergent d'autres mémoires. Celles qui prennent appui sur la longue histoire de l'esclavage et de la colonisation.

Le « syndrome de Vichy » va-t-il s'effacer au profit de ces nouvelles demandes mémorielles ? En fait, à sa suite, d'autres mémoires entrent en compétition (celles de l'esclavage et de la colonisation). Et l'on se rend alors compte que l'obligation mémorielle n'a pas seulement servi à construire des représentations pour éviter que ne se reproduisent des actes de barbarie et des guerres ; elle a aussi engendré, fortifié des idéologies nationalistes. Les espaces de mémoires, avec notamment la création de nombreux musées ou mémoriaux, se sont développés en remplissant ainsi plusieurs fonctions : empêcher que reviennent les temps de la cruauté, mais aussi... exalter la fierté nationale d'un pays. Ce lien mémoriel fort entretenu par l'État a assuré la poursuite d'objectifs déjà anciens : garantir l'existence et la force d'une nation face à l'oubli, en affirmant la continuité de la mémoire, enracinée dans le sol et ainsi transmise de génération en génération. Le processus de « repossession » des héritages de mémoire pour dévoiler des vérités historiques vient donc buter sur cette nouvelle difficulté : la construction identitaire du combat politique.

C'est dans ce contexte particulier qu'en France des polémiques se sont intensifiées autour des « lois mémorielles » : loi réprimant la négation de l'extermination des populations juives en 1990 ; loi reconnaissant le génocide arménien en 2001 ; loi condamnant l'esclavage comme un crime contre l'humanité en 2001... Les petits-enfants de colonisés sont entrés à leur tour dans cette bataille en voulant retrouver cette fonction mémorielle : reconnaître les crimes du passé pour assurer un combat politique, identitaire présent. Le débat sur ces lois s'est amplifié à l'occasion de l'examen de celle du 23 février 2005 traitant du problème de la colonisation. Son article 4, abrogé depuis, disposait que « les programmes scolaires reconnaissent en particulier le rôle positif de la présence française outre-mer, notamment en Afrique du Nord ». Cette loi a provoqué une grande mobilisation et de larges discussions. Une association, Liberté pour l'histoire, s'est constituée, précisément pour freiner un discours mémoriel victimaire qui entrave le travail des historiens.

Ce boomerang de mémoires devenues identitaires peut-il expliquer la fin du *Syndrome de Vichy*, si bien racontée par Henry Rousso ? En fait, la France reste malade de ces passés encombrants, de Vichy à la guerre d'Algérie. La difficulté vient du fait que les historiens doivent à la fois se méfier du discours des identités exclusives, qui enferment dans une seule vision du monde, et poursuivre leur travail d'investigation et de dévoilement des discours officiels portés par les États. Ils doivent continuer à voir les mythes qui reconstruisent et masquent une réalité plus complexe que des images d'Épinal. Inaugurée par *Le Syndrome de Vichy*, la bataille se prolonge toujours autour de la transmission comme autour de la réception des représentations mouvantes et contradictoires de l'histoire contemporaine française. ♦

BENJAMIN STORA est historien. Professeur des universités, spécialiste de l'Algérie et ancien président du Musée national de l'histoire de l'immigration, il a publié une quarantaine de livres. La collection « Bouquins » en a réédité en 2020 plusieurs des plus majeurs sous le titre *Une mémoire algérienne*, et il vient de publier, chez Albin Michel, *France-Algérie : les passions douloureuses*.

LA FAUTE À VOLTAIRE
chronique de MARTIN MAUGER
Illustrée par ÉRIC HÉLIOT

« QUEL BÂTARD ! »

Sur les résonances actuelles d'une invective a priori désuète.

AU MARCHÉ des injures, « bâtard » bénéficie aujourd'hui d'une cote respectable. Paradoxe : cette expression infamante connaît un retour en grâce alors même que les naissances hors mariage ne sont plus l'exception mais la norme (62 % en 2020). Sur ce point, on peut rapprocher son destin de celui du « crétin des Alpes », dont la popularité atteint des sommets vers le milieu du siècle dernier, époque où la science, à grand renfort d'iode, a proscrit ce mal qui entraînait de lourds problèmes de développement physiques et mentaux.

Dans certains contextes, l'emploi du terme « bâtard » se teinte toutefois d'arrière-pensées pour le moins désagréables. Le livre *Flic* du journaliste Valentin Gendrot comme le documentaire *Gardiens de la paix* produit par Arte radio témoignent de son usage raciste par des policiers à l'éthique professionnelle suspecte, très attachés, semble-t-il, à la charge d'impureté dont l'insulte est porteuse – obsession qui croise celle des amateurs de chiens à pedigree.

À l'autre bout de la matraque, on ne se montre pas non plus avare de cette épithète. L'acronyme anglo-saxon ACAB (*all cops are bastards* : « tous les poulets sont des… » vous savez quoi) a, depuis les grandes grèves des mineurs de l'ère Thatcher, traversé la Manche dans le sens inverse de celui suivi par Guillaume le Conquérant – aussi surnommé le Bâtard, car né de l'union à la danoise (*more danico*) du duc Robert de Normandie et d'Arlette de Falaise. Mais c'est un autre bâtard célèbre, Mordred, fils incestueux et félon du légendaire roi Arthur, qui permet sans doute de pénétrer le sens profond des quatre lettres qui fleurissent sur les murs et abribus : dans l'imaginaire traditionnel, bâtardise rime souvent avec traîtrise. De nos jours, cette connotation paraît avoir pris le dessus, le « bâtard » étant moins l'enfant dit « naturel » que le faux frère, auquel on ne peut faire confiance et qu'on méprise en conséquence. Qu'on se serve d'un tel vocable pour accabler les agents du maintien de l'ordre, voilà en tout cas un curieux retournement.

BON À SAVOIR

N'en déplaise aux adolescents rebelles, aux rappeurs à gros bras, aux rockers et aux punks, l'insulte est sans doute le meilleur garde-fou du bon ordre de nos sociétés. Elle est mal vue, certes, mais en coulisse de nos us, coutumes et lois – et sans doute plus efficacement que cette lumineuse trinité –, elle appelle chacun à ne pas s'écarter du droit chemin. Avec la délicatesse d'une matraque ou d'un bonnet d'âne, elle nous pousse à observer une hygiène scrupuleuse, à nous défaire de nos vices, ainsi qu'à pratiquer une sexualité ni trop expansive ni trop sommeillante, selon quelques schémas propres à la perpétuation de l'espèce. Par ricochet, elle blâme chez l'enfant les péchés des parents – on pourra juger le procédé inique, mais quel meilleur remède à une hérédité défaillante que cette injonction répétée à la vertu ? Plus encore, elle s'efforce sans cesse de prévenir l'effacement des frontières qui séparent l'humain de la bête, l'homme de la femme, etc.

On pourra estimer que l'insulte manque de discernement : le « sale type » sent parfois la rose et la « fille de putain » peut être née d'une femme mariée tout ce qu'il y a de respectable. Mais, plutôt que de déplorer une dilution de son sens, voyons là un trait de sa discrète générosité. Agissant dans l'ombre tel un vengeur masqué et frappant comme lui où on ne l'attend pas, ce n'est pas tant l'individu qu'elle corrige que la société tout entière. Tâche titanesque à remettre cent fois sur le métier, et que certains mauvais plaisants ne lui facilitent guère en tournant le blâme en blason.

YSEULT
© THIBAULT-THÉODORE

« Corps »

YSEULT s'appelle Yseult parce qu'il n'y a guère que des Françaises qui, sur la Terre, s'appellent Yseult. Sa fiche Wikipédia précise que « ses parents sont tous deux issus de la communauté eton du Cameroun », mais elle porte le prénom de l'héroïne d'une histoire qui circule en Bretagne au IXe siècle et s'écrit en français depuis le XIIe siècle. Elle est si française que tout cela n'est plus un paradoxe depuis belle lurette.

Pourtant, cela fait sens, pour elle comme pour notre culture populaire, qu'elle lance droit quelques phrases sévères, le 12 février 2021, pendant la 36e cérémonie des Victoires de la musique : « La réussite est un devoir. Le chemin est long en tant que femme noire, le chemin est long en tant que femme grosse, en tant que femme oubliée de la société, oubliée de la culture. »

Elle n'a pas tort : elle est une femme, elle est noire, elle est grosse. Yseult ne cherche pas à faire oublier ou excuser quoi que ce soit. Il se trouve qu'elle est nommée aux Victoires pour la chanson « Corps », dont le succès depuis plusieurs mois compte beaucoup dans sa sélection dans la catégorie « révélation féminine » – Victoire qu'elle va emporter.

Cette chanson dit beaucoup, et assez peu. En revanche, la vidéo qui a accompagné sa sortie en février 2020 expose tous les creux et lacunes des mots : cheveux crépus en une lourde masse, Yseult s'est posée à genoux sur le sol, enveloppée dans une robe de plastique transparent, et une caméra mettra cinq minutes à faire le tour d'elle en un très long travelling sans pudeur excessive.

Ce qu'elle chante passe parfois par des lieux communs des musiques urbaines, comme le regret des offenses passées à sa famille (« Un pardon à mon père, / Insolente, je l'ai été. / Dans les yeux de mon frère, / Ouais, des claques, il s'en est bouffé. / Sur les joues de ma mère, / Des rivières se sont écoulées »), mais son corps dit l'essentiel de ce que veut dire « Corps » – la restauration de l'estime de soi, l'empilement des rejets pour une grosse femme noire, l'impossibilité d'intégrer les canons de la beauté standard, la frontière imprécise entre l'invisible et le trop visible…

Mais c'est sans doute trop pour un certain regard sur la différence, et quelques attaques ont suivi son discours aux Victoires. Résumons : en raison de ses origines bourgeoises, Yseult n'aurait nulle légitimité à exprimer les souffrances d'une minorité. Comme si être la fille d'un cadre supérieur aurait pu avoir l'effet de la transformer en mince jeune fille blanche.

Née en 1994, Yseult Onguenet n'a certes pas connu de fins de mois douloureuses. Éducation stricte, enfance turbulente et docile à fois, rupture violente quand elle doit partir en pensionnat. Photo, mode, musique, elle cherche quelque chose qui pourrait la faire échapper à une destinée conventionnelle et soigner les blessures d'une adolescence dont elle comprend vite qu'elle aura du mal à guérir. Elle se souvient qu'on a voulu qu'elle prenne des leçons de piano, mais elle doit affronter le rejet radical par sa famille de son envie de musique.

Refusée aux auditions de *The Voice*, elle se rabat sur *Nouvelle Star*, en 2013. Elle est battue en finale par Mathieu Saïkaly. Cette 10e saison est pop, centrée sur les voix – une chanson en français pour deux chansons en anglais, et même trois en finale. Son « Je suis malade » d'après Serge Lama marque les esprits : elle est franchement différente, avec son vaste sourire et son régiment de nattes sur le

ELLE CHANTE DEPUIS QUELQUE PART OÙ COLÈRE, RÉSILIENCE, ACCOMPLISSEMENT ET AUTODÉFENSE SONT SYNONYMES

crâne. Défaite, donc, mais elle est sous contrat chez Universal. Il en résulte, en 2015, un album plutôt électro pop, volontiers radieux et poli, produit avec Da Silva et Fred Fortuny. À cette époque, on la voit partout où il faut être : duo avec Maurane, célébration de Charles Aznavour avec la jeune génération « diverse » de la chanson française... Elle est différente et le dit ; mais sa musique est gentiment conforme.

Coche-t-elle toutes les cases ? On le croirait ; il manque celle du succès commercial. Avec moins de 5 000 exemplaires de l'album vendus, ce n'est même pas un demi-échec encourageant. Quelques années plus tôt, à l'aube de ce siècle, on l'aurait laissée mener une carrière honorable mais sur le fil, plus visible que vraiment prospère – une carrière *Télérama*, comme disent les professionnels cyniques. Mais les temps ont vraiment changé : on ne donne plus de seconde chance en cette époque où les réseaux sociaux ont un pouvoir absolu. Le public a toujours raison, et on ne peut pas plaider l'erreur de promotion ou le mauvais timing.

Yseult ne s'en cache pas : l'échec de son premier album la plonge dans la dépression. Elle avait accepté une voie suggérée par sa maison de disques : douceur, séduction, fluidité et donc normalité. Son instinct l'aurait portée à plus d'âpreté. Alors, elle reprend au début. Écrire ses chansons, construire un label pour produire son projet, réunir une équipe qui comprenne ses envies. Et ses envies sont moins pop : une musique moins exclusivement chantée, un chant plus expressif, des textes volontiers rugueux mais moelleux...

Yseult est plus Booba que Barbara. Élocution souvent précipitée mais soigneuse, prises de souffle habilement erratiques... Poétiquement, quelque chose comme du Radiohead qui aurait réduit son lexique à la traduction, comme du rap français avec un cœur qui bat sous les muscles. Musicalement, de la soul pour écouteurs qui se souviendraient de la trap.

La nouvelle Yseult éclot en 2019, œil volontiers sombre et majeur pointé vers le haut, alors qu'on l'avait connue tout sourire et les lèvres « rouge baiser ». Elle chante depuis quelque part où colère, résilience, accomplissement et autodéfense sont synonymes. Le micro dans une main et sa Victoire de la musique dans l'autre, elle mêle dans son discours les tics de son époque, mi-street (« Je pleure comme une vieille meuf »), mi-entrepreneuse (« Merci à mes équipes »).

C'est d'ailleurs ce qu'elle dit dans « Corps », dès le premier couplet : « Le corps nu sur le sol, / J'me fais du mal depuis des années. / La main sur les yeux, / Pas envie de la retirer. / Y a pas de place pour les faibles, / Y a pas de place pour les regrets. » Ensemble, la souffrance qui ne se tait plus et la force émergeant des dégâts qu'elle produit, l'injonction de puissance et la détresse devant sa propre faiblesse. « Notre colère est légitime », dit-elle à la télévision, égérie parmi d'autres d'une convergence qui unit artistes, militants, influenceuses, mannequins et trolls de gauche. Une histoire d'*empowerment* et de bourrelets ? Pas seulement : Yseult appuie sur les injonctions emmêlées d'une identité de femme – gouffres et monuments, fierté et complexes, pesanteurs et élans. Collectif et intime, une voix dans le récit polyphonique d'une mutation. ♦

BERTRAND DICALE est journaliste et passionné de chanson française. Il a fait ses études à l'Institut d'études politiques de Paris. Après avoir travaillé au *Figaro*, il collabore à France Info comme chroniqueur musical. Il a publié de nombreux livres consacrés à des artistes (Juliette Gréco, Gainsbourg, Brassens, Aznavour) ainsi qu'un *Dictionnaire amoureux de la chanson française* (Plon, 2016). *Golf Drouot, 25 ans de rock en France* a paru en 2019 aux éditions Gründ.

YSEULT est autrice-compositrice-interprète. Née à Quessy (Aisne) en 1994 de parents d'origine camerounaise, elle a grandi à Paris. Sa participation à l'émission *Nouvelle Star* en 2013 débouche sur la sortie d'un premier album chez Polydor en 2015, mais c'est la création de son label Y.Y.Y., quatre ans plus tard, qui lui permet de s'épanouir artistiquement avec les EP *Noir*, *Rouge* et *Brut* (2020). Elle a reçu le titre de Révélation féminine de l'année aux dernières Victoires de la musique.

« CORPS »

Le corps nu sur le sol,
J'me fais du mal depuis des années.
La main sur les yeux,
Pas envie de la retirer.
Y a pas de place pour les faibles,
Y a pas de place pour les regrets.
Le cœur sur le sel,
Relève-toi faut pas déconner.

(Refrain 1)
J'ai ces bruits dans ma tête et j'aimerais que ça cesse, mais en vain,
J'ouvre un peu les yeux, des couleurs, des photos me reviennent.
Tous ces bruits dans ma tête, faut que ça cesse.

(Refrain 2)
J'ai perdu la tête,
Où est le chemin de ma maison ?
Quoi qu'il advienne,
Je retrouverai
Les clés d'la raison.

J'ai perdu la tête,
Où est le chemin de ma maison ?
Quoi qu'il advienne...
Quoi qu'il advienne...

Le regard des gens, j'en ai que faire,
Qui sont-ils pour me juger ?
Un pardon à mon père,
Insolente, je l'ai été.
Dans les yeux de mon frère,
Ouais, des claques, il s'en est bouffé.
Sur les joues de ma mère,
Des rivières se sont écoulées.

(Refrain 1 × 1)
(Refrain 2 × 3)

J'ai perdu la tête, ouais...
Hm, hm...
Quoi qu'il advienne,
Je retrouverai les clés d'la raison.

« CORPS »
Paroles d'Yseult Onguenet ;
Musique d'Yseult Onguenet,
Romain Descampe, Egil Franzen ;

TEXTE
JEAN-LOUIS LE TOUZET

PHOTOGRAPHIES
JEF BAECKER

« Cette vallée *doit* refleurir »

Après la catastrophe du 2 octobre dernier, qui a tout emporté sur son passage, des réseaux d'entraide et de solidarité se sont mis en place pour aider les habitants de La Roya, située au nord de Nice. Des bénévoles viennent chaque week-end au chevet de ces vallées sinistrées.

LE CIEL ÉTAIT percé depuis la veille. Mais quand le vent s'est engouffré dans la vallée de la Roya, en cette fin d'après-midi du vendredi 2 octobre 2020, la tempête Alex était déjà sur les rails, emportant dans les eaux en furie et les coulées de boue maisons, voitures, ponts et routes, faisant au moins dix morts et huit disparus, selon le bilan officiel du 28 janvier 2021.

Aujourd'hui, c'est grâce au rail reliant le littoral niçois et au TER qui grimpe vers Breil-sur-Roya – en attendant la totale réouverture de la ligne vers Tende, après consolidation de la voie fin avril – que se sont immédiatement mis en place les réseaux de solidarité qui sont venus en aide aux populations enclavées de la Roya, dans la semaine qui a suivi le désastre. Ce même rail qui a permis la mise en œuvre des travaux herculéens de réfection des chaussées, de construction de ponts, de gués et de consolidation des ouvrages d'art, diligentés par les services de l'État, de la région, et du département.

C'est dans ce paysage d'infirmité qu'œuvrent sans relâche chez les particuliers les entreprises de travaux publics – certaines très locales –, mais aussi, le week-end, des bénévoles – parfois plus d'une centaine – que dépose chaque samedi matin le « train des Merveilles », la rame touristique qui « monte » de Nice par le TER de 8 h 40.

Ici interviennent notamment Les Week-ends solidaires, dont les bénévoles tiennent dans deux wagons (une soixantaine de personnes débarquent en moyenne chaque samedi

Page d'ouverture : L'opération « Refleurir la Roya » a réuni les associations Week-ends solidaires, Aide aux sinistrés et Mission Trekkers pour une action commune à Breil-sur-Roya, le 27 mars 2021.

en gare de Breil). Cette association créée par Gil Marsala, un Niçois producteur de spectacles et de musique, a réuni une véritable armée de bras intervenant dans les trois vallées sinistrées – Tinée, Roya, Vésubie –, qui pour reconstruire des murets, qui pour nettoyer les abords, qui pour débiter du bois. Toujours chez des particuliers.

Les missions du Secours populaire et d'Emmaüs Roya, à travers leurs antennes établies à Breil et à Tende, sont de même nature. Mais, installées localement, elles développent avec les populations un rapport d'entraide presque plus intime, fait de tact et de discrétion, qui a empêché certains habitants de sombrer et permis que flotte aujourd'hui sur la vallée de la Roya un esprit de partage.

LA GORGE DE LA ROYA EST UNE ŒUVRE MAGIQUE QUI, EN ATTENDANT, N'A PLUS DE JARDINS, PLUS DE ROUTES, PLUS DE PONTS

À la vérité, toutes ces associations donnent une dimension nouvelle à la fraternité en mutualisant leurs efforts. Ce sont des brèches de clarté dans les ténèbres tombées en ce début d'octobre 2020 sur ces vallées meurtries. Et précisément dans la Roya, la plus difficile d'accès mais peut-être aussi la plus remarquable, tant le décor ici s'ordonne en une succession de plans sublimes, comme dans un théâtre. Elle n'a pas bénéficié des retombées économiques de l'« or blanc » comme celles de la Vésubie et surtout de la Tinée, qui conduisent aux stations de ski (Colmiane, Isola-Valberg). La gorge de la Roya est une œuvre magique qui, en attendant, n'a plus de jardins, plus de routes, plus de ponts.

Si l'électricité a été en partie rétablie dans les 72 heures à Breil-sur-Roya, la commune de Tende, en revanche, a vécu plusieurs jours dans le noir. Début mars 2021, dans cette commune accrochée au roc tout comme la sublime Saorge voisine, des hameaux isolés étaient encore privés d'eau. Être raccordé à l'« eau de la ville » prêterait presque à sourire, ici. Quand on vit dans ces vallons reculés, en effet, on est souvent raccordé à l'eau de source. Or, même les adductions, la plupart du temps sommaires, ont été emportées dans la crue des affluents de la Roya. C'est là, dans ces zones les plus difficiles d'accès – parfois à deux heures de marche, en portant jusqu'à 20 kilos de vivres, comme dans les premiers jours qui suivirent la catastrophe –, qu'interviennent d'autres bénévoles, plus aguerris, qui se donnent aussi rendez-vous via Facebook.

Mission Trekkers n'est pas à proprement parler une association, mais un « groupement d'individus qui ont voulu répondre par le bénévolat à la détresse des populations touchées », selon l'une de ses chevilles ouvrières, Martial Lyonnais. 50 ans, cheveux ras, coupés en brosse, il est fonctionnaire hospitalier à Fréjus et pompier volontaire. Les membres de Mission Trekkers sont principalement issus du corps des pompiers. Ils viennent du littoral des Alpes-Maritimes, du Var, parfois des Bouches-du-Rhône, voire de l'agglomération lyonnaise, et sont spécialisés dans le « sauvetage déblaiement ». Quelques-uns sont intervenus lors des inondations meurtrières de 2015 et 2019 qui avaient ravagé le littoral des Alpes-Maritimes et du Var.

Ils sont quinze, dont quatre femmes, en cette fin février. Le ciel est d'un bleu intense mais, à l'ombre, la température ne dépasse pas les 5 degrés. Ils ont, allez, 35 ans en moyenne. On trouve parmi eux une architecte, une employée de banque, et même d'ex-militaires parachutistes et un ancien légionnaire. Ils viennent par leurs propres moyens : « Payer le carburant et les péages de notre poche, c'est le moins que l'on puisse faire pour venir en aide à des gens qui ne seront jamais indemnisés de leurs pertes », assure Martial qui, ce jour-là, se trouve à la tête du groupe de volontaires « monté sur zone en complète autonomie ». Comprendre : capables de

dormir dehors et de se nourrir par eux-mêmes – bien qu'ils aient accepté, cette fois, d'être hébergés chez l'habitant.

Lors de cette dix-septième mission, les trekkers vont déployer 1 400 mètres de tubes souples en amont du vallon de la rivière Caïros et raccorder à la source cet anaconda en polyéthylène. Le lit du Caïros a été éventré par la crue. Il faut avancer péniblement en cuissardes d'égoutier dans des zones d'éboulis, tronçonner, élaguer puis dérouler ces quatorze couronnes de tuyau acheminées par hélicoptère et qui tirebouchonnent, résistent à la traction humaine. Poser ensuite les raccords. Ce jour-là, au crépuscule, l'eau captée coule enfin au crépuscule chez ce couple qui avait été hélitreuillé par l'armée trois jours après la catastrophe.

Ils sont monégasques. Nadia et Yves ont acheté cette maison de pierres, toiture en lauze, il y a trente-cinq ans. La crue n'a pas touché les fondations, car elle est en surplomb, mais elle a emporté l'abri de jardin en rondins, les outils, une parcelle boisée de la taille de la moitié d'un terrain de foot et toutes les terrasses en pierres sèches patiemment construites depuis trois décennies. Aujourd'hui, tout n'est que rocs, souches de résineux, chênes arrachés comme des pieds de poireaux, racines au ciel. De loin, on dirait des éventails de cocktails plantés dans des cigares.

Elle, très émue : « C'est notre maison de famille. On y a célébré naissances, mariages. Tous les instants précieux de notre vie. Mon mari avait fait de la rive un jardin merveilleux. Il n'y a plus rien. Il ne veut même plus jeter un œil dehors, ça le démoralise. Sans vous, vous savez, nous aurions attendu l'eau encore des mois… C'est comme une renaissance… » Elle s'affaire en cuisine pour démouler un gâteau.

« Du thé ? Des bières, peut-être ? »

« Oui, une bière, madame, je veux bien », répond un jeune homme aux muscles encore gonflés par l'effort.

Martial se débarrasse de son matériel, le dispose dans le coffre du pick-up qu'encombrent

Ci-dessus :
Le 27 mars 2021, lors de l'opération « Refleurir la Roya » : Gil Marsala (au fond en orange), de l'association Week-ends solidaires ; Wilfrid Bricourt (en rouge), de l'association Aide aux sinistrés ; et Matthieu Whyte (en bleu) coordinateur du Secours populaire à Breil-sur-Roya.

jerrycans et tronçonneuses, et déglutit son thé brûlant le masque en bavoir.

Elle : « C'est un réconfort de vous voir... Enfin, on va pouvoir se laver, faire tourner la machine... »

Le groupe de trekkers ne s'éternise pas, l'heure du couvre-feu est légèrement dépassée. Une autre mission les attend le lendemain, « pour livrer à pied 200 litres d'eau potable à des personnes âgées isolées ». Martial précise : « Souvent, les gens veulent nous rémunérer, c'est un geste naturel. Sont presque gênés qu'on n'accepte pas d'argent. Notre acte est désintéressé. Nous sommes des pompiers. »

Au premier étage de la mairie de Breil-sur-Roya, le souvenir du péril est encore palpable. Les murs de la cage d'escalier sont à nu, lavés par l'eau qui a submergé le rez-de-chaussée. Sur la place de l'église Sainte-Catherine, de grandes bâches sont nouées sur des échafaudages, comme les stigmates de cette funeste nuit du 2 octobre où les platanes centenaires qui bordaient le boulevard Rouvier ont été arrachés par le débit quasi amazonien de la Roya. Le maire LR, Sébastien Olharan, 27 ans, élu en mars 2020, a une vue plongeante sur les traces de la tragédie d'octobre.

Son mandat s'annonçait jeune et splendide. Six mois après, les habits du maire ne sont pas trop grands, y compris de l'avis de personnalités qui ne sont pas de son bord politique. « C'est un homme intelligent, même si sa campagne municipale, à mon avis, a été très marquée à droite par les thèmes antimigrants. Pour autant, nos relations sont bonnes, bien meilleures qu'avec son prédécesseur de gauche. En fait, le maire est un homme pragmatique. Il a très vite compris que toutes les associations qui interviennent allaient être des acteurs majeurs de la reconstruction, notamment à Breil. En réalité, c'est la coordination des actions entre la communauté de communes de La Riviera et les communes de la Roya qui pose problème. Il nous a fallu attendre plus de

Ci-dessus :
Le 6 mars 2021, cinq mois après le passage de la tempête Alex, le village de Tende est toujours isolé.

quinze jours pour récupérer un vieux conteneur et enfin débarrasser la rive de déchets que les compagnons et bénévoles avaient collectés deux semaines plus tôt. Probablement que mon passé n'aide pas... » résume Cédric Herrou. Figure du « devoir de solidarité » envers les migrants, cet agriculteur de métier a fondé l'an dernier l'antenne Emmaüs Roya, à « vocation paysanne » - la seule de la sorte sur le territoire -, où huit compagnons, à la fois demandeurs d'asile et sans-papiers, travaillent d'ordinaire au maraîchage.

Mais, le week-end, Emmaüs - comme toutes les associations - se déploie grâce à des bénévoles souvent venus des départements limitrophes et qui « suivent Cédric sur Facebook », ainsi que l'explique Denis Gouin, restaurateur à Salon-de-Provence. Denis est arrivé « par la route » pour assainir les berges chez des particuliers, couper et fendre les arbres que la Roya a charriés. Les « demandeurs » de bois, souvent âgés, s'inscrivent durant la semaine à la mairie, et les compagnons livrent ensuite ce bois de chauffage gratuitement, à l'aide d'un petit camion-benne de 3 tonnes.

Denis a souhaité « donner de son temps » pour déblayer les rives souillées : « De toute façon, à cause du Covid, je suis fermé ; et quoi faire d'autre, sinon aider ? Le 27 février, j'ai fait mon premier chantier. J'étais un peu inquiet car je n'ai pas les capacités physiques pour crapahuter en montagne, comme les trekkers. Et j'ignorais la nature des travaux. Mais ramasser des déchets, transporter du bois d'une rive à l'autre avec une tyrolienne, c'est faire œuvre utile. En fait, j'ai trouvé une solidarité que j'étais venu chercher. Ça passe par des petites choses. »

Lesquelles ? « Ramasser des ordures sur ce qui était autrefois une promenade. C'est un travail de fourmi. Arracher un tuyau de camion de pompier de la boue, du mobilier de jardin, des mètres de grillages sous les gravats, un motoculteur enseveli, est ressenti par chacun comme une petite victoire. À cette vitesse on se dit qu'il faudra un demi-siècle pour nettoyer ce que la tempête a causé comme dégâts... Mais c'est aussi un tuyau de moins qui ne sera pas rejeté à la mer... »

Mi-mars, Denis est revenu avec sa fille et des amis : « Ce qui m'avait frappé la première fois, se souvient-il, c'est qu'il y avait beaucoup plus de femmes que d'hommes dans les rangs des bénévoles. »

Une septuagénaire remarquablement apprêtée, arrivée de Nice par le train pour « aider », semble un peu perdue. Le groupe Emmaüs est déjà à l'œuvre à Breil pour nettoyer les hectares de la rive droite de la Roya. La dame a pris son panier-repas pour la journée, mais pas de gants. On lui en prête, des verts, un peu grands. On comprend un peu plus tard que, sans la gratuité du train, elle n'aurait pas pu se payer le billet aller-retour. Cette femme est une lueur d'humanité dans cette nécropole de plastique, pneus, outils, ballons d'eau chaude, machines à laver, fers à béton, escarpins et jouets pour enfants qu'arrachent à la main des bénévoles sur le point de recevoir eux-mêmes l'hospitalité pour la nuit chez des habitants - du moins pour ceux qui ne repartiront pas pour Nice par le train du soir.

« ON SE DIT QU'IL FAUDRA UN DEMI-SIÈCLE POUR NETTOYER CE QUE LA TEMPÊTE A CAUSÉ COMME DÉGÂTS... MAIS C'EST AUSSI UN TUYAU DE MOINS QUI NE SERA PAS REJETÉ À LA MER »

Pour Cédric Herrou, dont la silhouette ici est familière, l'image même de la vallée serait sur le point de changer grâce à ces centaines d'inconnus qui se sont succédé depuis octobre 2020 pour prêter main-forte : « On est train de passer de la vallée des migrants... à celle de la solidarité. Le lendemain de la tempête, les habitants erraient hagards, sacs plastique à la main, fuyant la vallée. C'est ce que vivent en fait les migrants », explique-t-il, notant que la

LE SECOURS POPULAIRE NE SAUVERA PAS À LUI TOUT SEUL LA VALLÉE. IL EN RECOLLE SIMPLEMENT LES MORCEAUX

population a dû ressentir dans sa chair la fragilité et la peur que ressentent ceux qui ont quitté leur pays dans l'espoir d'une vie meilleure.

Retour dans le bureau du maire de Breil. La situation est étrange et solennelle. C'est à la fois l'après-guerre et la guerre en cours contre le Covid. D'abord, le maire porte le masque. Ensuite, cette impression qu'il porte aussi le ciel sur ses poings nus. Face à la mairie, sur la rive droite, certaines maisons sont frappées d'un arrêté de péril. Elles sont vides. Il n'y a rien. Pas même un chien. Le maire n'a pas encore l'éloquence des deux tribuns des Alpes-Maritimes – Éric Ciotti et Christian Estrosi –, mais il est le seul à fournir un panorama synthétique : « Depuis six mois, les dons continuent d'affluer. Contrairement à ce que j'avais au début pressenti, la solidarité mise en place par les associations ne s'effrite pas. Ça réchauffe le cœur de savoir que, six mois plus tard, l'effort ne s'est pas relâché, même si cela ne fait plus la une des journaux », rappelle le maire. Il parle aussi de « tâche immense à relever dans toutes les vallées frappées par Alex ». Il fait référence à la voisine Vésubie, où il est tombé 500 litres d'eau par mètre carré en 24 heures. La pluie, là aussi, avait emporté les sols. À Tende, dans la vallée de la Roya, en amont de Breil-sur-Roya, la rivière a tellement gonflé qu'elle est sortie de son lit au point d'éclater les ponts comme le canon d'un vieux fusil.

La Roya est devenue alors une ogive liquide qui a ouvert en V les communes de Tende, de Fontan et de Breil. L'eau maigre de fin septembre 2020 s'est transformée en quelques heures en une houle qui a arraché en un instant des rives concaves cultures, chênes centenaires, saules, résineux, jardins, campings, et même un atelier de métallurgie-ferronnerie – qui surplombe pourtant de 5 mètres le cours d'eau –, ne laissant que ruines.

Serge est un ancien bûcheron à Saint-Dalmas-de-Tende. Il se souvient du soir du 2 octobre 2020. La puissance de l'eau était telle qu'il a cru à une succion de l'air. En contrebas, se remémore-t-il, la Roya en furie avait déjà tout emporté : machines agricoles, pelles mécaniques, réduisant les voitures à l'état d'épaves concassées. Le petit pont en pierre qui reliait les deux rives de la Roya et permettait de rejoindre la maison de Serge, sur celle de droite avait été construit par ses aïeux. Il ne reste de cet accès privé qu'un pilier... Son habitation est aujourd'hui inaccessible. Il y a bien une tyrolienne qu'il a installée pour faire passer les bouteilles de gaz, mais Serge ne peut avancer la totalité de la somme pour construire une passerelle métallique. Il a alors contacté le Secours populaire, dont il a appris qu'il proposait un « dispositif d'aide ». Le corps noueux comme un cep de vigne, Matthieu Whyte, 49 ans, est venu rendre visite à Serge pour parler avec lui, et surtout pour l'écouter longuement. Il est le coordinateur du Secours populaire « sur les trois vallées » et doit donc rendre compte à Jean Stellittano, secrétaire général de la fédération des Alpes-Maritimes du Secours populaire, « de l'urgence des demandes – mais pas de la faisabilité, d'un point de vue technique, d'une passerelle, par exemple, car cela dépasse totalement nos connaissances », explique-t-il. Il se charge ensuite de contacter une entreprise pour un devis. En l'occurrence, « le pont de Serge » a été chiffré aux alentours de 30 000 euros. La Croix-Rouge devrait également le financer. Les dons versés au Secours populaire par les fédérations départementales abondent les comptes de la fédération des Alpes-Maritimes. Mais c'est surtout la tombola solidaire de Julien Doré, l'an dernier, qui a permis de gonfler considérablement la trésorerie de 900 000 euros, la faisant bondir à près de 1,5 million. En tout cas, Serge aura un pont pour l'hiver prochain.

Le Secours populaire ne sauvera pas à lui tout seul la vallée de la Roya. Il en recolle simplement les morceaux. La distribution de colis alimentaires et de vêtements dans les locaux de Breil et de Tende n'a jamais cessé. Jean Stellittano se souvient encore de la première réaction des élus de Tende quand l'antenne du Secours populaire s'est installée quatre semaines après la catastrophe : « Ils ont écarquillé les yeux : "Mais enfin, il n'y a pas de pauvres ici !" », lui ont-ils signalé, outrés.

Aujourd'hui, les rapports avec les élus se sont « considérablement améliorés », ce dont Jean Stellittano se félicite : « Vous savez, ici, c'est la vallée la plus pauvre du département, et il existait avant la catastrophe une vraie précarité que certains élus ont feint de découvrir. Le cataclysme a touché indifféremment le notaire et l'éleveur, le riche et le pauvre. Mais la crainte, que partagent aussi tous les élus de la vallée, c'est l'exode des actifs. Et que l'on se retrouve dans quelque temps dans des villages fantômes, avec simplement des retraités. Notre mission est aussi de redonner espoir : oui, on peut vivre ici. C'est aussi de montrer que les dons servent aux vallées. »

À quoi sont-ils employés, d'ailleurs ? À offrir une perceuse à 70 euros à un couple de retraités relogé dans le centre de Tende, dont la maison est « inhabitable », et qui se doute bien que « le provisoire va aussi durer longtemps ». Ou à installer, comme à la mi-mars, une clôture dans un terrain accidenté grâce à « la soixantaine de bras » des Week-ends solidaires. Opération que cofinance la Croix-Rouge et conduite de bout en bout par le Secours populaire pour délimiter la petite parcelle de Géraldine, dont les terrasses de pierres ont été également consolidées à cette occasion. Elle a quitté quelques jours sa petite maison sur les hauteurs de Tende, « sereine et réconfortée par cette humanité au travail », pour subir une intervention chirurgicale délicate à Monaco : « D'abord, mon saint-bernard ne partira plus vagabonder. Et ensuite, j'ai retrouvé ici le meilleur de l'homme, un allant et l'envie de me battre contre la maladie », dit-elle avec gaîté. Quoi d'autre encore ? Financer l'achat d'une « remorque moutonnière d'occasion » pour Camille, un éleveur de brebis qui ne dispose plus de ses terrains – « le propriétaire préférerait y mettre des transats l'été plutôt que mes moutons », grince-t-il, il doit donc les faire pâturer dans un enclos privé à 3 kilomètres de sa minuscule fermette. Ces dons sont toujours reçus avec émotion.

Redonner espoir aux habitants, c'est aussi les écouter, comme le fait ce matin du 28 février Matthieu Whyte, avec l'attention d'un merveilleux pédagogue, puis expliquer ce que peut faire le Secours, et ce qu'il ne peut pas. La jeune chapelière de Tende demande simplement à être mise en relation « avec un webmaster » qui saura mettre en « lumière » ses créations sur un site. Matthieu hoche la tête, réconforte d'une phrase. Elle dit qu'elle croit plus que jamais « à une renaissance de la vallée », mais qu'elle a aussi perdu, dans cette nuit du 2 octobre, un « patrimoine immatériel : mes patrons pour les feutres de chapeaux ». Après le « chaos », elle a trouvé

Ci-dessus : Le village de Tende, toujours en reconstruction le 6 mars 2021.

« JE CROIS QUE DE TOUTE CETTE BOUE QUI A ENSEVELI LES VALLÉES SORTIRA UN JOUR UNE FLEUR DE LOTUS. VOUS NE TROUVEZ PAS QUE C'EST BEAU ? »

refuge pendant un mois et demi chez des amis. Elle glisse qu'elle a consulté : « Je me suis fait aider, mais beaucoup résistent encore à l'idée de solliciter une assistance psychologique », constate-t-elle.

Jean-Michel Diesnis est un homme délicat, sympathique et à l'intelligence rapide. Il va sur ses 65 ans. Psychologue à la maison de santé de Breil. On peut résumer prosaïquement sa mission : engouffrer le monde et le faire dégorger par la parole. Parfois il rentre en auto-stop dans son nid d'aigle de La Brigue. La consultation improvisée dure alors le temps d'un trajet en voiture :

« Alors ça va ? » dit-il au chauffeur.

« Oui, et encore, je m'en suis bien sorti par rapport aux autres... Mais, en fait, on est tous des sinistrés, des gens privés de liberté », répond le type qui l'a rapproché de son domicile.

Jean-Michel parle de cette femme « solide », commerçante à Tende, qui tient le choc « parce qu'elle voit du monde ». Mais d'autres « craquent », admet-il. « Certains sont devenus totalement accros à la série *En thérapie*, sur Arte, mais me disent : “Ah non, non, je ne vais pas me lancer là-dedans ! Au fond, je suis comme le type qui m'a pris en stop : sinistré. Mais je crois, comme me l'a dit un jour un patient, que de toute cette boue qui a enseveli les vallées sortira un jour une fleur de lotus. Vous ne trouvez pas que c'est beau, bon ? »

Il n'y a pas que la boue qui a englouti la vallée. À mi-pente du col de Brouis, la piste mène au domicile de Peter et d'Anna. C'est un couple de Danois d'une gentillesse exquise. Ils ont une petite quarantaine d'années et vivent là à l'année, travaillant tous les deux dans le tourisme. Un glissement de pierres empêche la progression de leur véhicule vers leur domicile, d'où la vue sur la vallée est à couper le souffle. Depuis six mois, ils montaient à pied le soir, le dos chargé de victuailles, comme des sherpas, dans les éboulis causés par les pluies diluviennes et l'érosion. Le couple n'a jamais sollicité une quelconque aide.

Un jour de janvier, Peter donnait un coup de main pour déblayer chez un particulier, à Breil. La conversation a roulé sur leur situation. Peter a simplement dit qu'il y avait des gens qui n'avaient plus ni toit ni boulot, mais qu'eux étaient jeunes et que de porter durant 20 minutes 20 kilos sur le dos était en comparaison peu de chose. Le 27 février, des membres de l'association Aide aux sinistrés, Wilfried Bricourt et deux de ses collègues conducteurs d'engins de travaux, ont entrepris de dégager l'accès de Peter et d'Ana, qui ne s'y attendaient pas. Six heures de boulot pour venir à bout de 150 mètres cubes de remblai. La piste est désormais carrossable. Le Secours populaire a réglé les deux journées de location de la pelle mécanique, plus le gazole : 1 200 euros.

Wilfried, le coordinateur de l'association, est responsable, à 51 ans, « de l'enfance et de la jeunesse » à la mairie de Camaret-sur-Aigues, dans le Vaucluse. Depuis novembre 2020, chaque week-end, il roule neuf heures au total pour se rendre dans la vallée de la Roya « afin d'apporter aux gens une aide concrète ». Il quitte Camaret à 4 heures du matin le samedi et repart le dimanche vers 14 heures « pour respecter plus ou moins le couvre-feu », dit-il en riant. Mi-mars Wilfried en était à sa vingt-cinquième mission. En mars, il a rempli son Trafic Renault de fleurs à rempoter, dons d'une jardinerie près chez de lui pour les gens « à qui on vient en aide » : « Cette vallée doit refleurir », aime-t-il dire.

À la vérité, il faudrait tout citer, dire combien il y a de grandeur cachée et d'hospitalité spontanée. À l'instar de Nadège Pastorelli, entrepreneuse et patronne du supermarché Carrefour de Breil qui a mis son studio du centre-ville à disposition de celui qui écrit ces lignes. Mme Pastorelli croit évidemment au commerce et au développement de sa commune. Pour preuve, elle a rafraîchi en mars *Le Buffet de la gare* (100 000 euros de travaux et une cuisine toute neuve) et vient de relancer l'épicerie Spar de Tende, que les habitants de la commune attendaient avec une impatience folle. Une dizaine d'emplois sont à la clef. Elle dit, avec cette franchise de femme d'affaires qui fut dès le départ sur le front de la mobilisation : « J'ai agité des connaissances que j'avais dans la presse audiovisuelle pour leur dire combien nous avions l'impression d'être coupés du monde, abandonnés. On est sinistrés quand on n'a plus de toit, mais surtout quand on n'a plus de moyens de se déplacer, et que les ponts et les routes sont coupés, ou qu'on remet en cause le train, notre ligne de vie. Je suis née ici et je suis certaine qu'on va s'en sortir. Le travail que font les associations est essentiel. Sans elles, on aurait perdu espoir, même si tous les services de l'État sont là. »

Les gens ici ressemblent à ce qu'ils sont : certes encore blessés, mais persévérants, volontaires, accueillants, sincères et sûrement de plus en plus solidaires. ⧫

Page de gauche, en haut :
L'opération « Refleurir la Roya », le 27 mars, à Breil-sur-Roya.

En bas :
Le marché paysan de La Brigue animé par une fanfare, à Tende, le 6 mars 2021.

JEAN-LOUIS LE TOUZET est journaliste. Il a travaillé au quotidien *Libération*, pour lequel il a suivi le Tour de France pendant vingt ans. Ses chroniques ont paru dans un recueil intitulé *Un vélo dans la tête* (Stock, 2014). Grand reporter, il a couvert plusieurs conflits au Proche-Orient et en Afrique. Son reportage consacré à la fille de Kadhafi a reçu le prix Louis-Hachette pour la presse écrite en 2012.

JEF BAECKER est photographe. Installé à Nice, il couvre l'actualité depuis une quinzaine d'années, avec une prédilection pour les sujets sociaux qu'il tâche de mettre en lumière.

La nouvelle inédite de

LOLA LAFON

Lors de l'été 2000, une mère de famille assiste pour la première fois aux compétitions de surf, à Hossegor, en compagnie de ses deux enfants. En demandant un autographe pour eux à une grande championne australienne, elle se découvre un penchant amoureux.

LOLA LAFON a grandi en Bulgarie puis en Roumanie. Romancière et musicienne, elle est notamment l'autrice de *La Petite Communiste qui ne souriait jamais* (Actes Sud, 2014) et de *Mercy, Mary, Patty* (id., 2017). Elle a publié en 2020 *Chavirer* (id.), roman qui raconte le destin de Cléo, une jeune femme piégée à l'adolescence par une mystérieuse fondation qui lui promettait de réaliser son rêve de devenir danseuse – une méditation sur la prédation et le pardon, récompensée par le prix France Culture-Télérama et le prix Landerneau des lecteurs.

Vague à l'âme

UN SOUVENIR D'AUDACE ? Eh bien, un soir de septembre 2000, Hélène avait rendez-vous à Hossegor. La voiture ne démarrait pas ; malgré la nuit tombante, elle ne s'était pas démontée, elle avait marché trois kilomètres en forêt puis, une fois sur la route, elle avait fait du stop. Ania, sa fille aînée, leva les yeux au ciel : seule en forêt ? Et du stop en pleine nuit ? Ça n'était pas audacieux mais inconscient !… Avec qui avait-elle rendez-vous ce soir-là ? Hélène haussa les épaules, c'était une vieille histoire, elle allait rejoindre *une personne*, pour laquelle elle avait alors un… penchant.

Ses enfants se serraient autour de la cheminée, de jeunes adultes retrouvant le goût du jeu dès lors qu'ils se réunissaient dans la maison de vacances, cette vieille ferme landaise aux murs d'un blanc granuleux et aux colombages en chêne. Hugo, Camélie et Ania se coupaient la parole, avides de savoir qui se dissimulait sous le « penchant » prudent de leur mère : était-ce le prof de maths qui leur avait donné des cours, l'été du divorce ? Et elle avait couché ou pas ? Hélène leur sourit et leur mentit : c'était une passade, elle s'en souvenait à peine. Revenus aux règles du jeu, ils conclurent que son histoire, c'était zéro audace mais cent pour cent stupide.

Leur sentence restait ancrée dans sa nuit, un bilan chiffré : Hélène avait 58 ans et zéro audace. Ses enfants disaient vrai : elle n'avait pas même eu le courage de révéler le prénom dudit « penchant ». Un prénom refrain de l'été 2000, au goût d'exploit, deux syllabes que les fans de surf prononçaient avec révérence. L'audace d'Hélène était née d'un sport extrême qu'elle ne pratiquerait jamais.

De son premier été de divorcée, elle gardait le souvenir d'un mélange de légèreté et de lassitude, celle de devoir occuper journellement ses enfants encore petits : ils avaient entre 4 et 9 ans. L'événement à venir était placardé le long des plages : QUIKSILVER PRO HOSSEGOR CHAMPIONNAT DU MONDE DE SURF du 28/08 au 6/09/2000. Pour Hélène, le surf était l'affaire de jeunes blondinets aux trapèzes bien dessinés, une affaire commerciale aussi, à l'image de ces surfshops toujours plus nombreux dans le centre d'Hossegor.

Mais un championnat du monde, c'était autre chose. Pour les convaincre de se lever à l'aube, Hélène vanta aux enfants le courage des surfeurs : la météo marine prévoyait des vagues de deux à trois mètres, on allait assister à un spectacle exceptionnel.

À cette heure matinale, le parking de la plage des Estagnots ressemblait à un dortoir à ciel ouvert : des silhouettes en short et large tee-shirt assis devant leur van aménagé s'étiraient, bâillaient, certains se brossaient les dents près du point d'eau, d'autres, les cheveux emmêlés de sommeil, enfilaient une combinaison en néoprène noir. Des autocollants sur la lunette arrière des camionnettes témoignaient de leur périple : RIDE THE WAVE OF KIRAA. RIPCURL PRO 2000 BRASIL.

À la fin de l'été, Hélène saurait combien ce petit monde, aux apparences libertaires, était organisé de façon hiérarchique : les « travellers » du parking formaient la « caravane », de bons surfeurs, mais pas au point d'attirer un sponsor. Ils suivaient le « tour » tant qu'ils en avaient les moyens, tant que leurs enfants étaient petits. Le tour était cette royauté de quarante-quatre surfeurs professionnels, les meilleurs du monde. Un monde qui se résumait à une succession de compétitions, de plages, de bars et de chambres d'hôtel, d'Australie jusqu'en Californie en passant par Hossegor.

La plage était quasiment déserte, à l'exception d'une quarantaine de spectateurs blottis sous des couvertures. Au pied de la dune, un bâtiment en préfabriqué abritait les juges qui noteraient les prestations des surfeurs. La brume barrait l'horizon, l'océan réduit à une ligne sombre sur laquelle deux hommes s'affrontaient, l'un vêtu d'un lycra de compétition rouge, l'autre, d'un bleu : un « man to man ». Hélène avait craint d'assister à un show médiatique, mais c'était tout l'inverse : les épreuves de surf étaient rétives aux impératifs télévisuels, et impossibles à retransmettre en direct car l'océan gardait la main. De longues minutes s'écoulaient durant lesquelles il ne se passait rien. Assis à califourchon sur leur planche, les surfeurs scrutaient l'horizon. Une vague déferlait, qu'ils dédaignaient. Puis, brusquement, l'un faisait volte-face, ramait de toutes ses forces vers un frémissement, pour être le premier à prendre la vague espérée.

Hélène expliquait aux enfants ces règles qu'elle-même tentait de comprendre : ils avaient vingt minutes pour exécuter les manœuvres les plus radicales possible sur les vagues de leur choix. Hélène ignorait pourquoi un « tube » était mieux noté qu'un « floater », ce saut spectaculaire du surfeur de la lèvre jusqu'à l'écume. Elle ne savait pas non plus pourquoi, à 14 heures, il leur fallut se déplacer jusqu'à une plage moins accessible pour assister aux épreuves féminines.

Le soleil avait dissous l'humidité de l'aube comme le flou de la brume. Les enfants geignaient, ils avaient trop chaud, quand est-ce qu'on rentrerait à la maison ?

Elle avait eu envie de leur répondre qu'on ne rentrerait jamais. Qu'on resterait assis là,

témoins d'un monde aux rituels énigmatiques : face à l'océan, les surfeuses se signaient en silence avant de s'élancer. La marée montante repoussait les spectateurs vers la dune, il était 17 heures, la compétition reprendrait le lendemain. Dans la voiture, les enfants n'avaient qu'un prénom à la bouche : JODIE ! Ils s'émerveillaient, l'Australienne n'avait peur de rien ! Demain matin, elle serait opposée à une surfeuse née à Hossegor ! Il fallait absolument voir ça ! Au dîner, les banales chamailleries familiales l'avaient exaspérée, Hélène s'était couchée de mauvaise humeur, amère. Le courage des surfeuses lui restait sur le cœur, pesant comme une question enfouie. Le lendemain, Jodie Kimberger avait méthodiquement écrasé la jeune Landaise en demi-finale et remporté la finale contre une Hawaïenne, disparaissant au creux d'une vague rapide pour resurgir deux cents mètres plus loin sous les applaudissements de spectateurs ébahis. À sa sortie de l'eau, des dizaines d'enfants couraient vers elle, un exemplaire de *Sud-Ouest* à la main, qui lui consacrait sa une : Jodie surfant une vague géante aux allures de pic montagneux.

Septembre s'annonçait, les fanions signalant la compétition étaient rangés, les cafés du front de mer se vidaient des estivants. Hélène et les trois enfants quittaient la plage de la Gravière quand Ania pointa un doigt vers la terrasse du Rock Food : la championne y était attablée avec quelques amis. L'enfant courut vers elle, Jodie !! Rougissante, la petite tendit son poignet, pouvait-elle signer, ici ? Hélène s'approcha, embarrassée de déranger l'Australienne ; de près, elle semblait plus âgée que ses 29 ans, la peau sèche et brune de ses pommettes était striée de fines rides blanches. Jodie parapha les poignets des enfants intimidés, elle les questionnait : habitaient-ils à Hossegor ? surfaient-ils ? et leur maman, elle surfait ? ou peut-être couvrait-elle la compétition pour *Sud Ouest* ? – elle prononçait « Soude West ». Le nez de Jodie était couvert de traces blanchâtres, une épaisse protection solaire. Jodie connaissait tous les soleils, toutes les latitudes, se dit Hélène.

Jodie était calmement en colère. Elle était renversante. Elle parlait de la peur comme d'une fièvre

La question banale du serveur – que désirez-vous ? – la gêna, brutale comme un reproche. Comment savait-on ce qu'on désirait. Le désir se signalait-il de façon claire, toujours ?

Il sembla à Hélène qu'elle n'était qu'hésitations molles et tergiversations, quand la surfeuse, elle, paraissait maîtresse des vagues comme de son corps compact. Je suis prof à Paris, répondit Hélène. Alors, ces mots-là surgirent, qu'elle n'avait ni prévus ni pensés, des mots décidés à prendre la tangente : elle écrivait. Pour un magazine. Et d'ailleurs, si Jodie avait quelques instants, Hélène désirait lui poser quelques questions.

Pourquoi pas, répondit la surfeuse : demain était un jour off, la météo annonçait du plat. Dans la voiture, Hélène parla aux enfants d'une formation à venir, d'un changement d'orientation professionnelle, ils s'en fichaient complètement, surexcités que leur mère revoie Jodie le lendemain.

Le bar était désert, le skaï de la banquette lui collait aux cuisses, Hélène tentait de prendre des notes, elle interrompait Jodie, bafouillait, *can you repeat please ?* Avant l'entretien, Hélène avait parcouru *Surf Session* chez le marchand de journaux. Ça n'était que « communion avec l'océan » ou « soif d'adrénaline ». Mais l'Australienne, elle, évoqua son combat pour l'égalité des dotations : les surfeuses gagnaient moitié moins que les hommes. Jodie était calmement en colère. Elle était renversante. Elle parlait de la peur comme d'une fièvre. Elle parlait du choix comme d'une solitude : une vague pouvait mener à la victoire ou à la chute, à la mort, aussi. Après-demain, Jodie irait surfer la vague de Belharra, vers Urrugne. Elle était une des rares femmes à oser s'attaquer à de très grosses vagues : celle-ci pouvait atteindre vingt mètres. Qu'Hélène le note dans son article, ça, *thanks*.

Hélène souligna le chiffre, il faudrait vérifier, cela semblait gigantesque. Puis elle se rappela qu'elle était en train de *faire semblant* d'écrire un article que personne ne lirait jamais.

Jodie la remercia, ses questions n'étaient pas ordinaires. À bientôt, peut-être. Elle repasserait à Hossegor en fin de semaine, pour profiter de la marée d'équinoxe.

Le retour à Paris approchait. Ses enfants s'en réjouissaient, les Landes, ça allait un moment.

Cela faisait dix ans qu'à la fin août, Hélène peinait à quitter la vieille maison. Lorsqu'elle était encore en couple et qu'elle lui confiait son désir de passer plus de temps à Soustons, son mari rétorquait que les Landes n'étaient pas la « vraie vie ».

Hélène marchait longuement, empruntait des chemins sablonneux bordés de pins, tous semblables, les fougères s'y mêlaient de genêts et de bruyères. S'y égarer la soulageait. Elle resterait nulle part, en attendant de savoir. Mais savoir quoi ? Si elle avait eu tort de devenir mère ? Prof de dessin ? Quel rapport avec l'Australienne ? Hélène n'avait plus 14 ans. Elle n'était pas une groupie. Et le courage n'était pas contagieux. Il lui semblait inimaginable de

Elle n'était pas une groupie. Et le courage n'était pas contagieux. Il lui semblait inimaginable de rentrer à Paris sans revoir Jodie

rentrer à Paris sans revoir Jodie. Tout se déroula très simplement : elle appela son ex-mari, d'un ton las, lui dit que le chauffe-eau venait de lâcher. Impossible de repartir tant que ça n'était pas réparé. Les enfants rentreraient en train, pourrait-il prendre le relais ?

Chaque matin, heureuse comme une évadée aux pieds nus, Hélène longeait l'océan, de la plage des Estagnots jusqu'à la Gravière, guettant les silhouettes au large. Mais ce fut au rayon laitages du Leclerc de Soustons qu'une voix la héla : « *My French journalist !* » Jodie était plus petite que dans son souvenir. Elle boitait : une chute stupide, la vague de Belharra... Le tour repartait le surlendemain matin pour le Portugal.

Et tu fais quoi après, demanda Hélène ?

Après le Portugal ? La Californie, le Brésil, et enfin Hawaï en décembre, énuméra l'Australienne, narquoise. Après ses courses, elle irait faire la sieste pour être en forme ce soir. Une fête de départ avait lieu au Rock Food. *See you tonight* ?

Il était là, son souvenir d'audace, son acte de bravoure minuscule : à 21 h 30, le jeudi 7 septembre 2000, après avoir vainement tenté de faire démarrer la voiture, Hélène avait marché trois kilomètres le long de la forêt jusqu'à la départementale et avait été prise en stop par deux jeunes garçons éméchés. Le bar était bondé. Hélène avait 37 ans. Trois enfants. Sa robe crème et ses talons très parisiens détonnaient au milieu des bermudas en jean. Quelques adolescentes se serraient autour du champion du monde, Kelly Slater, lequel continuait posément sa partie de billard sans leur jeter un regard. Un groupe d'Australiens hilares arrosaient leur championne à la bière ; debout sur le bar, les joues cramoisies et le tee-shirt trempé, Jodie chantait à tue-tête quelque chose qui ressemblait à un hymne.

Jodie avait proposé qu'elles descendent sur la plage pour échapper au vacarme. Lui avait expliqué qu'aujourd'hui, le soleil se tenait précisément à la verticale au-dessus de l'équateur. Lui avait pris la main pour indiquer l'équateur. Au pied de la dune, elle avait posé sa tête sur l'épaule d'Hélène. Sa bouche avait un goût de bière fraîche. Jodie avait glissé sa main sous la robe d'Hélène : savait-elle que les adducteurs, ici, permettaient de serrer les cuisses ? Les Romains appelaient ces muscles les « gardiens de la virginité ». Jodie écarta la culotte d'Hélène, ses doigts précis et tièdes. On parle de « vague » pour l'orgasme : rien n'est plus faux. Une vague s'annonce, mais le plaisir la surprit, implacable.

Après, Jodie s'était levée, rapide : Hélène pouvait-elle retourner vers le front de mer seule ?

Ses sponsors étaient... à cheval sur *certains trucs*. Déjà qu'ils ne la trouvaient pas assez fé-mi-ni-ne, et qu'elle refusait de poser en bikini, ajouta-t-elle, amère. La surfeuse l'enlaça, soupira, heureusement qu'Hélène n'était pas *vraiment* journaliste...

L'automne 2000 lui fut léger, Hélène se sentait renforcée, neuve. Le fracas du plaisir laissait à nu des mensonges, des frilosités, celles d'un quotidien qu'elle croyait avoir choisi. Était-ce ainsi qu'elle voulait commencer sa vie nouvelle, en s'amourachant d'une championne de surf qui n'avait vu en elle qu'une conquête de plus ? Pourquoi pas. Oui. Elle terminerait son portrait de Jodie, le proposerait à un magazine. Elle y dépeindrait son surf qu'on disait « radical ». Elle n'écrirait rien de l'obligation quasi contractuelle de taire son homosexualité, sous peine de perdre ses sponsors. Hélène rédigea trois pages, puis une dizaine. Ce portrait de Jodie était aussi le sien, augmenté de ce talent qu'elle venait de se découvrir, celui d'improviser de merveilleux mensonges.

Juste avant Noël, Jodie laissa un message sur son répondeur : voulait-elle fêter le Nouvel An au Portugal ? Chaque jour, Hélène se promettait de répondre à l'Australienne ; chaque jour, quelque chose survenait, qui l'en empêchait. Ne pas oser se conjugua bientôt au passé, elle n'avait pas osé.

À l'été 2001, Hélène évita la plage d'Hossegor pendant le Quiksilver Pro. France 3 Aquitaine consacra un reportage à Jodie Kimberger ; elle ne concourrait pas cette année, atteinte d'une infection pulmonaire due à la pollution de l'océan. Le temps s'était doucement refermé sur Hélène. Et ce soir d'août 2020, elle n'avait pas même eu le cran de prononcer le prénom de Jodie devant ses enfants.

Elle attendit que le soleil se lève. Il était cinq heures du matin lorsqu'Hélène ouvrit grand les volets de leurs chambres ; ses enfants pestaient, des adultes engourdis de sommeil à qui elle servit le petit-déjeuner. Hélène avait oublié de leur dire qu'elle ne repartirait pas avec eux à Paris à la fin de la semaine. Et que son penchant amoureux de l'été 2000 s'appelait Jodie.

BEYA REBAÏ est illustratrice. Née en 1995, elle a étudié à l'institut Saint-Luc à Bruxelles et à l'école de Condé à Paris. Marquée par David Hockney et Félix Vallotton, fascinée par les Nabis, elle travaille la composition des couleurs. Crayons, pastels ou illustration digitale, elle aime expérimenter les techniques, puisant son inspiration dans ses voyages.

LE HAMEAU SAUVÉ DES EAUX

PASCAL MEUNIER ET MARINE GAUTIER

Dans l'Hérault, le petit village de Celles devait être submergé par un lac artificiel. Mais il a été finalement épargné. À présent, après des décennies de combat, une nouvelle façon de vivre émerge dans ses ruines. Ses nouveaux habitants s'y engagent.

142,00
141,50

Revitalisation
du village de Celles
Celles 2020
Une histoire en suspens vers un idéal de vie
LA DU SALAGOU
Celles
Octon
le Mas de Carles
Liausson
MONT REDON

CELLES

HERAULT
Ic 48 E
CELLES

53

Une renaissance

par MARINE GAUTIER & PASCAL MEUNIER

Ce qui nous a attirés, c'est l'image d'un village en ruine, nimbé d'une terre rouge, la ruffe, qui donne à cette région des allures de Far West. En 1969, un lac artificiel devait submerger Celles, hameau au cœur de l'Hérault. Mais, par une pirouette de l'histoire, ses habitations ont été sauvées des eaux. À l'écart de tout, les gens de cette vallée se sont battus pour tenter de lui redonner vie, en poursuivant une utopie : trouver une nouvelle façon de « faire village ». Les nouveaux arrivants devront désormais y résider à l'année, y exercer leur activité. La spéculation sera impossible.

En plantant notre tente face au village, nous comprenons que cela va être difficile. L'appareil photo déclenche des sentiments contraires. L'adage « pour vivre heureux, vivons cachés » est brandi. Mais le besoin de raconter – le combat, la fête, les déceptions, les crises de nerfs et les larmes de joie – prendra peu à peu le dessus.

Pendant deux ans, nous sommes revenus photographier de nouveaux chapitres de ce conte parfois âpre, où le temps des démarches administratives ne semble pas prendre en compte le délabrement en cours de Celles. Nous ne dormons plus sous notre petite tente bleue, mais dans la chambre d'amis de Clément, chargé de mission pour la réhabilitation.

Photographier à deux est un défi. Nous construisons nos photos ensemble. Nous expérimentons ainsi, comme le font ceux que nous photographions. Nous nous savons habités par une même question : comment vivre autrement ?

PASCAL MEUNIER est photographe. Il a pendant vingt ans exploré le monde arabo-musulman, auquel il a consacré de nombreux livres. Il se concentre aujourd'hui sur son pays, la France.

MARINE GAUTIER est photographe et réalisatrice de documentaires. Elle raconte des aventures humaines au long cours dans les pages des magazines, à la télévision et au café en bas de chez elle.

1. / 9. Le village de Celles sauvé.

2. Le tube Citroën d'Henri Goudal, ancien maire de Celles.

3. /4. Le lac du Salagou, un atout touristique pour l'Hérault.

5. Le barrage construit, le niveau du lac a épargné la cité.

6. La maire Joëlle Goudal porte le projet de réhabilitation du hameau de son enfance.

7. Première étape : la place du village est rénovée.

8. Les ruines restent visitées.

10. Ces anciens de Celles évoquent l'école de leur enfance.

11. Un bar flottant pour fêter les 50 ans du lac.

12. Vincent et Céline, premiers nouveaux habitants.

13. Les travaux de viabilisation ont commencé.

14. Lors des restaurations, des vestiges affleurent.

15. Vincent et Céline réalisent leur maison en autoconstruction.

16. / 18. Le clocher de l'église datant du XVIIe siècle a été reconstruit à l'identique.

17. Les nouvelles maisons bâties avec des matériaux locaux.

19. / 21. / 22. Le festival organisé pour les 50 ans du lac.

20. Un des rares panneaux qui n'a pas été englouti par le lac.

23. Des enfants de retour à Celles.

« VIVRE LIBRE OU MOURIR »

par MARION LECAS

Terrain agricole à première vue ordinaire, l'habitation d'Anglemont est gorgée du sang et de la poudre d'une Guadeloupe insurgée.

JADIS, l'habitation d'Anglemont sentait le cacao et la canne à sucre, le labeur des esclaves et l'opulence des maîtres. Terrain ras et vague désormais, elle n'est plus habitée que par le parfum des mangues qui pourrissent au sol. Il a plu, ce jour-là, comme souvent dans le lieu-dit de Matouba – le volcan de la Soufrière, situé à proximité, a tendance à attirer les nuages – et les semelles s'enfoncent dans la boue. Alentour, les acajous amers et autres amandiers pleurent encore quelques gouttes, alors que le soleil slalome entre les branches, réchauffant un tas de bestioles volantes. La quiétude du lieu est saisissante. Qui devinerait qu'il s'y est déroulé l'un des plus funestes suicides collectifs de l'histoire française ?

Ni panneau ni fléchage n'indiquent la parcelle, théâtre d'un acte désespéré et capital de la résistance noire, fondateur de la Guadeloupe moderne, de ses rancœurs, de sa fierté et de ses peines. Le drame a lieu le 28 mai 1802. Huit ans auparavant, en 1794, est signé le premier décret d'abolition de l'esclavage dans les colonies françaises. L'effervescence gagne la Guadeloupe. Les familles de colons, menacées de mort, s'enfuient en abandonnant leurs biens alors que les représentants de l'autorité coloniale sont chassés. D'une plume mélodramatique, ils écrivent à Napoléon, alors Premier consul de France, que l'île fait dissidence, que le chaos gronde. En réalité, une poignée d'officiers de couleur, Louis Delgrès, Joseph Ignace ou encore Magloire Pélage, assurent la gouvernance.

Le 6 mai 1802, plus de trois mille soldats, menés depuis Brest par le général Richepance, débarquent en Guadeloupe. Haut et fort, les troupes napoléoniennes martèlent qu'il faut rétablir l'ordre. Tout bas, on chuchote que c'est surtout l'esclavage qu'elles viennent rétablir. Rapidement, elles prennent Pointe-à-Pitre, mais se heurtent à la résistance de Basse-Terre, où la rébellion s'organise autour du colonel d'infanterie Louis Delgrès. Les insurgés s'enfoncent dans les hauteurs de Matouba et se réfugient dans l'habitation d'Anglemont, forteresse naturelle, quasi imprenable. « Anglemont est un plateau très élevé que la nature sans le secours de l'art a rendu presque inexpugnable », écrit le général Ménard, dans un rapport d'opération en 1802. « Il est d'ailleurs environné de vallées profondes appelées “falaises”, tellement escarpées que quelques hommes peuvent en empêcher le passage contre une armée considérable. »

Louis Delgrès et les insurgés veulent gagner du temps, en attendant que les soldats européens soient décimés par la fièvre jaune. Mais ils se savent perdus. Le 10 mai, Delgrès fait afficher, dans les rues de Basse-Terre, une proclamation « à l'univers entier », qu'il qualifie de « dernier cri de l'innocence et du désespoir ». Le texte s'achève en apostrophant la postérité : « Et toi ! Accorde une larme à nos malheurs et nous mourrons satisfaits. »

Dix-huit jours plus tard, le 28 mai, les troupes de Richepance lancent l'offensive. Louis Delgrès libère ses prisonniers blancs, autorise une centaine de ses hommes à fuir et entasse toute la poudre dont il dispose dans le sous-sol. Il remonte au rez-de-chaussée, s'assoit devant un brasero et, à peine les ennemis parvenus à la terrasse, fait tout sauter. Des espions du camp adverse, infiltrés parmi les hommes de Delgrès, racontent que les insurgés, au moment de périr, se tiennent la main et hurlent en chœur : « Vivre libre ou mourir ! »

Entre quatre et cinq cents dépouilles calcinées sont décomptées. Parmi elles, une majorité de femmes et d'enfants : les familles ont suivi l'expédition suicidaire. La compagne de Delgrès elle-même accompagnait les rebelles. Mais une nuit, elle chute, se blesse et se retrouve laissée derrière. Passé le 28 mai et la fin de l'insurrection, elle est faite prisonnière, condamnée à mort et exécutée. Environ 10 000 Noirs sont déportés ou tués, et, le 16 juillet 1802, l'esclavage est rétabli.

Plan de Matouba, en 1808. Au centre, l'emplacement de l'habitation d'Anglemont.

Les colons reviennent au *péyi*, et M. d'Anglemont, veuf et ruiné par son exil, vend l'habitation, qui n'est jamais reconstruite. En 2005, on y aperçoit les dos voûtés des archéologues, à la recherche de vestiges. Les soubassements sont exhumés, mais ni fosse commune ni charnier ne sont découverts. Où sont alors les ossements ? L'historien Gérard Lafleur, qui a dirigé les fouilles, évoque la rivière aux Écrevisses, située en contrebas. Les corps ont dû y être jetés, veut-il croire. Mais les années ont filé, et les berges, de type volcanique, conservent mal les os. Peut-être pourrait-on y trouver des boutons de manchette, hasarde Gérard Lafleur.

De nouvelles fouilles devraient avoir lieu. Mais, contrairement à ce que le portail toujours ouvert à l'entrée laisse penser, le terrain demeure privé. Il appartient à la famille Lignières, pionnière de l'exportation de bananes en Guadeloupe. Le temps, d'ailleurs, est resté figé sur ce qui fut autrefois l'habitation ; aucun arbre fruitier n'y a poussé, alors qu'autour, des hectares de bananiers sont cultivés par des employés timides en bleu de travail. Le conseil régional tente de l'acquérir depuis des années et vient de lancer un appel à projets afin de financer une étude documentaire d'ampleur sur les événements d'Anglemont. Les propriétaires vendent trop cher ou le conseil propose trop peu. Finalement, Delgrès et ses hommes l'avaient compris : la liberté se paie toujours au prix fort.

MARION LECAS est journaliste. Formée à l'École supérieure de journalisme (ESJ) de Lille, elle est actuellement correspondante aux Antilles et en Guyane, notamment pour *La Croix* et *Ouest-France*.

ÇA S'EST PASSÉ PRÈS DE CHEZ VOUS
par RÉGIS JAUFFRET
Illustré par ÉRIC HÉLIOT

Inspiré ou non par des événements relatés dans les quotidiens régionaux, l'auteur laisse dans ces histoires libre cours à son imagination.

1. Ardennes

LA POLICE a arrêté lundi Yves de G. alors qu'il tentait de louer une voiture en gare de Charleville-Mézières. D'après ses papiers d'identité, il était né en 1970 et pouvait se targuer d'une cinquantaine d'années. Son physique était cependant celui d'un jeune homme de 15 ou 16 ans. Malgré ses protestations, il fut embarqué pour usage de faux. Après cinq heures d'interrogatoire l'individu finit par accepter d'appeler sa mère pour qu'elle vienne le chercher. Quelle ne fut pas la surprise des fonctionnaires de voir arriver une octogénaire. Pressée par les enquêteurs la vieillarde révéla le contenu du pot aux roses dont son fils était si honteux. En réalité, au lendemain de son divorce en mai 2017, Yves de G. se mit en tête de rajeunir et se fit lifter à foison. Chaque opération lui enlevait dix ans. Au bout de la troisième, on ne lui accordait plus qu'une grosse vingtaine d'années. La quatrième, dont il était actuellement convalescent, lui donna cette apparence de galopin. Yves de G. confia aux policiers qu'il envisageait de laisser pousser sa barbe poivre et sel pour éviter une nouvelle méprise et avoir l'air derechef d'un adulte. À moins qu'il ne ressemble alors davantage à un greluchon ridicule dont carolomacériennes et carolomacériens pourront se gausser quand ils le croiseront au hasard d'une de nos pimpantes rues de Charleville. ⧫

2. Gironde

AVANT-HIER à 3 heures du matin, un chien lévrier de race afghane s'est présenté à l'hôtel de police de la rue François-de-Sourdis pour signaler l'agression de son propriétaire à son domicile de la rue Georges-Bonnac. L'animal peina à articuler le nom de l'agressé, un certain Atawa, dont il leur expliqua en fort mauvais français qu'il était collectionneur d'art. Il fut incapable de donner le numéro de la rue, mais s'affirma à même de conduire les forces de l'ordre jusqu'au lieu du délit. Entré illégalement en France, ce canin avait été placé à plusieurs reprises dans un chenil de rétention dont il s'était échappé avant d'avoir pu être renvoyé dans son pays d'origine. À son collier fut bouclé l'anneau d'une paire de menottes dont une policière attacha l'autre à son poignet. De sa patte libre, il put taper le code de la porte de l'immeuble. Le domicile de M. Atawa était situé au deuxième étage. L'homme éventré gisait ensanglanté au milieu du salon. On remarquait la marque claire laissée sur les murs par les tableaux évanouis. La victime fut transportée au CHU Pellegrin où elle décéda à l'aube. Le bestiau a été placé en garde à vue. S'il est reconnu innocent du meurtre de son maître, espérons que la France expulse enfin la bête. Bordeaux croule sous le poids des animaux migrants. Qu'ils ne comptent plus sur nous pour les recueillir. Même les racés doivent savoir que dans notre pays un pedigree n'a pas valeur de passeport. Pareillement à leurs coreligionnaires de basse extraction, ces petits marquis seront traités comme des bâtards. ⧫

3. Haute-Saône

ILS SONT légion les Vésuliens à posséder un réfrigérateur intelligent. Tandis qu'ils arpentent les allées du supermarché, l'appareil leur glisse à l'oreille qu'il manque de lait, de camembert, de jambon cru et à quel point il serait heureux du débarquement d'un duo de pamplemousses, d'un singleton d'ananas, d'un bon kilo de pommes normandes bio rouges comme les tomates qui sont en train de mollir au fond du bac à légumes avec un citron hors d'âge. Certains de ces engins préfèrent les sucres rapides aux lents, les protéines aux fibres, ce qui peut générer avec l'utilisateur de nombreux conflits qui le plus souvent se règlent à l'amiable. Pas toujours, cependant.

Ainsi, M. Cyprien D., habitant Vesoul, rue de la Grande-Charrière, se trouvait depuis trois mois en conflit avec son armoire frigorifique qui lui reprochait son appétence pour la viande. À chaque fois que l'homme apportait un aliment carné l'engin lui faisait une véritable scène de ménage, déclenchant son alarme, trépignant, lui jetant violemment ses portes à la figure. Le drame survint dans la nuit de samedi à dimanche. Monsieur D. l'ayant gavée à son corps défendant de rôtis, de gigots et de volailles – provoquant un court-circuit –, cette irascible armoire frigorifique s'immola par le feu. Un incendie s'ensuivit. On déplore trois victimes dont le propriétaire de l'appareil et son chat Mathusalem. Il est hélas inévitable que ces machines intelligentes développent des convictions, et qu'à l'instar de la population générale une faible proportion d'entre elles deviennent d'enragées véganes. ⧫

4. Indre-et-Loire

CHINON, mardi, 15 heures, un individu se présente dans une boulangerie de la rue des Gressillons porteur d'un revolver factice réclamant outre le contenu de la caisse la totalité de la marchandise disponible dans le magasin. Sous la menace de son arme la vendeuse, aidée du boulanger et du jeune mitron, de transvaser baguettes, pains familiaux, viennoiserie, bonbons et sucettes dans la camionnette violette garée devant la porte. Quand elle fut pleine jusqu'aux ouïes, le voleur s'enfuit avec son butin. Une heure plus tard, une joggeuse signale qu'un nuage de nourriture et d'argent – ce sont ses mots – descend tranquillement le cours de la Vienne. Elle ne cacha pas aux gendarmes que si elle avait été témoin d'un pareil gâchis au mois d'août, elle n'aurait pas hésité à se mettre à l'eau en sous-vêtements pour prendre quelques exemplaires de ces prospectus en papier-monnaie qui depuis longtemps ont remplacé l'or de nos ancêtres. Des scaphandriers furent dépêchés sur les lieux pour essayer de récupérer cette nourriture et ces richesses. Le sous-préfet entendait avec la moisson pouvoir donner quelque obole à la Croix-Rouge et concéder le pain mouillé à des fermes écologiques de la région pour qu'en soient nourris veaux, cochons et volatiles. Hélas, les pains spongieux finirent par couler. Quant à l'argent ne furent retrouvés qu'un billet de dix euros et sept de cinq. Sans doute le malfaisant jeta-t-il les pièces également, mais il faudrait plusieurs semaines de fouilles acharnées pour les retrouver dans la vase. ♦

5. Lozère

CAPUCHON peut s'enorgueillir d'être la première ville de France à accueillir un animal au sein de son conseil municipal. Depuis trop longtemps les ligues animalières réclamaient l'accession aux responsabilités de leurs adhérents sans être entendues des édiles. L'heureux élu se nomme Henri Bertheleux, il a grandi dans une ferme dont son père était simple cheval de trait tandis que sa mère – fameuse trotteuse – avait remporté le prix d'Amérique en 1999. Elle le poussa à étudier d'importance pour sortir de sa condition. Puisque aucune école ne voulait l'intégrer, elle l'enseigna elle-même à l'écurie. Fort matheux, il faisait danser les chiffres autour de lui comme un essaim d'abeilles et pouvait calculer le cube de la forêt voisine ainsi que le carré du garde champêtre sans jamais user de calculette, et ce par pure nécessité, car les touches conçues par les fabricants sont hélas trop petites pour les sabots des bêtes. Refoulé des salles d'examen, il ne put obtenir le diplôme de comptable auquel ses capacités lui donnaient droit. Il fut néanmoins engagé par le DRH d'une laiterie en perdition. Ce fut lui qui restructura l'entreprise, réorganisant les services, négociant avec vaches, chèvres et brebis pour qu'elles mâchent davantage leur ration afin de donner un lait plus riche jusqu'à en faire un de ces fleurons régionaux dont la Lozère se targue. Aujourd'hui, Capuchonnais et Capuchonnaises comptent sur Henri Bertheleux pour faire de la bourgade une cité prospère où il fait bon vivre en communauté avec bétail et animaux de compagnie enfin considérés comme des citoyens à part entière. ♦

6. Pyrénées-Orientales

CÉRET, dans la nuit de lundi à mardi vers minuit trente, un homme de type caucasien d'une quarantaine d'années sonna à la porte du pavillon de Mme Caroline M., 77 ans, épouse à la retraite – comme elle aimait à le dire pour exprimer son veuvage. L'individu lui dit être poursuivi par deux voyous munis de pistolets. Elle n'hésita pas à le laisser entrer et à se claquemurer avec lui. À la lumière du lustre vénitien de l'antichambre, elle remarqua qu'un filet de sang coulait du haut de son crâne jusqu'à son menton. Elle le pansa puis l'installa dans l'ancienne chambre de son fils et partit se rendormir dans la sienne. Elle se leva à l'aube, prépara une grande cruche de café, pressa deux oranges, fit griller des tranches de pain blanc. Elle n'eut pas à réveiller son hôte qui apparut rasé, douché, vêtu et qui la remercia d'avoir pu passer ce morceau de nuit à l'abri de ses poursuivants. Ils partagèrent le copieux petit-déjeuner puis l'homme s'en alla. Caroline M. narra illico cette aventure sur son compte Facebook, ajoutant en guise de conclusion : *secours ton prochain sans limite*. Hélas, le lendemain, elle fut découverte par sa femme de ménage, décapitée, la tête de la malheureuse tournant tristement derrière le hublot du lave-linge. Le criminel secouru la veille par la vieille toquée de philanthropisme fut retrouvé dans la soirée par les mêmes policiers qui l'avaient coursé et frappé à la tête avant qu'elle ne le réfugie. ♦

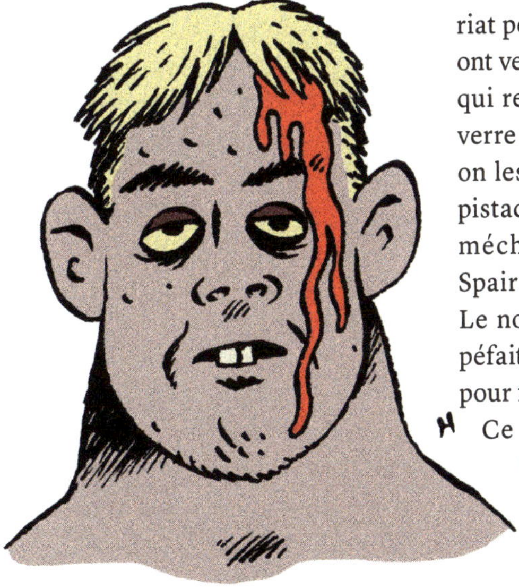

7. Nord

JOËL DE SPAIRME, baronnet roubaisien de 54 ans, organisa en plein couvre-feu une fête clandestine qui réunit plus de quatre-vingts personnes. Après avoir posté plusieurs vidéos sur les réseaux sociaux, c'est lui-même qui appela le commissariat pour se dénoncer. Les policiers ont verbalisé la totalité des convives qui regrettèrent aussitôt le chiche verre de mauvais chardonnay dont on les avait abreuvés ainsi que les pistaches moisies dont on les avait méchamment nourris. Quant à Spairme, il fut mis en garde à vue. Le nobliau expliqua aux flics stupéfaits qu'il avait organisé ce raout pour fêter ses dix années de prison. Ce délinquant, condamné pour la première fois à six mois de détention le lendemain même de sa majorité pour vol de voitures, collectionna tout au long de sa vie les brefs séjours en taule – le plus long étant de quatre années pour actes de barbarie –, tant et si bien que l'un à l'autre additionnés il avait bel et bien passé un peu plus de trois mille six cent cinquante jours derrière les barreaux. Il déclara hilare aux pandores que pour lui la délinquance était un mode de vie. Il la considérait comme une merveilleuse aventure avec ses sommets et ses dégringolades qui lui permettaient d'apprécier les intermittences du bonheur à leur juste valeur. Malheureusement pour lui, malgré ses antécédents, le tribunal n'infligea à Spairme que trois mois avec sursis assortis d'une amende de sept cent cinquante euros. ♦

RÉGIS JAUFFRET est écrivain. Né à Marseille, il est l'auteur de nombreux romans, dont *Histoire d'amour*, *Clémence Picot*, *Fragments de la vie des gens*. Il a reçu le prix Décembre pour *Univers, univers* (Verticales, 2003) et le prix Femina pour *Asiles de fous* (Gallimard, 2005). En 2007, *Microfictions* (id.) est récompensé par le prix France Culture-Télérama et le grand prix de l'Humour noir. En 2018, le deuxième *opus* des *Microfictions* (Gallimard) a obtenu le Goncourt de la nouvelle. Publié récemment aux éditions du Seuil, *Le Dernier Bain de Gustave Flaubert* explore par la fiction les interstices laissés par les archives dans la biographie de l'écrivain.

POUR MANGER ET DORMIR

par ANNA MOÏ

J'AI UNE OBSESSION : vivre comme si cette vie était la dernière. Vivre ici et là, sous une identité et une autre. D'avatar en avatar, m'incarner, me réincarner.

Dès l'enfance, par le truchement de pseudonymes et de langues étrangères, j'endosse des identités comme on se pare d'une robe de lune, d'une robe de soleil, ou d'une robe du temps. Sur la langue maternelle, je juxtapose le français. Sur mon prénom de naissance, je superpose un pseudonyme – au départ, par obligation et/ou par magnanimité : au lycée Marie-Curie (de Saïgon), mes professeurs importés de France, au désespoir de jamais pouvoir mémoriser trente noms et prénoms (soit soixante phonèmes empanachés de diphtongues, de triphtongues, d'accents et de tons – sept au total), nous supplient d'adopter des prénoms français. Ils donnent en exemple un classique Gérard ou une banale Françoise : *Quelque chose de facile à retenir, s'il vous plaît, ne vous lancez pas dans le bizarre !* J'ai quelques minutes pour y réfléchir ; j'opte pour un prénom androgyne en résonance avec le garçon manqué que j'étais. Ni la torture ni la cajolerie ne me feront aujourd'hui révéler ce choix ; je peux seulement vous assurer que ce n'était ni Albertine ni Fernande.

Paradoxalement, j'abandonnai ce pseudonyme en arrivant en France, où les consonances exotiques de mon prénom de naissance, Thiên-Nga (ou « Cygne céleste »), triomphèrent. Ce retour à l'identité première exposa ma véritable nature, celle d'une vassale de la terre. Au Viêtnam, terre est synonyme de rizières. Repas est synonyme de riz. Une armée de paysans, immergés à mi-mollet dans des bassins inondés, exécutent les gestes prodigieux de la riziculture : ils dressent des norias sur les berges des rivières afin d'en dériver, par des canalisations en bambous, l'eau d'irrigation des rizières ; leurs pantalons retroussés jusqu'aux genoux, ils repiquent les plants de paddy. Dans la hiérarchie sociale, ils prennent place juste derrière les lettrés, devant les travailleurs manuels et les commerçants. Ils incarnent la civilisation ; les gens civilisés cultivent et mangent du riz.

Seuls les montagnards (autrefois appelés *moï*, c'est-à-dire « sauvages ») se nourrissent des légumes, cucurbitacées et rhizomes qui poussent spontanément sous les *Dipterocarpus* géants, entre deux grappes d'orchidées. Nul autre ne se hasarde dans les jungles où des vipères (noires) ondulent le long des fougères arborescentes, le venin foudroyant prêt à jaillir de leurs langues fourchues. Sur la cordillère annamitique, point de GR.

Malgré la maîtrise de la riziculture, un million de personnes succombent à la famine pendant l'hiver 1944-1945 : les maigres récoltes de l'année ont été cédées à l'armée japonaise par l'administration coloniale de l'amiral Decoux, le gouverneur général de l'Indochine.

Le castel de Maussac, à Collonges-la-Rouge, en Corrèze. © RENÉ MATTES / HEMIS.FR

Les riziculteurs, ces aristocrates de la terre, affluent vers Hanoï en quête d'aumônes, décharnés, lamentables. Bientôt, en funèbre procession, des charrettes à bœufs chargées de leurs cadavres émaciés et rigides de froid les acheminent vers les fosses communes. Tout cela est gravé dans la mémoire collective.

Je n'étais pas née, mais je me souviens. Dans mon roman *Rapaces*, chaque chapitre est chapeauté, en exergue et en signe de deuil, d'un extrait des Mémoires de l'amiral Decoux. Ses non-Mémoires : il n'a le souvenir d'aucune calamité pendant ses années *À la barre de l'Indochine*.

Quatre décennies après la Grande Famine, une disette met l'organisation collectiviste du Viêtnam face à un point de non-retour. La riziculture impose sa vérité : pour prospérer, ses acteurs doivent disposer de la liberté d'exploiter, de transporter, de vendre. Depuis, les lois du marché l'ont emporté sur les plans quinquennaux.

Plus tard, lors de mes arpentages des chemins exquis de Provence, de Corrèze, du Gard ou des Alpes-de-Haute-Provence,

AU VIÊTNAM, TERRE EST SYNONYME DE RIZIÈRES. REPAS EST SYNONYME DE RIZ

le fantôme de la famine continue de me titiller, même si, dans ma nouvelle vie, j'ai adopté la citoyenneté du pays de cocagne qu'est la France. Sa nature généreuse me livre, dans l'arrière-pays niçois, du thym à foison pour mes tisanes,

Cueillette des cèpes en Corrèze. © JEAN-FRANÇOIS MALLET / HEMIS.FR

LE RAMASSEUR DE CHAMPIGNONS EST POÈTE, IL DÉCHIFFRE SANS PEINE LEUR RÉSEAU AMOUREUX

de la lavande pour mes armoires ; dans la garrigue, des olives en abondance. À Barcelonnette, dans la forêt bas-alpine, je récolte coprins chevelus et lactaires sanguins.

Ma sœur entretient avec la France des liens sanguinaires d'un autre type : elle garnit avec prodigalité ses caves et armoires réfrigérées de bouteilles de vin. Dans un cellier creusé dans le calcaire de Bougival, elle empile six ou sept mille bouteilles, elle ne sait pas exactement.

– Je ne peux pas me permettre d'arrêter d'acheter, dit-elle, et prendre le risque de perdre mes *allocations*.

Elle est, entre autres, allocataire du domaine de la Romanée-Conti. Sa prédilection pour les vins de Bourgogne se justifie par *les rouges délicats et complexes, les blancs minéraux qui pétrolent un peu*.

Dès le début du premier confinement, je m'isole en Corrèze. Cèpes et girolles orientent mes pas tout l'été. Ensuite, les douces exhalaisons des rosés-des-prés, des pieds-de-mouton et des trompettes-de-la-mort imprègnent les forêts d'automne jusqu'au cœur de décembre.

Je me baisse et ramasse sans vergogne les dons de la terre. Après tout, j'ai pris pour nom de plume : Moï. Avec les hordes de sauvages français, nous nous disséminons dans les bois et les prés avec la certitude de ne pas être stigmatisés. Bien au contraire : le ramasseur de champignons est poète, il déchiffre sans peine le réseau amoureux des champignons et des racines d'arbres, là où d'autres ne voient que charabia et feuilles mortes. Il est l'égal de l'écrivain qui assouvit dans ses écrits le besoin d'associer les mots et les mets.

Zola, le naturaliste, célèbre dans *Germinal* les œufs brouillés aux truffes. Avec Flaubert, Emma se sentit, en entrant, enveloppée par un air chaud, mélangé du parfum des fleurs et du beau linge, du fumet des viandes et de l'odeur des truffes. Maupassant reprend l'imagerie de la nature en charcuterie : les blanches rivières de lard traversaient la chair brune du gibier, mêlée à d'autres viandes hachées fin. Simenon cite volontiers les plats consommés par son commissaire Maigret : rognons d'agneau, fricandeau à l'oseille, tête de veau en tortue. Même le frugal Philippe Claudel décrit, dans *Les Âmes grises*, la fringale du juge Mierck pour des œufs mollets alors qu'il se penche sur le cadavre d'une fillette : mollets, pas coque ! Marcel Rouff fait de la gastronomie son œuvre littéraire, avec *La Vie et la Passion de Dodin-Bouffant, gourmet*, des Mémoires fictifs qui investissent son personnage d'une existence mythique.

Patrice, un immigré espagnol de deuxième génération, autrement dit un Français comme moi, est mon compagnon d'exploration des forêts corréziennes. Pendant nos excursions autorisées (1 kilomètre, 1 heure), nous évoquons l'éphémère et le permanent. Le naturel et le bâti : Patrice est architecte, la longévité de la pierre est son credo.

Là d'où je viens, la syntaxe de l'architecture est celle de la fragilité. Construites à l'origine en bois putrescible et inflammable, les maisons ne résistent ni aux termites ni aux guerres. En France (et en Corrèze), les châteaux sont massifs, inamovibles, démesurés, majestueux. Ils sont réceptacles de mémoire, de génération en génération, pendant des centaines d'années.

J'ai aimé un homme car il possède un château. Il ne prononçait jamais le mot *château*, il disait *maison*, comme dans : *Viens, on rentre à la maison*.

Sur les cartes IGN, les châteaux sont repérés par un rectangle légèrement concave. Quand les règles du confinement se sont assouplies, quand de plus grandes distances pouvaient être parcourues dans le cadre des autorisations administratives, j'ai proposé à Patrice d'étendre nos périmètres de balades jusqu'à inclure les petits rectangles incurvés : quarante-cinq mille en France sans compter les manoirs.

Le château de La Coste, dans la commune de Noailhac en Corrèze, se dresse sur notre chemin tel le château de la Belle au bois dormant, médiéval, sombre, plus sombre encore les jours de pluie, quand celle-ci s'immisce dans les murs de pierre rouge et les injecte de pourpre. Quatre chambres sont encastrées dans les tours du château, quatre seulement, l'espace restant étant dévolu à la réception, à des espaces-mystères et des couloirs-labyrinthe. Il y a des bois, bien sûr, beaucoup de bois. Des bois à cèpes. De la terrasse du domaine, l'on voit se profiler les ruines d'un autre château : Turenne. Plus à l'est, habités ou à l'abandon : Vassinhac, Martret, Maussac, Benge, Beauregard, Pierretaillade – châteaux et manoirs privés, inspectés de nos regards langoureux.

Pendant longtemps, j'ai pensé que la possession d'un château était un préalable nécessaire à l'acte d'écrire. Face à la volatilité des mots, murailles et pierres centenaires dressent des garde-fous. J'ai imaginé me cacher dans des passages secrets, alcôves confidentielles, bibliothèques hermétiques et donjons solitaires. M'isoler de l'haleine du monde et, dans le silence, insuffler aux pages des respirations imaginaires.

En réalité, je peux écrire n'importe où, dans n'importe quel cadre, fût-il précaire et transitoire – une cabane à flanc de l'Himalaya, un radeau sur la rivière Kwaï. Mais pour manger et dormir, je préfère la France.

ANNA MOÏ est écrivaine. Née au Viêtnam en 1955, elle arrive à Paris après avoir passé son baccalauréat au lycée français de Saïgon. Étudiante en histoire, elle se tourne vers le stylisme après sa rencontre avec Agnès B. et Philippe Guibourgé. Elle vit aujourd'hui entre la France et son pays natal. Depuis *L'Écho des rizières* (L'Aube, 2001), elle a publié une dizaine de livres, dont *Le Venin du papillon* (Gallimard, 2017) et *Douze Palais de mémoire* (id., 2021).

FAIRE ENSEMBLE
la chronique de MARIE DESPLECHIN
Illustrée par CAROLINE LAGUERRE

DANS LA BOUE DE GONESSE

L'abandon d'un mégacentre de commerces et de loisirs, n'a pas mis fin au projet de bétonisation des 670 hectares de terres agricoles du Triangle de Gonesse, situé à 13 km de Paris, entre Roissy et Le Bourget. La société du Grand Paris y entame la construction d'une station de métro, à 2 km de toute habitation…

JAMAIS VU une boue aussi meuble, aussi luisante, aussi grasse. La petite pluie froide de janvier et les godillots des quelques centaines de personnes qui la foulent depuis ce matin l'ont comme huilée. Je porte des bottines montantes dont j'ai jugé tout à l'heure en quittant Paris qu'elles sont ce que je possède de plus imperméable. Il ne leur manque que les crampons. Midi approche. Des gens ne cessent d'arriver par le chemin qui vient de la route, creusé d'une profonde rigole. Ils s'agglutinent devant le stand où l'on sert des tartes et du café, autour de la tente où se tiendront les prises de parole. Ils retournent la boue rousse de Gonesse, créant des sillons dans lesquels je vais finir par m'étaler, c'est écrit. J'ai déjà accepté l'idée de me vautrer. Mais après. Après la lecture solennelle du dernier paragraphe de ce serment du Triangle que j'ai contribué à écrire, et qui nous déclare copropriétaires des terres expropriées par l'État pour EuropaCity. Personne n'accepterait d'un cœur léger de se produire couverte de bouse devant une assemblée, même acquise. Je mesure chaque pas que je fais vers la tente où trône une petite estrade faite de palettes assemblées. Il faut croire que je manque de foi. Mon pied dérape et je m'écrase de tout mon long, les mains vainement projetées vers l'avant.

Le contact avec le sol n'est pas douloureux, plutôt élastique. Sous moi, huit mètres de terre arable. C'est unique en France. La plupart des cultures se font sur trente-cinq centimètres, et les gens sont contents. Alors huit mètres… Un réservoir d'humidité où grouillerait la vie si l'usage décomplexé des pesticides ne lui avait mis un sérieux coup de bambou. Ici se tenait le grenier à blé de Paris, la terre qui fournissait le pain et les fleurs aux rois de France et à leur peuple.

Une voisine consternée cherche fiévreusement des Kleenex. Mais je sais prendre mon parti des événements calamiteux, j'ai eu toute une vie pour m'entraîner. Je ferai ma lecture fièrement baptisée de terre nourricière. J'en ai partout, sur le pantalon, l'imperméable, les mains jusqu'aux poignets. Je devrais en mettre dans une petite fiole pour les générations futures, c'est le moment ou jamais.

Non loin de nous, la saignée creusée par l'autoroute A1. Autour, la plaine verte et brune. Une rangée d'arbres longe un chemin qui va se perdre dans les champs labourés. Quelques rares avions passent au-dessus de nous, survivants d'une activité pulvérisée par la pandémie. On entend des oiseaux. J'ai froid.

La visite était plus agréable en été, quand le vent de nord-ouest filant vers Paris prenait au sol un peu de sa fraîcheur. On a pu mesurer jusqu'à dix degrés d'écart, en août, entre les températures enregistrées à Gonesse et le centre de la capitale. Ce ne sera pas rien, un peu d'air frais, quand les canicules écraseront la ville, en 2050. Quand, d'Aulnay à Bagneux, il fera cinquante degrés.

Eh bien pourtant, ce souffle d'air, il faudra le trouver ailleurs. Car les huit mètres de terre seront stérilisés depuis longtemps sous une bonne couche de béton. Recouverts de dizaines de milliers de mètres carrés de bureaux, d'entrepôts, de ronds-points et d'établissements de prestige, qui auront rejoint les nœuds routiers et les zones commerciales qui les cernent déjà. Qu'importe qu'un autre aménagement, baptisé CARMA, soit possible et chiffré, qui ferait la part belle au maraîchage, à l'horticulture, à la formation, aux circuits courts… Qu'importe que Liège, Barcelone et Milan aient choisi, sur ce modèle, de se doter de ceintures vivrières. Aménager, en Île-de-France, rime toujours avec BTP.

Ces terres sont notre bien commun, et je m'engage à tout faire pour les défendre

La petite foule s'agglutine sous la tente, scientifiques et élus compris, quand Alice l'infatigable, Alice du projet CARMA, me fait signe de rejoindre l'estrade. Mes co-lecteurs, Julien, étudiant gonessien, et Alain, maraîcher à Cergy, me tendent la main, de peur que je glisse à nouveau. Ils lisent leur partie à voix claire pendant que je me concentre. Je vais clore la lecture en déclarant que ces terres sont notre bien commun, et que je m'engage à tout faire pour les défendre. La seule chose qui m'inquiète, c'est « artificialisation ». Imprononçable. Pour me rassurer, je me souviens que le président Macron l'a utilisé sans savonner, à de multiples occasions, quand il s'engageait à préserver la biodiversité, le climat… zéro artificialisation nette, promis, juré. C'était du flan, les chiffres sont sans appel. J'ai beau m'efforcer de détacher les syllabes, « artificialisation » sort en vrac, on dirait du Malabar. C'est là qu'on voit la vraie différence entre le président et vous. Il a fait club de théâtre.

Je descends des palettes, guidée par la main secourable de mon jeune voisin. La parole est aux scientifiques qui vont expliquer ce que le maire PS de Gonesse et la présidente LR du conseil régional, unis dans une sainte alliance, persistent à ignorer. Que l'avenir, c'est maintenant. Et qu'il est sans retour. Le futur, pour eux, est beau comme le passé, arrogant, insouciant, et créateur d'emplois jetables. Et ce ne sont pas « une centaine de militants politisés » (*sic*) qui viendront troubler leurs rêves désuets.

La pluie a cessé, un clair soleil nous inonde quand nous prenons quelques photos, avant de rejoindre Gonesse, Montreuil, Montfermeil ou Paris. Quelques-uns resteront sur place, là où ils ont dormi la nuit dernière, non loin des gros tuyaux entassés pour le début des travaux du métro, cheval de Troie de l'urbanisation. Ils n'ont pas froid aux yeux. C'est la promesse d'une ZAD. ⧫

MARIE DESPLECHIN est écrivaine, autrice de livres pour enfants et adultes. Née à Roubaix, elle a publié ses premières fictions à L'École des loisirs : *Rude samedi pour Angèle*, *Le Sac à dos d'Alphonse*, *Verte*. Son premier recueil de nouvelles, *Trop sensibles*, paraît aux éditions de l'Olivier en 1995. Son premier roman, *Sans moi* (*id.*), sort en 1998. Elle obtient le prix Médicis essai en 2005 avec *La Vie sauve*, cosigné par Lydie Violet. Elle a récemment publié *La Capucine* à l'École des loisirs.

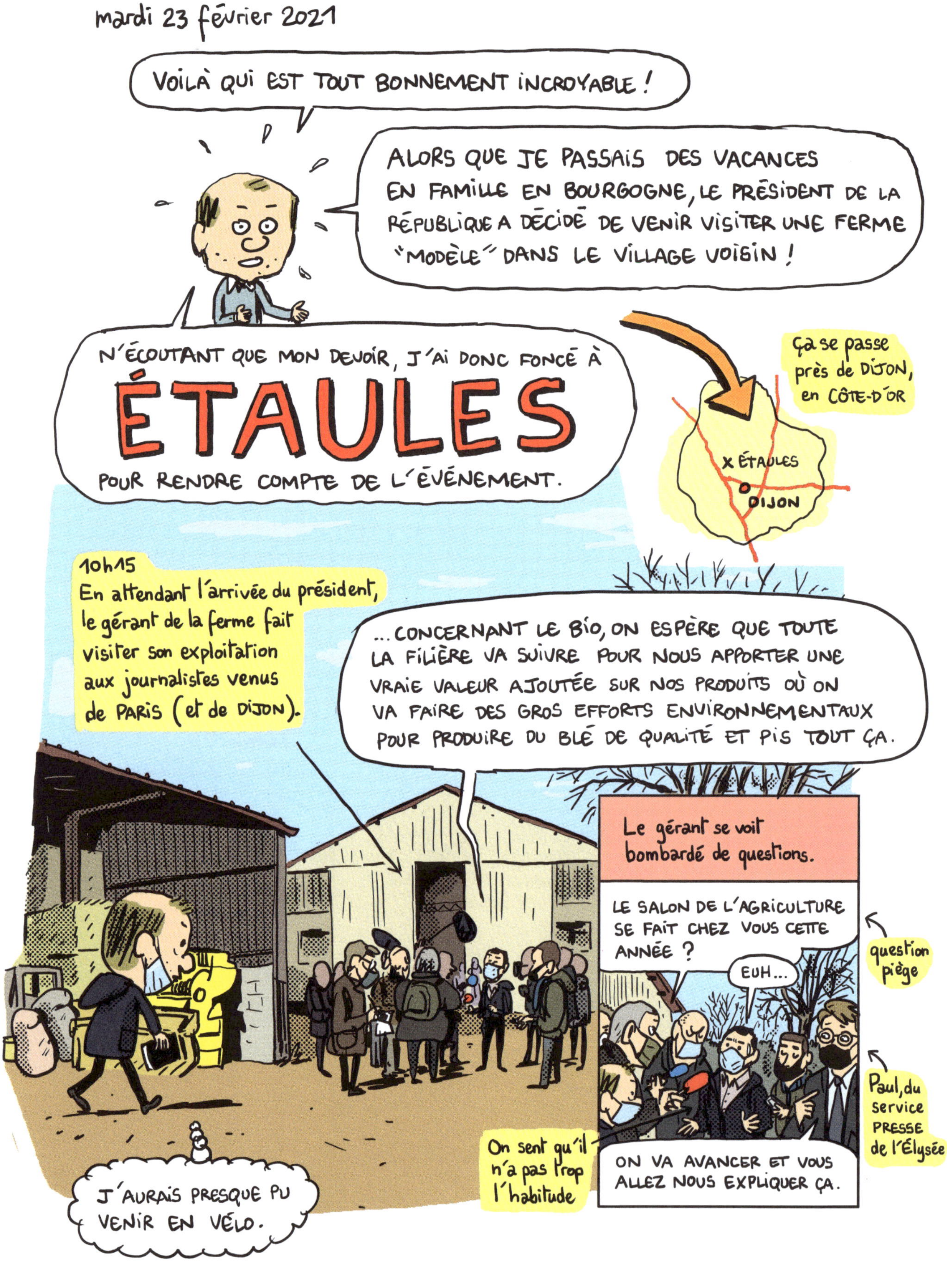

mardi 23 février 2021
VOILÀ QUI EST TOUT BONNEMENT INCROYABLE !
ALORS QUE JE PASSAIS DES VACANCES EN FAMILLE EN BOURGOGNE, LE PRÉSIDENT DE LA RÉPUBLIQUE A DÉCIDÉ DE VENIR VISITER UNE FERME "MODÈLE" DANS LE VILLAGE VOISIN !
N'ÉCOUTANT QUE MON DEVOIR, J'AI DONC FONCÉ À ÉTAULES POUR RENDRE COMPTE DE L'ÉVÉNEMENT.
ça se passe près de DIJON, en CÔTE-D'OR
X ÉTAULES
DIJON
10h15
En attendant l'arrivée du président, le gérant de la ferme fait visiter son exploitation aux journalistes venus de PARIS (et de DIJON).
...CONCERNANT LE BIO, ON ESPÈRE QUE TOUTE LA FILIÈRE VA SUIVRE POUR NOUS APPORTER UNE VRAIE VALEUR AJOUTÉE SUR NOS PRODUITS OÙ ON VA FAIRE DES GROS EFFORTS ENVIRONNEMENTAUX POUR PRODUIRE DU BLÉ DE QUALITÉ ET PIS TOUT ÇA.
J'AURAIS PRESQUE PU VENIR EN VÉLO.
Le gérant se voit bombardé de questions.
LE SALON DE L'AGRICULTURE SE FAIT CHEZ VOUS CETTE ANNÉE ?
question piège
EUH...
Paul, du service PRESSE de l'Élysée
On sent qu'il n'a pas trop l'habitude
ON VA AVANCER ET VOUS ALLEZ NOUS EXPLIQUER ÇA.

Hormis la poignée de journalistes et de photographes du POOL, tous les journalistes venus de PARIS vont rester coincés à l'extérieur de la ferme.
10 h 50 : arrivée du président et de la délégation
clic
E. MACRON
clic clic
clic
AH, C'EST CON, IL FAUDRAIT QUE LE CHEVAL S'APPROCHE POUR ÊTRE SUR LA PHOTO.
ALLEZ, AVANCE...
BONJOUR, MESSIEURS-DAMES !
ÇA VA ? TU VAS BIEN ?
SALUT, FRANÇOIS.
BONJOUR
employés de la ferme
?
T'AS VU, C'EST BIEN ORGANISÉ, HEIN ?
C'EST QUI, LUI ?
11 h 05 : Visite de la bergerie.
Julien DENORMANDIE ministre de l'AGRICULTURE
les gérants
HAHA
QUI C'EST, L'HOMME AVEC LES CHEVEUX BLANCS QUI ACCOMPAGNE LE PRÉSIDENT ?
C'EST FRANÇOIS PATRIAT, LE SÉNATEUR DU COIN. PRÉSIDENT DU GROUPE LREM AU SÉNAT, UN ANCIEN DU PS EX-MINISTRE DE L'AGRICULTURE, EX-PRÉSIDENT DU CONSEIL RÉGIONAL, ETC.
MÊÊÊ
MÊÊÊ
MÊÊÊ
MÊÊÊ
MÊÊÊ
MÊÊÊ
MÊÊÊ
journaliste local
11 h 15 : marche sur fond de terres agricoles (avec rayon de soleil).
RECULEZ, S'IL VOUS PLAÎT !
LES PEEERCHES ! ÉCARTEZ LES PERCHES !! BON SANG !!
ils font comme s'ils étaient seuls au monde
clic clic
LES CHOSES ONT CHANGÉ APRÈS LE "CASSE-TOI PÔV'CON" DE SARKO.
À PARTIR DE CE MOMENT-LÀ, IL Y A EU UNE FORÊT DE MICROS À CHAQUE DÉPLACEMENT POUR TENTER D'ATTRAPER LA PETITE PHRASE...
MM
photographe agence de presse
C'EST POUR ÇA QUE MAINTENANT ON SE BAT POUR POUVOIR FAIRE DES PHOTOS...

11h10 : Le président rend visite aux cochons.
AAAAA
IL Y EN A COMBIEN, LÀ ?
CLIC CLIC
ICI, ON EN A À PEU PRÈS SOIXANTE...
GRUII
GRUIII
GRUIII
les photographes ont été judicieusement placés de l'autre côté de la soue à cochons.
C'est le moment que tout le monde attend. Emmanuel MACRON le sait sans doute.
IL EST BIEN, LUI.
HA HA !
la gérante
GRUII
il prend la pose
La séquence est parfaitement mise en scène.
ILS SONT NOURRIS SANS OGM, SANS NITRITE, NI RIEN...
il fait mine de communiquer avec les cochons (qui s'en foutent un peu)
ET COMMENT SE PASSE LA "SORTIE" DE LA BÊTE ?
Chacun se débrouille pour être bien dans le cadre.
TU SAIS QUE C'EST HYPER INTELLIGENT UN COCHON ?!
OUI OUI
C'EST PLUS INTELLIGENT QU'UN CHIEN !
C'EST VRAI.
HON HON.
HON HON
GRUIII
GRUIII
GRUIII
Le président affiche sa connivence avec l'élu local (à moins que ce ne soit l'inverse).
HA HA !
il murmure un truc et (par réflexe) met sa main en protection devant sa bouche
CLIC CLIC
?
T'AS UN MASQUE MON POTE, ON VOIT PAS TES LÈVRES !
LE BIO, LES COCHONS, LE SÉNATEUR EX-PS... JE SENS BIEN QU'IL Y A UN SOUS-TEXTE DANS TOUT ÇA...
MAIS J'AI ENCORE DU MAL À COMPRENDRE LEQUEL.
TU SAVAIS QU'IL ÉTAIT VÉTO, PATRIAT ?
BEN, OUI.
les photographes sont contents, ils savent que les images avec les cochons auront du succès

11h30 : dans un hangar voisin, différents acteurs du monde agricole prennent place pour participer à une table ronde avec Emmanuel MACRON (qui se fait attendre à la suite d'un "temps réservé").

12 h 30 : le président arrive enfin, et la table ronde commence. Chaque intervenant dispose de quelques minutes pour présenter son point de vue.
JE N'OUBLIERAI JAMAIS CE QU'ON A FAIT EN 2020.
NOS AGRICULTEURS, ILS ONT NOURRI LE PAYS PENDANT CES MOIS-LÀ...
Emmanuel VASSENEIX, président du groupe alimentaire LSDH
Exploitants agricoles, directeurs de groupes de distribution et politiques se succèdent.
ET PUIS, POUR FINIR, JE VOULAIS DIRE DEUX CHOSES : LE MONDE AGRICOLE EST EN GRAND DANGER...
comme d'hab' MACRON écoute poliment en prenant des notes
Certains avec un peu de distance critique. D'autres moins.
UNE PHRASE DE VOTRE DISCOURS DE RUNGIS ME PARLE CHAQUE MATIN :
"LA MAIN INVISIBLE DU MARCHÉ DOIT ÊTRE REPENSÉE".
une éleveuse
Voire beaucoup moins.
HIER SOIR, UN AMI QUI VOUS ADMIRE BEAUCOUP M'A INCITÉ À RELIRE VOTRE DISCOURS DE RUNGIS.
il est super ému
JE L'AI RELU DE BOUT EN BOUT.
ET JE VOUDRAIS DIRE À QUEL POINT VOUS AVEZ VU JUSTE.
Christian DECERLE président de la chambre régionale d'agriculture de BOURGOGNE-FRANCHE-COMTÉ
IL NE FAUT PAS VOUS DÉCOURAGER, MONSIEUR LE PRÉSIDENT.
MERCI DE REVENIR VOIR LE MONDE AGRICOLE !
Une promenade de santé pour le président, qui n'a plus qu'à conclure...
IL EST BON QUE LA NATION INVESTISSE DANS SON AGRICULTURE.
VOUS ÊTES DES ANIMATEURS DE NOS PAYSAGES !
on dirait la Bible
La photographe du président
clic clic
IL NOUS FAUT RETROUVER UN ESPRIT COLLECTIF, UNE FORME DE BON SENS, CERTAINS DISENT "PAYSAN".
En tout cas, le lendemain, la presse locale a l'air plutôt convaincue.
Lycée La Barotte : 3,7 M€ de travaux
LE BIEN PUBLIC
un air de campagne
Journée historique pour Étaules
Ce qu'en ont pensé les agriculteurs
les cochons sont bien là
Lantenay, le 16 avril 2021